国家社会科学基金青年项目（13CFX076）结项成果

# 农村土地融资担保法律问题研究

胡　建　著

中国农业出版社
农村设物出版社
北　京

**图书在版编目（CIP）数据**

农村土地融资担保法律问题研究 / 胡建著．—北京：中国农业出版社，2024.4

ISBN 978-7-109-31889-2

Ⅰ.①农…　Ⅱ.①胡…　Ⅲ.①农村—土地—融资—担保法—研究—中国　Ⅳ.①D923.24

中国国家版本馆 CIP 数据核字（2024）第 071506 号

---

中国农业出版社出版

地址：北京市朝阳区麦子店街 18 号楼

邮编：100125

责任编辑：边　疆

版式设计：小荷博睿　　责任校对：张雯婷

印刷：北京中兴印刷有限公司

版次：2024 年 4 月第 1 版

印次：2024 年 4 月北京第 1 次印刷

发行：新华书店北京发行所

开本：700mm×1000mm　1/16

印张：13

字数：234 千字

定价：87.00 元

---

本书为国家社会科学基金青年项目（批准号：13CFX076）

课题主持人：胡　建

课题组成员：张　静　赵新龙　张大成　闫正坤
黎乃忠　潘　俊　张　坤

# 前言

FOREWORD

“三农”问题的核心是土地问题，而土地问题的实质是土地权利问题。本书研究对象为农村土地权利担保法律问题，是典型的中国问题。虽然在国家政策和地区试点层面已获肯定，但其仍欠缺相应的理论支撑与法律构造以满足实践需求。本书综合运用历史、比较、价值和实证的研究方法，以私法的视角设计出严谨而翔实的农村土地融资担保法律方案，体现出中国特色社会主义法治理论和法学理论，具有理论创新意义。同时，拟定《农村土地融资担保的立法建议》和《农村土地融资担保条例（草案）建议稿》，弥补了国家现行立法的不足，并为国内各地区的改革实践提供了法理基础与规范指引。

除导论外，本书共由四个章节组成，追溯了农村土地融资担保的历史渊源及其发展，对农村土地融资担保进行了实践考察，且吸收借鉴了典型国家或地区的制度经验，进行了我国农村土地融资担保的法律制度设计。

其一，破解了农村土地改革实践中权利担保欠缺相应法律制度设计的难题。在考察国内各地区运行实效与借鉴域外制度经验的基础上，设计出系统性的融资担保法律方案，内容上涉及主体与客体、担保程序与模式、担保权的运行与实现、风险管控和配套制度等诸多方面。①主体制度：担保人的范围具有开放性，但为确保金融稳定对担保权人的范围应予以限制。②客体制度：对“三权分置”下的土地经营权、宅基地中的“使用权”等予以物权化塑造，并强化权利体系中物权之担保权能，构筑以集体土地所有权为基石的三层级农村土地权利体系。一方面，土地承包经营权“三权分置”，在农民集体土地所有权和土地承包经营权的基础上新设“土地经营权”。土地承包经营权可被视为内含诸多权利且权能不断丰富拓展的权利束。另一方面，宅基地“三权分置”分立所有权、资格权和使用权，不仅明晰了宅基地的产权归属，丰富了宅基地的收益和处分权能，而且保留了宅基地特有的福利性和身份性。“三权分置”激活了宅基地的权能，农户可以通过转让、赠予、出租、担保、入股等方式流转宅基地“使用权”。宅基地担保权的客体为“三权分置”中的使用权。“三权分置”将资格权从使用权中分离，资格权（若依据集体成员原始身份取得，具有专属性，不可担保转让）具有保障功能属性，使用权（可担保转让）体现了宅基地的价值属性。在对宅基地使用权进行担保时农户仍保留宅基地资格权，当实现担保权对担保物进行拍卖变卖后，农户的宅基地资格权并不当然丧失。农户仍有权通过其他方式从本集体经济组织中有偿取得宅基地使用权。③权利义务内容安排：面向担保人的特殊性保护。农村土地权利担保不能完全按照《中华人民共和国民法典》传统原理开放性地运行，应考量其特殊性而进行相应的法权设计。农村集体土地权利担保的内部法权构造应当体现实质正义，并确保担保法律关系中农民与其他权利主体达到实质平等。专注于农民土地财产权益的法治保障，用理论提炼中国经验，弥合既有理论与农村抵押实践的罅隙，提炼出解决农村土地担保法律问题的理论路径与制度方案。

其二，建构了农村土地权利担保的法理基础与理论体系。一方面，农村土地的法权关系呈现公私权属耦合共生的特性，土地权利实质上是土地物权与政府管制权的融合。肯定土地产权权能的可分离性，土地所有权衍生出来的土地用益物权是我国土地担保之权利起点，用益物权存在一定程度的可处分性，权利同样也可以作为担保权的客体。分配正义要求对处于弱势地位的农民予以必要关照，不同于一般担保的法权模式是以确保债权人利益为核心，从某种意义上而言，适当的特殊保护正是对法律上平等原则的补充与矫正。另一方面，探寻契合我国农村实际的法律价值，为农村土地权利担保的法律制度设计提供适合中国国情与农村实际的价值导向。在城乡共同富裕的目标下应坚持自由、效率、平等与秩序的价值目标，以平等为基础、以自由为追求、以秩序为保障、效率优先并兼顾公平，并秉持尊重市场规律、政府适度干预、自治法治结合、权义（权利与义务）均衡配置的基本原则。

其三，率先提出“有限担保”的新理念。为实现改革过程当中的平稳过渡，应确保农民的基本生存权益。主张在坚持集体土地所有制的前提下，进行适度市场化的农村土地制度改革，以“有限担保”的制度设计发挥农村土地用益物权的经济效益，待条件成熟后逐步推向土地的市场化与资本化。基于现实国情和担保客体的特殊性，农村土地权利担保在价值目标、基本原则、法理与现实基础、法权运行模式以及担保的设定、效力和具体实现方式等方面相异于一般担保法律制度，应考虑其特殊性而适用“有限担保”的新理念。鉴于此，公权力可适度介入农村土地权利担保的运行，对其予以必要的限制。

其四，构筑农村土地权利担保法律机制，全面解决农村土地担保法律问题。既往的研究呈现零散、局部和浅层化的特征，欠缺行私法路径的整体性专门研究。本书全面分析了实践中出现的土地经营权、宅基地使用权和集体建设用地使用权的融资担保问题，以体系化思维整体设计三种权利形态的担保法律构造，并全面构筑其生成、运行与实现的法律机制。在内部法权结构上，应当体现实质正义和保护弱者的原则，并确保担保法律关系中农民与其他权利主体达到实质平等。在外部制度配置上，亟待强化农民集体的私权属性、规定权利类型及其取得、建立有偿使用和期限制度、规范担保形式等。担保权实现时，同等条件下应赋予本农民集体内部成员基于成员权的优先回赎权。此外，可考量设立专门的政策性金融机构“土地银行”，我国农村土地银行的组织架构可由现在的中国农业发展银行转型形成。省、市级及以上设定的农村土地银行主要负责制定土地担保相关规范性文件、发行土地债券和负责资金清算等；县或区级设立的农村土地银行分支机构按照行政区划范围开展具体的农村土地担保贷款业务。

本书将农村土地权利融资担保这一特定的研究对象纳入学术视野，农村土地担保的实践呈现出地方试验先行，理论分析、制度建设和法律规范滞后的特点，而其理论研究亦处于垦荒阶段，对其法理与现实基础、法律构造等基础性问题均研究不足，尚未有专门的著作问世。

首先，实现“权能分离”向“权利行使”的研究范式转变。既往的研究重在静态阐释“两权分离”向“三权分置”的过渡，强调以增加权利束方式实行农村土地“三权分置”，但对于“三权分置”下农村土地权利如何动态运行、权利如何实现等问题研究不足。本书突破静态权利本体研究的思维藩篱，以动态思维和系统性视角构建农村土地权利担保的理论体系，以“权利行使”为主线研究农村土地权利担保的生成、运行与实现问题，打破权利流转各环节的制度壁垒。以“权利行使”为逻辑线索，架构农村土地权利担保的理论体系，有益于弥合既有理论与农村土地担保实践的罅隙，提升理论的解释力。

其次，理论观点多维且新颖。①农村土地上权利构成丰富，且为集束的土地权利群体系，主张进一步强化农村土地权利体系中用益物权之担保权能，以激发农村土地所蕴含的财产价值。②突破农村土地所有制争议的羁绊与困扰，更关注集体土地所有权蕴涵的私法上权利的可能性、农村土地的财产利用和用益物权的可处分性。③主张尊重我国农村土地担保的特殊性。外国立法上有权利担保准用一般担保权的规定，但我国农村土地担保既有不同于一般担保的特殊性，又相较于城市国有土地使用权担保，在价值目标与原则、现实路径、法权运行模式以及担保的主体、设定、具体实现方式等方面存在其特殊性。

再次，研究框架全面且周密。系统性研究农村土地权利担保的历史脉络、运行实效、法律设计（包括主体、客体、担保方式、设定与实现等）、运行与制度配套等具体内容。立足于农村法治现代化的实践，提炼出具有中国背景和能够解决农村土地担保问题的标识性概念与理论路径。以权利行使为主线，探究各类土地权利形态的担保法律构造、权利义务内容、法律规则与效力、担保权实现路径等问题，设计出还权赋能、流转适度、风险能控和权益可得的法律制度方案。

最后，研究策略统合和研究方法多样。研究视角具有一定创新性，就研究对象主要涉及的土地经营权、宅基地使用权和集体建设用地使用权三种担保形式各自的共性与差异性予以一体规范设计，以农民土地财产权的法治保障为核心，系统性地解决农村土地担保法律问题。同时，研究思路设计合理，综合运用历史分析、价值分析、法律实证分析、社会实证分析和比较分析等多种研究方法，汲取大量可供吸收与借鉴的农村土地担保历史经验，深入田间地头开展实证调研，梳理与总结我国农村土地担保试点改革的主要成果与特色经验。把学问写在农村的田野上，注重社会调研与实证考察，深入田间地头获取第一手担保资料，撷取国内各地区的实践范例与制度经验，为农村土地权利担保法律制度的设计提供参考。

综上所述，农村土地融资担保法律问题是典型的中国问题，本书能够实际解决农村土地融资担保等国家政策热点的现实问题，研究思路设计合理，研究方法多样，且反映中国问题，指导中国实践，对今后国家和试点地区的农村土地担保运行实践具有较强的理论意义和现实意义。通过实地调研和对实践样本的考察，汲取国外典型国家与地区的农村土地担保经验，设计我国农村土地权利担保的法律制度方案。所拟定的《农村土地融资担保的立法建议》和《农村土地融资担保条例（草案）建议稿》既为国内的地方试点提供路线图和设计方案，也为国家层面的立法完善提供智力支持。本书为国家立法拓展了广阔空间，亦为国家农村土地担保政策的落实提供了详尽且具有可操作性的法律制度方案。

# 目录

CONTENTS

# 导　论

## 一、国内外研究现状

### （一）国外研究现状

农村土地金融是以土地为信用担保获取资金融通，相关学术理论主要有现代西方产权理论和地租理论。现代西方产权理论从法学角度探究了权利界定与经济效率之间的关系。产权理论的学者认为通过改变交易费用来完成产权的界定、变更和安排，可以提高资源配置效率，产权清晰可以激励正向交易行为。① Ronal Harry Coase 认为农村土地产权的差异会导致资源配置效率的不同。② 美国、日本和德国等发达国家对农村土地融资担保的实践较早，已形成较为成熟的理论体系，如美国借助自上而下的农地金融体系，以联邦土地银行的形式支持农村土地融资担保业务；德国则通过自下而上的土地担保信用合作社形式扶持农村土地融资担保。③

西方的金融发展理论提供了分析农村经济与农村信贷之间关系的理论结构，其指出创新以及优化金融制度可以更好地推动农村经济增长与发展。④ 学者们的研究表明，农户受到信贷约束的现象非常普遍，尤其是在发展中国家和低收入群体。实证发现在非洲只有 5%的农户获得正规借贷，在亚洲和拉丁美洲该数据为 15%，而贫困者受到信贷约束的主要原因是缺乏担保品。⑤ Dein-

---

① JEAN-MARC BOURGEON，ROBERT G CHAMBERS. Producer Organizations，Bargaining and Asymmetric Information [J]. American Journal of Agricultural Economics，1999 (3)：602-609.

② RONAL HARRY COASE. The problem of social cost [M]. California：The Berkeley Electronic Press，1960：48.

③ EMELIANOFF. Economic theory of cooperation：Economic structure of cooperative organizations [M]. California：University of California Press，1995：72.

④ ALCHIAN，A. DEMSETZ. H. The Property Right Paradigm [J]. The Journal of Economic History，1973，33 (1)：16-27.

⑤ BURGESS R. Do rural banks matter-Evidence from the Indian social banking experiment [J]. American journal of agricultural economics，2003 (1)：29.

inger 等提出确定性的农地产权将促进土地的资本化，也将便于银行在农村土地上设定担保。[①] Johnson 等认为农村土地流转受限与土地融资担保呈正相关关系。[②] Bubb 则明确指出农村土地登记制度的完善将推动银行将农村土地设定为担保品。[③] 国外学者大多认为印度、中国等发展中国家农村金融信贷存在一定的限制，发展农村金融的障碍不在于缺少土地，而在于未将土地作为银行有效的担保物。[④]

De Soto 认为由于没有明晰的产权证明，农村土地并不能有效地转化为具有流动性的资本，这严重抑制了其融资能力，这一主张促成了拉丁美洲国家致力于土地担保能力提升的产权改革。[⑤] Deininger 等认为土地的确权能够使银行更愿意接受土地作为担保品，农地金融市场的良好发展依赖完善的土地流转制度和农地产权有效转让。[⑥] Field 等认为当农户规模小、农地价值低以及处置农地抵押品的成本很大时，即使有明确的农地产权证明，金融机构也不愿意接受农地作为有效抵押品。[⑦]

农村土地融资担保作为一项探索性的农村土地产权与金融改革，其实施效果分为三种观点：**其一**为无效论。Menkhoff 以越南银行为例，认为银行放贷依然以农户和银行的关系为主要依据，农村土地担保对农户信贷获取并无影响。[⑧] **其二**为条件论。Tassel 认为农村土地担保的效果存在一定的群体差异，仅中等规模和大规模农户的信贷可得性有所提高，低收入家庭的信贷可得性难以得到改进，农地担保并非农村金融创新和解决农民贷款难的必然选择，而仅

① DEININGER K. Land Policies for growth and poverty reduction：the Word Bank research report [M]. New York：Word Bank and Oxford University Press，2003：16－18.

② JOHNSON，ELIZABETH A，Land law reform：achieving development policy objectives [M]. Oxford：Oxford University Press，2006：23－35.

③ BUBB R. The evolution of property rights [M]. Eighth edition. Journal of Law and Economics，2013：56.

④ SOTO，H. D. The Mystery of Capital：Why capital triumphs in the west and fails everywhere else [M]. New York：Basic Book Press，2000：81.

⑤ DE SOTO，H. The mystery of capital：why capitalism triumphs in the west and fails everywhere else [J]. Archives of Environmental Health，2000，61 (100)：456.

⑥ DEININGER，K. W. Land policies for growth and poverty reduction [M]. Washington D C，Oxford：World Bank and Oxford University Press，2003 (10)：82.

⑦ FIELD E，TORERO M. Do Property Titles Increase Credit Access Among the Urban Poor? —Evidence From a Nationwide Titling Program [D]. Cambridge：Harvard University，2006：23.

⑧ MENKHOFF L. Collateral－based lending in emerging markets：evidence from Thailang [J]. Journal of Banking & Finance，2006，30 (1)：81.

是可采取的选项之一。[①] **其三为有效论**。Besley 等认为农村土地担保可以缓解农户信贷约束，提高其可得性、增加农业投资和提升农民收入。[②]

国外学者对我国农村土地担保问题鲜有关注，但其中对农村土地流转和土地产权制度等方面的研究仍具有借鉴价值。[③] 大部分的国外学者认为我国的农村土地市场并不活跃，土地的细碎化经营制约了农业的规模经营，农村土地的有效流转则可实现土地经营的规模化。[④] Koroso 等根据“好的治理”准则对政府公权力渗入土地使用权流转行为的状况予以评估，认为公开性有所上升，但在公平性和利益相关者的参与性等方面尚存在提升空间。[⑤] Benjamin 提出农业经营主体在土地使用权上设定担保融资，存在融资金额较小、融资成本较高和商业银行缺乏融资动力等诸多现实困难。[⑥] 国外学者对农村土地权利问题的研究大多以西方经济学为分析工具，视土地权利为内生变量，关注农村土地产权设计对生产效率的影响，其目的在于实现农村土地资源的有效配置和交易收益的合理分配。

### （二）国内研究现状

国内学界对我国农村土地担保制度的现实条件及障碍因素进行了讨论，反对构建农村土地融资担保制度的学者认为，当前我国农村土地财产性权利缺失，在以小农经济为主的我国主要宜采用政策性金融和合作金融，靠农民提供的有效信用贷款融资，无须以土地或土地权利为担保物。大部分学者赞成构建农村土地融资担保制度，农村土地作为稀缺资源，具备使用价值和交换价值，而后者高于前者；其他国家普遍允许通过担保农村土地所有权或使用权来融通资金，以实现其交换价值，并最大限度享受极差地租所带来的收益。

国内现阶段有关农村土地担保制度的研究主要集中于对国内各试点地区农村土地担保模式的概括与罗列，但对于其历史脉络、运行实效、担保主体、法

① VAN TASSEL E. Credit access and transferable land rights [J]. Oxford economic papers, 2004, 56 (1): 151.

② BESLEY T. Property rights and investment incentives: Theory and evidence from Ghana [J]. Journal of Political Economy, 1995, 3 (2): 903.

③ ZHANG Q, DONALDSON J. China's agrarian reform and the privatization of land (Fifth edition) [J]. London: Journal of Contemporary China, 2010: 80.

④ GHATAK M, MOOKHERJEE D. Land acquisition for industrialization and compensation of displaced farmers, Fifth edition [J]. Journal of Development Economics, 2010: 38.

⑤ KOROSO N, MOLEN P. The Chinese market for urban land use rights meet good governance principles: Land Use Policy [M]. Oxford: Oxford University Press, 2011: 13.

⑥ TURNER BENJAMIN. Property Rights, Labor Markets, and Efficiency in a Transition Economy: The Case of Rural China, Fifth edition [J]. Canadian Journal of Economics, 2004: 35.

权构造和制度配套等诸多方面缺乏纵向深层次的探究。

**1. 农村土地融资担保的必要性与可行性**

大部分学者分析认为，在我国推行农村土地权利融资担保贷款很有必要，政府应提供法律支撑，并支持承接该贷款品种的金融机构开展相关业务。高圣平教授认为，农村担保物需要符合以下两个条件："具有独立交换价值且法律允许转让的资产"和"权属明晰且农村村民有权处分的资产"。农村土地承包经营权、林权、农业设施所有权和农民房屋所有权符合上述两个条件。[①] 农村土地担保融资必然是伴随着农村土地权利的不断增值且到达某一阈值之后才能出现；农村土地担保融资要求农村土地保障功能不断下降，且政府建立风险补偿机制，降低农村资产融资潜在的法律风险和信用风险，对农村金融机构形成有效的激励机制。

多数学者认为在"土地保障职责逐步弱化""承包经营期限逐步延长"和"土地流转规模逐步扩大"的背景下，农村土地承包经营权已经具备排他性和可分割性的特点，其已经具备实行土地经营权担保贷款的可行性条件。然而，制约土地承包经营权融资担保发展的障碍包括土地评估机构缺乏、土地价值界定难、流转市场发育缓慢、担保土地变现难、法律效用发挥难、风险保障机制缺失和贷款风险掌控难等问题。

大部分学者皆将法律制约作为制约农民住房财产权担保融资的主要因素。首先，农民住房财产由宅基地和住房两部分构成。农民住房财产权包括农民的房屋所有权和宅基地使用权两部分。虽然农房所有权属于私人，法律不限制其担保、流转，但流转中需要遵循"房随地走，地随房走"的"房地一体"原则，而法律禁止宅基地使用权的担保、流转，致使农房不能成为向金融机构融资的担保物。现今在国家级试点中试点地区突破了这一最大障碍，但还有一些法律法规限制了担保融资业务的顺利开展。有学者认为，目前受让对象范围限定过窄，个别地区试点中允许外部成员成为受让人时，势必出现"房地分离"，即非集体成员成为农村房屋所有权人，而宅基地使用权的主体仍为担保人，这就造成宅基地对本集体成员的保障功能无法实现，受让人亦将无法安心购买农房。其次，宅基地使用权具备较强的社会保障功能，很多农民对宅基地担保融资持谨慎的态度，并且试点的农房抵押贷款金额小、风险大，过度依赖政府政策扶持，加之农房价值难以评估以及风险补偿机制缺失，金融机构推行该融资模式并不积极。

---

① 高圣平．土地经营权登记规则研究［J］．比较法研究，2021（4）：15.

建设用地使用权在城乡二元体制下并不享有同等的权能与地位。城市的建设用地使用权在立法上享有自由流动的权能，农村的集体建设用地使用权却在流转方面受到一定的法律限制。集体建设用地使用权融资担保受制于城乡规划与用途管制，担保类型单一，担保人的范围过窄。有学者提出经营性集体建设用地可以担保，但是公益性集体建设用地不能担保。担保权实现时，有学者主张先办理征地手续，而后按照国有土地使用权担保的办法予以处置；亦有学者对此表示反对，担保权的实现并不能改变集体建设用地的用途，而仅发生权利主体的变更。当前，立法上将国有建设用地与集体建设用地二者隔离运行，并分别采取不同的处置规则，主要基于农民对农村土地的生存保障功能之依赖，而今世异时移，农民对农村土地的依赖性正逐步减弱，农村土地的福利性与社会保障功能随之减弱。城乡建设用地的土地权利理应予以平等配置，二者的"同地同权"是在城乡统一土地市场建设方面实现中国式现代化的必由之路。

**2. 农村土地融资担保的基础理论**

土地权利权能理论为农村土地担保的制度构造提供理论基础。马新彦教授指出土地所有权的演进乃权利权能逐步分裂和剥离的过程，他物权（用益物权和担保物权）皆因此分化而形成。[①] 龙翼飞教授提出土地财产权须具备明晰的权利主体和支配性的权利内容。[②] 梅夏英教授提出以权利束的视角解读财产权的具体内容，不再局限于对财产的直接占有。[③] 邹秀清教授则认为权能支的概念可以诠释土地财产权的具体内容，每项权能实质上皆乃若干权能支组成的权利束，权能支分离后将引起权能内容发生改变。[④] 刘俊教授认为农村土地使用权的权能内容既包括占有、使用和收益权能，也包括一定的处分权能。[⑤] 韩松教授提出对农村土地应"赋能强权"，而农村土地担保权能的合法化彰显农村土地的财产价值和融资功能，其对农村土地财产权的实现影响深远。[⑥] 赋予农村土地担保权能须综合考量农村土地的财产权私权属性、社会保障属性以及兼顾社会公共利益。

---

① 马新彦．罗马法所有权理论的当代发展［J］．法学研究，2006，28（1）：114－124.

② 龙翼飞，杨建文．论所有权的概念［J］．法学杂志，2008，29（2）：70－73.

③ 梅夏英．民法上"所有权"概念的两个隐喻及其解读——兼论当代财产权法律体系的构建［J］．中国人民大学学报，2002，16（1）：93－100.

④ 邹秀清．土地承包经营权权能拓展与合理限制研究［M］．北京：中国社会科学出版社，2013：77.

⑤ 刘俊．土地所有权权利结构重构［J］．现代法学，2006，28（3）：64－73.

⑥ 韩松．农民集体土地所有权的权能［J］．法学研究，2014，28（1）：50－57.

**3. 农村土地权利理论的新拓展——“三权分置”**

（1）土地承包经营权“三权分置”。

法律上亦已正式认可土地承包经营权的“所有权、承包权和经营权”三权分置。2018年12月29日修正、2019年1月1日正式实施的《中华人民共和国农村土地承包法》（以下简称《农村土地承包法》）增加第9条：“承包方承包土地后，享有土地承包经营权，可以自己经营，也可以保留土地承包权，流转其承包地的土地经营权，由他人经营。”第10条修改为：“国家保护承包方依法、自愿、有偿流转土地经营权，保护土地经营权人的合法权益，任何组织和个人不得侵犯。”更进一步保护了承包方的权利。第47条规定：“……实现担保物权时，担保物权人有权就土地经营权优先受偿。”2020年5月28日颁布、2021年1月1日正式实施的《中华人民共和国民法典》（以下简称《民法典》）第339条规定：“土地承包经营权人可以自主决定依法采取出租、入股或者其他方式向他人流转土地经营权。”依法理推断，抵押等担保方式作为“其他方式”之一流转农村承包地的“土地经营权”当为合法。可见，在法律层面已经突破既往以家庭承包方式取得的土地承包经营权之上不得设定担保权的限制。但对于如何界定土地经营权的性质与权能，土地经营权如何设定担保？学术界的认知亦不尽统一。

就土地经营权的性质而言，目前主要存在“物权说”“债权说”“综合权利说”和“两权说”等观点。土地经营权是用益物权，是经营权人对集体所有土地享有的占有、使用、收益的权利。“物权说”认为在“三权分置”的法律实践中，特别需要将土地经营权依法确定为物权，因为政策文件把土地经营权确定为“可转让”“可抵押”的权利，只有将这种权利依法确定为物权，才能满足这样的要求。[①]“债权说”认为土地经营权的本权是基于土地流转合同而产生的，为意定本权不是物权，土地经营权产生于土地经营权流转合同，是一种独立于土地承包经营权的债权，具有债权的请求性和相对性。[②]“综合权利说”认为土地经营权既不能纳入物权规范体系，也不能纳入债权规范体系。因为土地经营权并非具体化的单一权利，而是包括土地承包经营权在内的各种农地使用权的总称。[③]“两权说”依据《农村土地承包法》第37条的规定，认为土地经营权的性质因土地流转形式不同而不同：确权确地形成的土地承包方式分离

① 孙宪忠．推进农地三权分置经营模式的立法研究［J］．中国社会科学，2016（7）：145－163．

② 李伟伟，张云华．土地经营权流转的根本属性与权能演变［J］．改革，2015（7）：91－97．

③ 高飞．农村土地“三权分置”的法理阐释与制度意蕴［J］．法学研究，2016，38（3）：3－19．

出来的土地经营权具有债权性质，而确权不确地的土地承包方式分离出来的土地经营权具有物权性质。①

就土地经营权如何设定担保的问题。陈锡文指出分离之后的经营权可以担保，但承包权不能担保。② 陈小君教授则提出不能将经营权视为新型的用益物权，同一土地上设置过多的权利势必会产生权利内容的相互冲突。承包权与经营权二者分离，实质上可解释为承包地的租赁法律关系。③ 汪洋教授认为"三权分置"使得农村土地权益不再局限于农民集体成员的身份，承包人享有永久的地位维持权，分离后的经营权可以转让或设定担保，若经营期限届满，则恢复土地承包经营权的圆满权利状态。④ 张力教授则提出应避免经营权一权独大、符号化所有权和虚化承包权。⑤ 也有学者认为可对经营权担保予以期限限制、赋予农民集体成员优先购买权和建立经营权担保的风险分担机制。

（2）宅基地"三权分置"。

宅基地使用权制度是我国所特有的法律制度，国外学者缺乏对该制度的直接研究。大多数国外学者认可土地权利的市场化运行，认为其是提升土地资源配置效率、提高农民财产性收入的有效途径，其研究重心由土地归属转向土地利用，更关注土地权利对资源配置和利益分配的作用。国内学者既有的宅基地问题研究一类是宏观性探究"三权分置"的静态权利体系或权利重构问题；另一类是专项研究宅基地的收回、转让、置换、征收补偿、有偿退出等个别具体问题。鲜有在"共同富裕"的政策背景下对"使用权"的权利运行问题进行深入探讨。学术界主要关注宅基地"三权分置"的权利体系与法律结构，但对于"三权分置"下宅基地使用权如何动态运行以及权利如何实现等问题均研究不足。就宅基地使用权的"所有权、资格权、使用权"三权分置问题，⑥ 有学者认为宅基地使用权的"三权分置"既丰富了宅基地的用益物权类型，也解决了宅基地担保利益平衡的困境。⑦ 董祚继教授认为资格权保障农民基本居住权

---

① 高海．论农用地"三权分置"中经营权的法律性质［J］．法学家，2016（4）：42－52.

② 陈锡文．土地承包权和宅基地担保应慎行［J］．农村工作通讯，2009（10）：12.

③ 陈小君．我国农村土地法律制度变革的思路与框架——十八届三中全会《决定》相关内容解读［J］．法学研究，2014（4）：10.

④ 汪洋．土地承包经营权继承问题研究——对现行规范的法构造阐释与法政策考量［J］．清华法学，2014（4）：36.

⑤ 张力，郑志峰．推进农村土地承包权与经营权再分离的法制构造研究［J］．农业经济问题，2015（1）：79－92.

⑥ 温世扬，梅维佳．宅基地三权分置的法律意蕴与制度实现［J］．法学，2018（9）：53－62.

⑦ 岳永兵．宅基地"三权分置"：一个引入配给权的分析框架［J］．国土资源经济，2018（1）：9.

益，充分体现了宅基地使用权的保障价值。[①] 孙宪忠教授认为资格权主体仅为农民集体成员，不得转让；宅基地使用权可设定担保，担保实现时使用权可以在本农民集体范围外流转。[②] 温世扬教授提出划定农户资格权范围，实行合理范围外宅基地有偿使用，并鼓励农民自愿有偿退出。[③]

关于宅基地使用权可否自由流转的问题。刘守英教授、高圣平教授、王崇敏教授等学者坚持“自由流转说”，主张赋予使用权主体完整的处置权能，允许其在一定范围内自由流转。贺雪峰教授、孟勤国教授和陈柏峰教授等少数学者主张“禁止自由流转说”，坚持政府配置为主导，继续发挥其社会保障功能，法律对其运行应予合理限制。郑尚元教授等学者提出第三条道路，即主张“新型有限流转说”。该学说可分为三类：**其一**，分阶段流转说，其主张渐进式的改革路径。首先准予其租赁，再逐渐允许对其担保或转让，当农村社会保障体系完善后，最终完全实现其市场化运行。**其二**，分区域流转说，其主张分区域差别化推进流转。经济发达地区和城乡接合部可先行流转，而后再对经济欠发达地区的流转松绑。**其三**，有条件流转说，其主张有条件的市场化流转。打破城乡间流转限制，不以户籍身份作为界定流转继受人的标准，但对农民集体及其成员的合理权益给予保护。

关于宅基地使用权如何运行问题。学者们持有的观点和提出的立法路径均有不同。其一，宅基地使用权对外流转的问题。宋志红教授提出转权入市的方案，即在确保农户基本居住权益的前提下，可通过缴纳土地出让金将宅基地使用权转化为建设用地使用权，以实现宅基地的对外转让。李凤章教授则认为宅基地使用权对外流转应采用“退出—出让”模式，即由宅基地使用权人将宅基地退回集体后，再由集体将建设用地使用权出让给受让人。其二，宅基地使用权运行的原则。韩松教授等大部分学者坚持尊重市场规律的基本原则，同时也认可政府给予适时适度的引导与规范。其三，宅基地使用权运行的规则。学者们普遍认为对于转让、租赁、担保、入股和继承等各种流转形式的权利义务配置缺乏深入研究。高圣平教授认为以维护村庄封闭性为目的的宅基地使用权运行规则违背了市场交易的基本原则，应根据受让对象的不同实行有差别的交易规则。高飞教授指出应建立宅基地运行管理制度，构建兼顾各方利益主体的土地增值收益分配制度。其四，宅基地使用权运行的风险。吕军书教授等学者将

---

① 董祚继．三权分置——农村宅基地制度的重大创新（下）［J］．中国土地，2018（4）：22-26.

② 李倩．宅基地“三权分置”法律制度研究报告发布［N］．中国自然资源报，2018-11-28（5）.

③ 温世扬，梅维佳．宅基地三权分置的法律意蕴与制度实现［J］．法学，2018（9）：53-62.

其大致归纳为五类，即宅基地丧失、农民利益受损、耕地流失、乡村伦理破坏和社会稳定等风险。

纵观当前研究，大多限于宅基地“三权分置”的内涵与边界、相互关系、权利体系构造等抽象的理论问题，尚未系统研究宅基地使用权的取得与变动、存续期限、有偿使用、运行规则、价值评估与风险防范等运行制度问题。其一，现有研究的广度不能满足改革的现实需要。宅基地使用权流转困难和宅基地的财产权益难以实现，乃当前亟待解决的问题，尚需法律制度从其取得与变动、法律规则、权利实现路径与风险防范等方面进行系统性设计。其二，现有研究的深度滞后于改革对法律的需求。例如，宅基地出租、转让、抵押、入股、继承和退出的法律规则如何设计，如何解决一户多宅、超占面积和农村房屋继承后宅基地使用难题，如何处理宅基地使用权运行中的“房地关系”等。其三，有待整合与吸收新一轮试点地区的改革经验。如推动宅基地有偿使用，完善宅基地价值评估机制等。“三权分置”下宅基地使用权运行的法理基础、法律规则、制度配套和风险防范等基础性问题均研究不足。农村宅基地的权利运行问题是典型的中国问题。宅基地领域的诸多制度缺位导致实践中财产价值实现不畅，面临主体封闭、权能限制、权力运行梗阻等多方掣肘。社会实践中存在大量“法外”运行的宅基地利用样态，其无法按市场法则有效运行，造成隐性流转和灰色交易大量发生。现行立法并未就宅基地使用权运行的制度构造作出系统性安排。一方面，在肯定宅基地“使用权”的可处分性与收益权能的基础上，亟待深入探究与阐释宅基地使用权运行的理论基础，为宅基地“三权分置”政策的入法定性问题提供法律表达路径，解决好宅基地使用权运行的理论根基问题。另一方面，理论上应以动态性思维和系统性视角，以权力行使为主线重构“三权分置”下的宅基地使用权运行制度。立法上要进一步肯定宅基地使用权的可处分性与收益性质，进一步激发农村宅基地所蕴含的财产价值。

**4. 农村土地权利融资担保的实践**

有学者从农村土地担保贷款的政策背景及现实意义入手，提出农村保障体系的完善、土地流转市场的健全以及一系列政策的出台等因素，使农村土地融资担保具有可行性，并指出农村土地融资担保存在法律风险，相关法律规定的冲突导致实务中难以操作，担保物处置存在障碍，再加之担保物价值确定缺乏标准，法律风险较大。[①] 也有学者详细阐述了农村土地融资担保的特殊性。一是担保客体特殊，其实质是一项权利担保，二是表现在担保程序及权利处分的

① 卜强．农村土地承包经营权抵押模式的实践与政策建议［J］．甘肃金融，2015（12）：51－53.

特殊性，处分时需保证担保人具备基本生存的能力。①

对于国内各试点地区的农村土地融资担保运行实践，有学者分析了影响农村土地融资担保的相关因素。具体而言，①土地确权登记颁证是农村产权要素流动和担保融资的基础。完善农村土地登记备案制度，在开展登记备案工作时要结合多种方式保障农民土地承包经营权。②搭建交易平台是土地顺畅流转的保证。将农户的土地流转信息与需求与合作社的需求信息主动向社会公开，搭建交易平台，打通社会与农村，甚至农户信息互通存在的障碍。建议修改有关法律，允许农民在申请贷款时将土地承包经营权、宅基地使用权等作为担保物，统一法律规定，避免出现相关法律因规定不同而导致的适用冲突；建议各级政府加大对农村土地融资担保的财政支出力度，创新财政风险补偿机制，健全农村土地融资担保风险基金，并给予贷款利息减免或一定补贴。② 也有学者提出首先应积极主动推动土地确权、登记、颁证，确保土地权属明晰、面积准确、信息正确；其次，推动各地建立农村产权交易平台，为农村土地担保登记、处分和信息流转提供高效便捷的交流平台；再次，通过交易托管和担保增信等方式加强信贷风险防控，建立科学的农村土地资产评估体系，引入相对独立的第三方中介机构对农村土地经营权价值进行评估；最后，借鉴外国经验建立风险补偿基金，发挥政府服务作用，建立产权交易平台及担保公司，主动引入金融机构参与农村土地融资担保。③ 此外，有的学者提出一种全新的思路，欲创设新的农村金融制度，即实行农村土地权利担保贷款证券化，既有利于推进农业产业化，亦可有效地解决新型的农业经营主体在经营活动中对于信贷资金的长期需求。④

有学者基于对试点地区的实际调查，发现农地担保贷款的确起到了缓解农户融资的需求，但同时也存在着小规模农户缓解效果不明显、贷款期限错配、小规模的贷款农户比例远远低于规模化经营农户的情况。⑤ 也有学者剖析了农村土地融资面临的困境，一是试点政策的法律化呈现无规律波动，导致处于观望态度的银行等金融机构望而却步，使其不愿参与其中开展担保贷款业务；二

---

① 姜丹．农村土地承包经营权担保法律制度探析［J］．农村经济与科技，2018，29（4）：194，208.

② 张金华，许利．农村土地承包经营权抵押融资的探索与实践——以山东省沂南县为例［J］．财政监督，2018（11）：112-116.

③ 陈红民，李长楼．江苏省宿迁市农村土地承包经营权抵押贷款试点情况调查［J］．金融纵横，2015（4）：4.

④ 于丽红，池丽旭，兰庆高．农村土地融资模式创新——农地经营权抵押贷款证券化探讨［J］．农村经济，2015（8）：47-51.

⑤ 赵丙奇．农村土地经营权抵押贷款融资效果评价［J］．社会科学战线．2017，（7）：64.

是实际操作的可行性与法律处理的二元性，《土地承包法》设定了土地承包的二元处理方案，荒山可以进行担保贷款，宅基地、耕地、自留山及自留地等土地则不能用于担保贷款。该二元处理方案导致部分试点区域为规避法律的限制规定，采取反担保、联合担保等方式申请担保贷款，使得试点效果不尽人意且未体现出农村土地的融资价值。①

有的学者建议，首先应尽快制定并完善农村土地担保融资的法律法规，并着力提高农村土地的规模，形成集约效应，同时也要防止土地垄断的情况。其次，对农户进行专业培训和指导，提高他们对农村土地担保融资的认识和积极性，努力提升其自身素质，尽量减少坏账、赖账的发生。最后，应着力完善土地担保物的价值评估体系，培养专业的、具有公正感的工作人员，提升其专业技能和职业道德素养。②

王曙光教授认为由于农村土地的面积较小、价值偏低、附着农民的社会保障属性、担保权又难以实现，故大多数商业银行皆未将其作为贷款担保品。张国华教授提出应对担保人的利益予以特殊保护，并对担保土地的用途予以限制。③ 王金堂教授提出为确保农村土地的社会保障属性，可限制用于担保的农村土地面积，不能将全部土地设定担保，剩余一部分农村土地仅能归原土地权利主体使用。④

现有研究尚存在以下问题：**首先**，现有研究的广度不能满足农村土地改革的现实需要。农村土地权利担保困难、农村土地的财产权益难以实现乃当前亟待解决的问题，尚需操作性强的法律制度对其从设定、运行、消灭和风险规避等诸方面予以一体规范。**其次**，现有研究的深度滞后于农村土地改革对法律的需求。例如如何担保融资，如何实现担保，如何准确把握农村土地权利担保中的“房地关系”等。**最后**，尚需结合各试点地区的实践经验进行持续与深入的研究。如明确农村土地权利担保的条件和程序，完善农村土地权利价值评估机制，构建担保融资风险缓释机制以减少其负面效应等。综上所述，农村土地融资担保问题的理论与实证研究尚处于垦荒阶段，对于农村土地担保的历史源流、法律与政策规范性分析、国内各试点地区的运行实效、域外的制度经验以及农村土地担保的法律构造与法理基础等问题研究不足，尚缺乏系统性的研究

---

① 李炎媛．土地经营权抵押贷款融资的法律困境［J］．开放导报，2017（6）：75－78.

② 陈永清．农村土地经营权抵押融资的风险因素分析［J］．上海经济研究，2016（7）：59－63.

③ 张国华．论宅基地使用权的可流转性及其实现［M］．北京：法律出版社，2013：195.

④ 王金堂．土地承包经营权制度的困局与破解——兼论土地承包经营权的二次物权化［M］．北京：法律出版社，2013：206.

成果对此予以回应。

## 二、研究进路

本书研究内容遵循两方面的路径：**其一**为解释论的路径。从历史实证分析、法律规范分析和社会实证分析三个层面对农村土地融资担保制度予以全面解读。**其二**为立法论的路径。在解释论的基础之上，从外部的法律与政策环境、内部的法权构造、相关的制度配套、法律风险缓释机制、担保权的实现等方面予以立法构建。

研究进路上以农村土地融资担保"是什么""为什么""怎么样"和"怎么办"为中心主线，渐次展开研究。"是什么"，即农村土地融资担保的历史源流与发展现状；"为什么"，即农村土地融资担保的创制动因；"怎么样"，即国内各试点地区农村土地融资担保的运行实效；"怎么办"，即农村土地融资担保的制度构造，法律如何设计才能使其在实践中得以顺畅运作。

通过规范性分析和实证考察，并汲取典型国家或地区的有益制度经验，设计我国农村土地融资担保的法律方案，以弥补当下私法路径研究之不足。具体从农村土地融资担保的主体、客体、设定与消灭、担保类型、评估制度、登记制度、担保权的实现等诸方面展开。

拟定《农村土地融资担保的立法建议》和《农村土地融资担保条例（草案）建议稿》，规定农村土地的权利类型及其取得方式，建立农村土地权利有偿使用和期限制度，规范农村土地担保形式，构筑农村土地融资担保的风险缓释机制以及设立专门的农村土地银行等措施，为我国农村土地担保法律制度的建构提供立法参考。

## 三、研究方法与可能的创新之处

### （一）研究方法

#### 1. 历史研究方法

本书运用历史分析方法，梳理我国农村土地融资担保制度形成与变迁的历史，揭示不同历史时期相关社会因素对农村土地担保的影响及启示。既往对我国古代农村土地融资担保的研究较少，欠缺全景性认识我国农村土地担保的发展脉络。通过追溯其历史发展进程，可对其研究形成较为完整的体系，同时寻求可供当前农村土地担保制度改革借鉴的历史经验。

#### 2. 法律实证研究方法

本书运用法规分析方法，系统梳理了我国当下调整农村土地担保的各类规范性文本，同时运用实证调研的方法，对国内各试点地区的运行实践予以实证考察，并撷取国内试点地区的典型范例，为建构农村土地权利担保制度提供借鉴。分析了在坚持集体所有权的前提下，如何细化创新农村土地权利结构，赋予农民更多的土地财产权利，并且使新的土地权利结构能够得以在法律上顺畅表达；分析了通过构建农村土地权利担保法律制度，激活农村土地权利的财产属性，合理解决担保权实现时担保物处置难以及担保风险的有效分散等现实问题，并使农民免除因担保权实现而失去土地之虞。

**3. 比较研究方法**

西方国家的农村土地融资担保制度成熟较早，本书通过介绍英国、美国、德国和日本的制度经验，可为我国的农村土地融资担保提供制度启示。比较分析国内外农村土地担保的发展背景、组织机构、贷款对象、法权运行模式，鉴别二者的共性与差异性，可为我国农村土地担保提供立法参考。

**（二）可能的创新之处**

**1. 研究视角具有创新性**

对农村土地权利担保实践中所涉及的法律问题予以私法路径的整体性专门研究较为鲜见。就农村土地经营权、宅基地使用权和集体建设用地使用权三种担保类型的共性与差异性予以一体规范设计，可以系统解决农村土地担保法律问题。本书对农村土地的权利结构、担保的主体和客体范围及其权利义务关系、担保权实现方式、担保权实现后失地农民的安置等问题进行了系统而深入的研究。

**2. 研究方法具有创新性**

综合运用历史研究、实证研究和比较研究的方法，既梳理了农村土地担保的历史发展脉络，又运用社会实证的方法实地考察了国内各试点地区的运行状况，掌握了具体的试点实效、尚存在的瓶颈且分析了成因，撷取试点地区的实践范例，在汲取域外有益制度经验的基础之上，本书设计了我国农村土地融资担保的法律方案。

**3. 研究结论具有一定的创新性**

理论上不再羁绊于农村土地所有制争议，而重点关注农村土地的财产性利用、认可用益物权的可处分性，主张强化农村土地权利体系中用益物权之担保权能，激发农村土地权利所蕴含的财产价值。主张尊重我国农村土地担保的特殊性，主体方面担保人的范围具有开放性，而担保权人的范围应予以限制；客体方面，对“三权分置”下的土地经营权或宅基地使用权予以物权化塑造，并构筑新型农村土地权利体系；权利义务内容安排上，应面向担保人予以特殊保护。此外，尚需通过构筑风险缓释机制、健全农村土地登记和评估制度、确保担保权实现等制度配套，来支撑农村土地融资担保制度的有序运行。

**4. 农村土地权利融资担保的制度设计具有创新性**

拟定《农村土地融资担保的立法建议》和《农村土地融资担保条例（草案）建议稿》，实际解决农村土地权利担保中的现实问题，具体反映中国问题，解决中国实践，对今后国家和试点地区的农村土地担保运行实践提供理论指导和实践参考。这既为国内的地方试点提供路线图和设计方案，也为国家层面的立法完善提供智力支持；为国家立法拓展了广阔空间，亦为国家农村土地担保政策的落实提供了详尽的法律制度方案。

# 第一章
# 我国农村土地融资担保的基础

## 第一节　农村土地融资担保的缘起与发展

### 一、农村土地融资担保的历史源流

#### （一）“当”“抵”“押”与“抵当”的词源

农村土地担保制度的历史考证主要来源于各类典籍。我国古代存在“当”“押”“抵”“抵当”等物上担保形式。“当”词源上乃“當”，“當”的渊源与土地相关，《说文解字》曰：“当，田相值也。”蕴意乃与土地或土地价值相当。在唐代中期的民间契约中尚未将“当”字用在担保方面。以家产抵债基本使用“用充钱值”“充麦值”“将充钱值”等语句表达，即使在契约中使用了“当”字，也仅表示承担之意。“抵”，被古代语言学者解释为“推”和“挤”，并由此引申运用，除了“大略”“抵触”和“排斥”等含义之外，其尚有“当、承受、抵罪”之意。① 直至唐朝，“抵”一词才具有财产担保的意思，起初称之为“抵当”，后至唐朝及五代亦称之“抵偿”。北宋中期，“抵当”终于具有了明确的担保意义。王安石变法时实行市易法，其内容包括不动产担保借贷：“市易之法，听人赊贷县官财货，以田宅或金帛为抵当。”② 同时官方设立了“抵当库”。“抵当库”作为担保借贷机构，向民众提供担保借贷。“当”在宋代及以后作为借贷担保的概念使用时除了“抵当”连称外，还有“倚当”和“典当”两种使用习惯。民间契约中的“抵当”范围较窄，表示一种不同于典卖和倚当的不动产担保借贷。这种不动产交易类似典卖，但“不过税，不过业”，即不转移土地的占有。直至民国时，南方诸多地区仍有抵当习惯，如江苏崇明、浙江义乌和浦江等地将抵当视为一种以房屋或田地作担保的债权。古代的“押”亦是一种借款担保的形式，如现在留存的清朝田宅契约中就出现大量的

① 杨一凡．中国法制史考证［M］．北京：中国社会科学出版社，2003：212.
② 名公书判清明集［M］．北京：中华书局，2002：167.

“押”，权利主体出借金钱给义务主体，义务主体或第三人以田宅或商铺作“押”，权利主体押存产权凭据，并拘束产权人对押品的处分。[①] “押”并不移转对押品的占有，与当代的“担保”一词非常接近。

我国古代的农村土地担保形式上包含传统社会中的“当”“抵”“押”和“抵当”等多种称谓，实质上皆为以土地为媒介所发生的民间借贷行为，该固有法（制定法与习惯法）秩序完全适应于彼时的农村生产力和生活秩序，这充分证明我国古代亦具有与现代担保物权制度近似的物上担保制度，且古代法律较为重视土地产权交易的金融功能。

### （二）古代以土地或田宅为担保物

关于农村土地或田宅担保相关的记载，历代法典、各朝传世契约文书、判牍等皆有体现。我国有文字记载的不动产担保制度源于南北朝时的“帖卖”制度，“买卖之土地所有（连同占有）权移属于买受人，出卖人得于一定期限内，返还卖价，请求返还土地，否则土地永久归属于买受人所有，性质上可解为附买回条件之买卖”。[②] “帖卖”制度亦并非现代意义上的担保物权，其结果上会发生土地所有权的权属更迭。在我国封建社会，若债务不能清偿，除了家资耗尽，妻子或儿女，乃至债务人自身皆可被卖身偿债。基于稳定的社会统治秩序考量，大部分封建王朝立法禁止债权人奴役债务人，法律制度的变化使得债权人借助“抵当”等以土地为担保的形式，达到收回本金与利息之目的，以土地或田宅为担保物的融资借贷活动亦随之活跃。南北朝时“以田宅邸店”与“帖卖”制度不同，二者对债务人的保护程度不同，后者在担保之时所有权即移转给债权人，而前者唯有债务到期却未清偿时才可能出现所有权的变更。

除了“帖卖”和“抵当”等表现形式，古代的农村土地担保制度仍以典权为主要形态。《宋刑统·户婚律》中的“典卖”，即后世不转移田宅的占有而为借贷提供担保的指地借款。应典卖物业，或指名质举，须是家主尊长，对钱主或钱主亲信人，当面署押契帖。[③] 北宋元符元年，右朝奉侍郎韩端彦上奏：“欲以相州田业契书，于在京四抵当所，各质钱二千五百缗，依例出息。”[④] 虽

① 李力．清代民间契约中的法律——民事习惯法视角下的理论建构［D］．北京：中国人民大学，2003：105.

② 谢在全．民法物权论（修订第五版）［M］．北京：中国政法大学出版社，2011：544.

③ 窦仪，等．宋刑统·卷一二［M］．薛梅卿，点校．北京：法律出版社，1999：67.

④ 戴炎辉．吾国近世担保权论［C］//传统中华社会的民刑法制（戴炎辉教授论文集）［M］．财团法人戴炎辉文教基金会，1998：73.

然唐宋时代就越来越多地出现不转移占有的田宅担保方式，但是未能及时规范化。元朝时，法律对田宅交易中的担保关系加以禁止。如《元典章》记载："凡有典卖田宅，依例令亲邻牙保等立契画字成交，赴务投税。"[①]

"抵"或"押"在古代的不动产担保物权体系中基本上处于边缘化的状态，且在实行上大多以担保权转化为典权为归宿。[②] 担保借贷与典卖较为接近，二者之间易于转化，当事人可以借贷之名行典卖之实。如《光绪会典》记载，禁止旗民以指地借款的名义出卖旗地，但若未标注"钱无利息，地无租价"，则旗民不会受到处罚；若是汉人，买卖土地皆自由，以土地担保借贷更不被禁止。[③] 清代田宅担保借贷的发展比元朝时迅猛，"抵"或"押"大量出现，若未能如期清偿，大多转为"典"，如典期已至仍不能赎，则进入"卖"。上述转换使得债权人的财产保障更为牢靠，同时削弱了债权人侵夺债务人及其亲属人身权的可能性，田宅担保借款的习惯亦日趋活跃。

我国古代以土地或田宅的担保大多以习惯法形式存在，一部分散见于各历史朝代的法典之中，并未形成系统性的制度规范。它与近现代我国法律体系的担保法律制度存在差异，主要表现为①封建社会的血缘或地缘基因渗透入古代以土地或田宅担保的民事法律行为。如亲邻先买权的规定彰显着浓厚的地缘特征，即借款人到期不能还款，出卖其土地或田宅时须先问亲邻。②借款与担保互为一体，强调法律关系的同一性。我国古代以土地或田宅的担保，并未作出物权与债权的二元区分，整体上视为一个法律关系，否认担保的从属性。③土地担保登记制度缺失。我国古代的土地或田宅设定担保，仅须将地契或房契等产权文书交付出借人，即被视为完成公示程序，不足以维护交易安全和保障善意第三人。

## 二、农村土地融资担保的发展

### （一）农村土地权利的体系

#### 1. 古代的农村土地权利体系

若以权利主体的视角观察古代的农村土地权利体系，土地权利主体包括农民、地主和国家，以土地所有权为例，即包括国家土地所有权和土地私有

① 资料来源：《元典章》户部卷五·典章十九"质压田宅依例立契"条，转引自《满洲旧惯调查报告书》后篇第二卷，"南满洲"铁道株式会社调查课大正二年出版，附录第1页。

② 许明月．担保权制度研究［M］．北京：法律出版社，1998：60.

③ 资料来源：《光绪会典事例》卷一五九，内务府，官庄。转引自《满洲旧惯调查报告书》后篇第二卷，"南满洲"铁道株式会社调查课大正二年出版，第2页。

权（可区分为大地主土地所有权和小农土地所有权）。其一，三级权利主体之间形成三对关系，而每一级权利主体的内部又有分层。地主介于国家与农民之间，其为土地所有权的实际享有者，可进一步区分为大地主和中小地主；自耕农将土地的实际所有权与使用权集于一身，佃农则仅享有土地使用权而无土地处分权。在各个历史阶段，即使表现方式存在差异，但基本格局未有实质性改变。其二，存在土地所有权约束土地使用权为表征的权能残缺特征。终极所有权和实际所有权皆极大地约束着农民的土地使用权。在皇权主导之下，私人所有权（地主或自耕农）的排他性严格受限，私人所有权所决定的收益权和处分权也随之被削弱。农民丧失索取土地权利的话语权，在农民、地主和皇帝的三方关系中，其实是所有权的二重结构下国家所有权（皇帝）和私人所有权（地主）之间的博弈。封建社会的各类土地制度改革基本上是在所有权既定的前提下进行的，这充分说明农村土地制度改革并不必然以所有权的变革为先决条件，纵使所有权结构未变，农村土地制度变革仍可推陈出新。

**2. 现代以集体土地所有权为基石的三层级结构**

现代农村土地制度的总体目标是在兼顾公平与效率的前提下提高土地资源配置效率，而农村土地权利是其基础。农村土地权利的体系化乃分梳与厘定各种土地上权利的层级结构，以确定彼此的权利内容和相应的法律地位。按照现行法律，所有权、担保物权和用益物权三大制度共同构筑我国农村土地物权制度。在农村土地权利体系中，静态归属上应明确农民集体的私人主体地位，动态利用上应强化用益物权的担保权能，以保障对农村土地的利用效益在法律上得以实现。① 若对农村土地权利体系按照其优先序位逐级分层，则可具体区分为如下三层：集体土地所有权构建农村土地权利体系的基石属于**第一层次**的权利，它是农民集体财产权益的主要来源，乃发展农村集体经济的物质基础，并在农村土地权利体系中处于核心地位。**第二层次**的权利包括土地承包经营权、宅基地使用权、集体建设用地使用权、自留地（山）使用权和债权性农地使用权。它们由集体土地所有权所派生，并构成农村土地权利体系的基础。② 此外，由土地所有权衍生出的农民社会保障权和成员权、征收征用补偿权、土地发展权等构成**第三层次**的权力，它们是各种农村土地权利实现的保障，构成农

① 陈小君，高飞，耿卓，等．后农业税时代农地权利体系与运行机理研究论纲——以对我国十省农地问题立法调查为基础［J］．法律科学（西北政法学院学报），2010，28（1）：82-97．

② 陈小君．我国农村土地法律制度变革的思路与框架——十八届三中全会《决定》相关内容解读［J］．法学研究，2014，36（4）：3-25．

村土地权力体系的外围支柱。① 集体土地权力分层见表 1－1。

**表 1－1　集体土地权力分层**

| 集体土地权力 | |
|---|---|
| 核心层 | 集体土地所有权 |
| 基础层 | 土地承包经营权（以招标、拍卖、公开协商等方式获得的“四荒”地承包权和以家庭承包方式获得的土地承包权），实施“三权分置”后为承包权和土地经营权<br>集体经营性建设用地使用权<br>宅基地使用权<br>担保物权 |
| 扩展层 | 集体土地用益物权出资形成的股权<br>集体土地用益物权租赁、信托形成的债权<br>建筑物及土地附着物所有权（包括房屋、林木和农作物所有权）<br>房屋使用权出租而产生的债权<br>林木和农作物收益权<br>房屋所有权及使用权设定抵押而产生的担保物权<br>房屋所有权或使用权出资形成的股权 |

集体土地所有权是农民集体实现“地利共享”的产权基础，地权的公平分配对于保持国家的社会主义性质具有实质性意义。在我国，“平均地权”实现形式分两阶段：1950—1956 年的土地改革通过国家直接分配土地实现“平均地权”；自 1956 年农村土地实行集体所有，特别是 1978 年改革开放之后，在国家支持和制度规范下由农民集体通过家庭联产承包责任制和宅基地福利性分配实现“平均地权”。“平均地权”是城市化进程中保持社会稳定的重要制度约束。在稀缺性农村土地资源供给约束下，农村土地的福利性分配逐渐不可持续，未来农村土地“平均地权”阶段将走向“地利共享”阶段。在农村土地“三权分置”中必须坚持“落实宅基地集体所有权”，集体土地所有权是农民集体实现“地利共享”的产权基础。

农村土地权利体系随着社会实践的发展而逐步丰富与细化。以土地承包经营权为例，起初农村土地的所有与利用二者高度统一，用益物权制度并无存在之必要；家庭分散经营之后，农地经营者与所有权主体之间的法律关系

① 陈小君，高飞，耿卓．我国农村集体经济有效实现法律制度的实证考察［J］．法商研究，2012（6）：7.

催生出新型的权利形态，故土地承包经营权逐渐被用益物权化。而伴随城市化进程的推进，农村的大量土地因被征收以满足城镇化发展之需求，土地发展权和征收补偿权等权利形态亦随之衍生出来。可见，农村土地权利的种类与形式伴随社会实践的发展而渐趋多样化。[①] 当下农村土地权利体系进一步完善之空间在于激发该部分物权的担保功能。《民法典》专章设有担保权、质权和留置权三项担保物权，农村土地所沉淀的财产价值更急需土地担保制度的建构。

**3. “三权分置”背景下的农村集体与集体经济组织**

就农民集体的属性而言，是以土地“共同占有”为基础的“经济联合体”。我国集体所有制实现形式依次经历了高级合作社、人民公社、家庭联产承包责任制、“统分结合”双层经营体制等阶段。我国将土地这一重要生产资料的“共同占有”作为集体所有制的基础。作为农村土地集体所有制下农村土地集体所有权主体，“农民集体”的存续以农村土地被农民集体全体成员“共同占有”为前提。然而，随着社会的进步与发展，“统分结合”经营体制中“分”的成分日益增大，在逐步强化农民土地权利的同时，农民之间生产资本、人力资本、社会资本等资源禀赋差距逐渐扩大。在新时代，农民之间以土地为基础进行“联合”的目的在于克服小农户在市场竞争中的弱势地位和不理性行为，以“联合体”的组织形式参与市场竞争，最大程度实现农村集体土地（包括集体所有集体占有和集体所有农户占有的土地）的财产价值。农民之间以土地“共同占有”为基础形成的“联合体”应是农户为更大程度实现自身占有土地的财产价值，自愿以某种市场化方式如入股形成的具有市场独立法人地位的组织形式。

就农民集体的组织形式而言，其应属于依法成立、具有独立法人地位的集体经济组织。“三级所有，队为基础”的集体土地所有权主体结构逐渐演变为乡镇集体经济组织（乡镇政府）、村集体经济组织（村委会）和村民小组独立并存的集体土地所有权主体结构，且在现实中以村民小组集体所有为主。在实践中，村民委员会和村民小组成为农民集体最主要的代表主体。从各地对农村土地所有权主体的表述来看，集体所有权主体的名称可谓“五花八门”：一是部分地区将集体所有权主体表述为“农村集体经济组织”，如广东省将农村土地集体所有权主体界定为具有所有权的经济合作社、经济联合社、股份合作经

---

① 刘国臻．论英国土地发展权制度及其对我国的启示［J］．法学评论，2008，26（4）：141-146.

济联合社等；二是部分地区将集体所有权主体表述为“农民集体”[包括乡(镇)、村、村民小组]，如浙江省宁波市、江西省乐安县、黑龙江省哈尔滨市等；三是部分地区在确权颁证时将“农村集体经济组织”和“农民集体”混用。各地区农村土地集体所有权主体的不一致性既为明晰农村集体经济组织的法人性质带来了困难，又不利于农村集体经济组织参与市场交易活动。因此，我们应将集体所有权主体在法律和实践层面统一表述为“农村集体经济组织”。具体来说，就是要从体制机制层面确立依法成立、具有独立法人地位的集体经济组织作为农村土地集体所有权主体的合法地位。如近年来，以清产核资、资产量化等为主要内容的农村集体产权制度改革的目标就是通过股份制改革实现“政经分离”，建立起能够高效履行经济功能的农村集体经济组织作为“农民集体”的组织形式。

强化农村集体经济组织保障作用以降低交易成本要求落实集体所有权。个人实现功能性活动的程度不仅取决于个人资源禀赋，而且取决于社会为其提供的可供选择之商品组合，即资源禀赋的交换权利。从资源禀赋到交换权利的转换，取决于一个社会中的法律、政治、经济和社会特征以及人们在社会中所处的地位。现行农村土地制度下，农村土地的利用方式和产权交易受到严格限制，农村土地使用权的交换权利亦无法充分实现。而农村土地“三权分置”改革的重要内容之一就是通过放活“土地经营权”和“宅基地使用权”，让农民实际获得更多财产权益。农村土地之使用权的产权功能主要在于通过剥离农村土地的身份属性以及强化其用益物权属性，而更好地保障与实现农民土地财产权。

**4. 农民集体所有土地的用益物权**

用益物权是利用他人之物的权利，其乃在他人所有权基础上设定的，对他人所有的物享有以占有、使用为目的的权利。我国在农村农民集体土地所有权的基础上分别设立了以土地承包经营权、建设用地使用权、宅基地使用权为主要内容的用益物权。我国农民集体所有土地的用益物权制度有其特殊性。这种特殊性就表现在权利主体是封闭的，而非开放的，严格限定在特定范围内，这就使得用益物权的制度存在着内在的冲突性。这种冲突性就表现为权利主体的封闭性与用益物权权能之间的冲突，从实现权能的要求看，要实现占有、使用和收益权效用的最大化，就要求在全社会的范围内配置主体，形成竞争。但权利主体是封闭性的，只属于特定人群，这就势必影响权能效用的最大化。这种内在冲突的权利结构在农业社会不会有明显的显现。但是，随着社会主义市场经济体制的建立和乡村工业化、城镇化的快速推进，这种内在性的冲突就开始凸显。社会主义市场经济要求生产要素由市场配置、自由流动、地权平等，农业产业化、规模化要求土地集中，而用益物权的权利主体的限制就制约了农民集体土地的流动和由市场配置。此种用益物权制度的内在冲突性就成为近年来农村土地制度改革的动力。

## （二）农村土地融资担保的必要性

我国作为一个农业大国，农村金融市场的发展在直接影响农村地区经济的同时，也影响着国家宏观经济发展。长期以来，我国农村资金通过不同渠道流出，导致农村贷款资金远远低于储蓄资金。随着我国农业生产方式向现代化转型的不断加速，农村社会经济发展需要大量资金支持，作为农村金融市场参与主体的农户和涉农中小企业的资金需求量逐步扩大，需求范围也进一步拓宽，但由于农村资金的大量外流，其资金需求难以得到有效满足。农村土地权利担保融资的必要性在于当现有农村金融制度安排和体系难以改善农村地区供求不匹配的现状时，理应考量通过完善制度纾解这一困境。农村土地金融作为农村金融市场发展新的生长点，农村土地权利融资模式作为盘活农村土地资源和改善农民生产生活条件的重要融资方式，有助于解决农户和涉农中小企业生产经营资金困难。农村金融市场参与主体的资金需求得到满足就意味着推动农村经济发展的信贷需求主体利益的实现，而利益的实现能够激发其生产积极性，使规模化生产经营成为农村经济发展的主要形式，进一步推动农业生产方式的转型，在提高资源利用效率的同时实现农村金融与“三农”的共赢发展。

首先，通过农村土地融资担保的制度创新，增加农村金融供给，可以促进农业发展。我国农村金融供给总量不足、供求错位、服务效率低下，农村金融依然是整个金融体系和农村发展的“短板”。农村金融供给不足是形成农村投资缺口和影响农村经济发展直接原因。其次，农村土地融资担保可以增加农民财产性收入。农民财产性收入的取得与农民土地财产权密切相关，包括农民对于集体土地的宅基地使用权、集体建设用地使用权、农村土地的占有权、使用收益权、流转权、物上请求权等权利。农民土地财产权的融资担保可以促进农村土地金融创新，增加农民财产性收入。再次，农村土地融资担保可以解决农业经营主体的资金需求，实现农业现代化发展。随着城镇化的加快，农民早已不再将自己束缚于土地之上，而是选择进城务工，农民对农村土地流转的需求越来越大，然而现行法律制度基于对农村土地保障功能的考量，对其流转方式与流转条件做了诸多限制。农村土地融资担保能够切实解决农业经营主体的资金需求，为实现土地规模化经营提供了条件，新型农业经营主体也可以将流转获得的土地权利进行担保获得资金支持，进一步促进土地的流转集中，加快农业产业结构的优化升级，使土地资源得到优化配置，提高劳动生产效率，推动农业现代化进程。最后，农村土地融资担保有助于健全城乡发展一体化体制，打破城乡二元制，实现共同富裕。推进城乡要素平等交换和公共资源配置，推动农村转移人口市民化，推动城乡经济社会融合发展。

农业是国民经济的基础，而金融则是现代经济的核心，资金是现代农业的一项基本投入要素。作为传统的基础产业，弱质性是农业的一大特征，一直以来，发展农业都需要极大的资金投入和金融支持。在以家庭为单位分散经营的状态下，农业发展整体的巨大资金需求被分散到一家一户的农民身上，单个农户的资金投入少、额度小，尚可勉强承担。但随着土地流转的发展，规模经营农户、家庭农场等新型农业经营主体不断出现，农业需要更多的基础性投入和流动性投入，农业和农村的资金需求大为增加，且呈现出多样化和层次化的特点，仅仅依靠农业经营主体自身积累的内源资金远远无法满足需求，这就在客观上要求进行农村金融产品和服务的创新，拓宽农业经营主体的外部融资渠道，增强金融信贷资金对农村金融需求主体的支撑力度。

## 三、农村土地融资担保的形式

### （一）法定担保方式及其排除

#### 1. 法定的担保方式

农村土地权利人要贷款，须与金融机构或债权人签订借款合同，而该金融机构或债权人有权要求借款人依法提供担保，以降低其相应的法律风险。《中华人民共和国担保法》（以下简称《担保法》）所规定的担保方式包括：担保、质押、留置、保证和定金。此五种担保方式，从学理上又可界分为物的担保（担保、质押、留置）、人的担保（保证）和金钱的担保（定金）三大类。上述法定的担保方式不一定都能适用于农村土地融资担保的实践；能够适用的担保方式也不一定就是最佳的融资担保方式。

#### 2. 农村土地担保方式排除“留置”与“定金”

借款合同担保不可采取留置和定金的担保方式。留置担保是在债权人按照合同约定占有债务人的动产后，若到期债务未得履行，则债权人可处置留置物。留置的担保方式仅能适用于动产，农村土地乃不动产，农村土地上权利与权益亦不属于留置物的财产范围。因此留置的担保方式并不适用于农村土地担保融资的借款合同。

定金担保是当事人约定一方主体向另一方主体给付定金作为债权的担保，

债权得以实现之后，定金应折抵价款或收回。根据我国《担保法》第200条的规定，借款利息不得在本金之中预先扣除。按此推断，出借人不得要求借款人在缔结合同时先行给付定金，借款人亦不能有钱而先支付定金，故定金担保也不适用于农村土地担保融资的借款合同。

## （二）农村土地权利融资的最佳担保形式为“抵押”

抵押考量的是担保物的交换价值而非使用价值。农村土地抵押流转，意在融资获取资金支持。农村土地设立抵押担保，不移转占用，权利人抵押融资所获得的资金可以作为资本投入所经营的农村土地上，同时农户或经营主体仍继续占有和收益该土地，实现了收益与融资双重目的。城市与农村土地权利抵押权能对比见表1-2。

**表1-2　城市与农村土地权利抵押权能对比**

| 土地使用权 | | 权利类型 | 抵押状态 | 法律依据 |
|---|---|---|---|---|
| 城市 | 国有建设用地使用权 | 划拨土地使用权 | 能 | 《中华人民共和国民法典》第395条、第397条 |
| | | 出让土地使用权 | 能 | 《中华人民共和国民法典》第395条、第397条 |
| | 国有土地承包的土地经营权 | 土地经营权 | 能 | 2018年修正的《中华人民共和国农村土地承包法》第47条 |
| 农村 | 集体建设用地使用权 | 经营性乡集体建设用地使用权 | 能 | 《中华人民共和国民法典》第368条、2019年修订的《土地管理法》第63条 |
| | | 公益性建设用地使用权 | 否 | 2019年修正的《中华人民共和国土地管理法》第61条 |
| | 宅基地使用权 | 使用权 | 有限制的抵押 | 《中华人民共和国民法典》第363条、第399条 |
| | 土地承包经营权 | 家庭承包的土地经营权 | 能 | 2018年修正的《中华人民共和国农村土地承包法》第47条 |
| | | 四荒地的土地经营权 | 能 | 2018年修正的《中华人民共和国农村土地承包法》第49条、第50条和第53条 |

在《中华人民共和国民法典》所规定的五种担保方式中，农村土地权利融资的最佳担保方式为“抵押”。抵押本身具备强于其他担保方式的优势，抵押比保证更有保障力且更可靠，亦不会如留置、质押和定金等方式一般，出现担保人无法利用担保物的境况，更不用担心担保权人保管担保物是否妥当，是否存在贬损担保物价值的不当行为等。设定农村土地抵押，在利用农村土地融资的同时，抵押人仍可就抵押的农村土地享有占有、使用和收益等权能，不会出

现闲置土地的情形。借款抵押人既能利用土地的交换价值，也能利用土地的使用价值，充分体现物尽其用的法律效果。抵押权人不必管理抵押担保的农村土地。综上所述，农村土地权利融资担保采取抵押方式，抵押人获取资金的同时，又可居住、占用、经营相关的农村土地，抵押权人不必管理担保物且当债务不能履行时，抵押权人可就担保标的优先受偿以实现其债权。

### （三）农村土地权利融资的其他担保形式："保证"与"质押"

保证乃债权人与保证人约定，当债权无法实现时，债权人可要求保证人履行债务的行为。借款担保合同的保证，乃债务人不履行债务时，保证人须向债权人承担连带清偿责任。保证担保，不需要提供实物，亦不移转任何权利或物的占用，乃保证人以其个人所有的责任财产作为担保，属于人的担保类型。物的担保明显比人的担保更有保障力，因为金融机构或债权人需要对保证人的责任财产予以严格审查，以确定其是否具备相应的清偿能力。在农民自身缺少可供担保的财产，也无其他经营方式获利、农业收益偏低、占有使用的农村土地流转受限的现实条件下，极难寻觅到取得金融机构或债权人信任、当债务人不偿还债务时愿意以自己的信誉为借款农民或土地经营者提供还款保证的民事主体。如果农民或土地经营者寻觅不到保证人或找到的保证人难以符合债权人条件，急需资金的农民或土地经营者则不可能获取任何贷款。在农村土地权利融资担保的实践中，单一的保证担保贷款并不多见，更多的是在农村土地担保的组合担保中适用保证担保。

质押在法律上区分为动产质押和权利质押两类。农村土地是不动产，不能适用动产质押，故农村土地权利融资担保仅能适用权利质押的方式。为担保债权实现，权利质押乃债务人自身或第三人以其享有的具备可转让性的权利作为标的，当债务到期而不能清偿时，质权人可就该质押标的享受优先受偿的权利。法律上能做质押标的的权利须具备可让予性和属于财产权两个条件，主要包括无形财产权、股权、债权和不动产收益权等。权利质权人保管权利证书即可，而省去保管"物"的麻烦，也不会发生价值贬损的可能；出质人亦无须支付保管费，也不存在未有效发挥财产权效用的问题。权利质押以财产权利本身为标的，只有交换价值，不存在物的使用价值，其克服了担保不移转占用所产生的弊端，担保有可能出现公示错误、因未移转占有的担保物被担保人掠夺性使用降低其价值或被非法转让等情形。从债权人利益保护的角度而言，尽管权利质押优于担保，但是落实到农村土地融资担保的实践中却未必是最优方式，依赖经营土地获取收入或维持生活的农民严重缺乏债权、股权或无形财产作为质押物，即使将其所享有的农村土地财产权益作为质押标的，对于具有一定社会保障属性的农村土地而言，可能发生权利属性的更迭。权利质押的优势一般难以在农村土地担保的借款合同中为借款人所充分运用。

## 第二节　农村土地利用与农村土地金融

### 一、土地与土地利用

#### （一）原始文明——农业文明——工业文明的土地

土地是人类生存的物质基础，是社会生产发展的重要源泉。在人类和土地的关系中，土地是先于人类存在的自然物质。土地及其产出是农民的命根子，也是国家稳定、繁荣的前提条件。土地作为商品的资源特性与一般商品有所不同。土地的三大自然属性是土地的不可移动性、土地区位的肥瘦程度及土地的耐久性。土地的不可移动性使它有别于一般的商品交换，在作为生产要素参与生产发展时，土地利益不会均衡分配，因此会产生土地级差地租。土地肥力通常通过地表物的生长表现出来，在依靠土地产出的社会，土地肥瘦程度尤其重要，人类文明发端于河流领域，主要得益于其范围内的肥沃土地。随着生产技术的进步和运输业的发展，人们对土地的改良程度加大，土地自然差别会变化，但不会完全消失。影响地价的因素可分为三类：一是一般因素，二是区域因素，三是个别因素。区域因素和个别因素受土地供给与需求的影响，土地融资能力、对未来的预期、城市发展规划等都会影响土地供需关系，从而使地价上涨或下跌。一般因素即宏观政治经济因素，主要体现为主体对该地块所享有的所有权及其他地上权利。

在原始文明时期，人类只是被动消极地依赖自然、适应自然，在那个时期，人类还不具备积极主动地利用土地的能力。在原始文明时期，为应对艰苦的自然条件，人类以天然的血缘为纽带，以土地为生产空间，结成共同体——部落或者部落联盟。为争夺狩猎、采集的空间，部落之间不断发生争执，不停迁移流动是那个时期的生产方式和生活方式，需要时刻迁移以寻找更好的自然资源。土地的所有权保护并没有成为当时的必需品。人类有意识地积极主动利用土地发源于农耕文明时期。农耕文明的形成对于人类的土地利用行为来说，是一次重要的变革。种植业代替了游牧渔猎，定居取代了漫游迁徙，畜牧取代了狩猎。进入农耕文明时期，人类开始需要固定、肥沃的土地来承载他们的生产方式，基于对土地的固定地域反复耕作，人类开始形成了氏族和部落。在氏族部落时代，土地属于部落成员共同所有，但在占有使用上，随着农业种植技术的发展，土地经历了从共同占有使用到以家庭为单位平均分配并占有使用的过程。

随着剩余产品增加，简单的商品交换关系随之产生，并逐渐出现了私有制和国家。在农业文明时期，土地是财富，土地是政治地位的象征，土地是财政的主要来源。社会最主要的矛盾就是土地分配问题。封建贵族利用其政治地位不停地兼并土地，将土地集中在少数人手里，皇帝或国王除了以国家的名义占有大量土地，对贵族大臣的赏赐也主要是土地，农民革命的诉求也是“均田赋”。土地所有制是以土地国有制或王有制为基本制度，皇帝或国王被誉为“大地的主人”，原则上是全国土地的最高所有者，凡占有土地者皆得向国王统治缴纳赋税。

在工业文明时期，人类的生产方式和生活方式均发生了根本性的改变，从土地所有关系为核心转向土地利用关系为核心。人类对土地的需求呈现多样化，土地不再仅仅只是作为居住和农业生产的生产资料。土地作为生产要素，不仅具有金融融资功能，而且具有休闲旅游的文化功能，以及生存保障的社会功能等。土地功能的多样化就要求土地权利制度呈现出多元化的权利结构，单一的所有权保护制度显然不能适应这种土地功能多样化的要求。利用是财产价值实现的唯一途径，所有权的归属意义也不单纯为归属本身，而在于对物的使用，即“因利用而归属”。失去利用的终极目的，归属亦无任何意义。工业文明时期的土地观念发生以下嬗变：**其一**，在个人利益与社会利益的优先问题上，现代土地观念从个人本位优先逐步转向社会本位优先。在此价值目标下，建立了用途管制制度、土地征收制度、体现社会公平的土地收益分配制度。**其二**，以促进土地利用为导向，在土地所有权之上，设立了用益物权和多种类多功能的“权利束”。法律更为重视对土地利用使用权的保护，促进土地有效利用，强化土地利用权，以求得地尽其力。**其三**，土地关系突破了单纯的经济关系领域，土地关系走向综合性。社会各方面都会把自身的诉求（如环境保护、人权、反贫困等）嵌入到土地关系中，土地功能的多样化也推动着土地关系走向综合性。

### （二）土地利用的双重属性：自利性与公共性

土地的自利性集中体现为土地利用人的自利性，即以最小的投入获取最大的收益。同时，趋利避害，不断在目的与手段之间进行理性选择，以达到最佳效果。人类的土地利用活动，本质上是经济活动。在土地利用过程中，土地利用人在自利性的驱动下，可以通过增加对土地的投入，提高土地的单位产出率；可以改变土地使用的预设条件（如用途、容积率等），增加土地收益等。

土地是“准公共品”。土地利用行为的公共性是由土地的“准公共品”和行为性质的公共性决定的。土地权利的平等性、需求的共同性、资源的稀缺性，土地市场调节的缺陷性，作为有机统一的整体构成了土地公共性的基础。

首先，土地资源具有稀缺性。土地具有位置不可移动、面积不可增加、区位与禀赋不同的客观自然属性。土地资源不可移动且不可增加，逐步显现出其稀缺性。其次，土地需求具有共同性。土地是人类安身立命之基础，承载整个人类共同的生活与生产。再次，土地权利具有平等性。土地是大自然的产物，它不是人类劳动创造的，相反，人类都依靠土地生存、生产、生活。土地是人类共同的财富，在土地上生活的每个人都有平等利用土地的权利。最后，土地市场具有局限性。基于土地的自然垄断属性，土地市场不是一个完全竞争的自由市场，市场的局限性为公共性介入提供了合法性和合理性基础。

### （三）土地利用的三重关系

首先是人与土地的自然关系。人类和土地的关系应该是一种平等和谐相处的关系。按照传统法理学的观点，土地只是法调整的对象，如果把人与土地的关系归入法调整的对象，就意味着土地成为法律关系的主体，而土地是无生命、无意识的，故既往法律制度并未考量人与自然之间生态文明关系。随着人类进入生态文明时期，人地关系发生变化，基于工业文明人类对土地利用过度造成的危害的反思，人类再也不能像工业文明时期以人中心，而要实现人与自然和谐相处，人与土地之间构成互相依存、互相制约的生态文明关系。其次是平等的民事关系。土地利用主体在利用土地的过程中，需要解决的是土地的权利归属问题，这就必然需要土地权利制度的保障。人类欲开发利用土地，但土地又不是自己拥有的，只能通过债权法律关系的方式来实现。此外，该种投资能否获取预期利益还需要法治提供稳定的预期保障。这就要求建立土地产权制度，形成对土地权利人的经济激励，激发土地权利人的创造活力，促进经济增长；通过建立完善土地市场机制，为市场交易主体提供明确的预期，降低市场主体获取信息的成本与谈判成本，从而降低土地利用活动的交易费用，促进土地利用的效率。上述制度都属于民事法律关系的性质。最后，土地利用中存在行政关系。人类利用土地都是追求效益的最大化，但是，在现代社会，仅仅拥有土地权利是不够的，它只是解决了资格或者可能性的问题。由于土地利用行为具有公共性的性质，利用土地要受有许多外部约束性条件制约，只有按照这些外部约束性条件的要求利用土地，才能实施土地利用行为。这些外部约束性条件与追求利益最大化的动机是冲突的，因此，需要将这些外部约束性条件转化为法律管制，故而土地利用关系又具有行政关系的性质。

## 二、农村土地流转与农村土地金融

土地流转是农村土地利用的重要方式。具体而言，农村的土地流转包括但不限于转让、出租、互换、赠予、入股、担保等多种方式。土地流转只是土地一种要素的重新配置，而农业生产尤其是现代农业需要多种要素合理配置才能够提高生产效率和扩大生产规模。因此在土地流转中如果能够有金融支持，无疑将产生较大的促进作用。

### （一）农村土地流转对金融创新的作用

土地流转可以对农村土地金融制度建设起到良好的促进作用。一方面，土地流转与农地金融创新是正相关关系，土地流转制度可以促进农业生产绩效的提高，从而使农村金融机构有盈利机会，促进农村土地金融创新发展。另一方面，土地作为不可再生资源具有不动产的属性，有其先天的价值属性。农村土地权利进入市场流转可以提高债的担保性，而且增加贷款的安全性，从而减少金融风险。因此农村土地金融服务机构创造更好的金融产品，可以推动农村土地金融制度发展。例如有的试点地区创造性地推出果园贷、及时雨农户贷款、猕猴桃贷款、苗木贷款。农村土地有序流转促进农村土地金融创新。

土地流转对农村土地金融具有金融环境的优化作用。土地流转促进实体经济的发展，实体经济的发展能够催生对金融服务的需求，进而推动金融业的发展。土地流转促进农村闲置土地开发，促进土地适度规模发展，辅以农业机械化，提高劳动效率，促进了实体经济发展，从而带动相关农村土地金融业的发展，如农地投资、保险、抵押贷款等金融服务。土地流转推动农村土地制度变革，促进农村金融主体规模的扩大。盘活农村土地利用，增加农民财产性收入，使农民担保能力提升，提升金融需求主体农户的信用能力，刺激农村金融供给。随着农村的金融基础设施建设和信用体系建设不断完善，土地流转对农村土地金融环境的优化作用不断增强，可以满足农村金融需求，金融环境势必不断优化。如为发挥市场作用，农村金融基础设施不断完善，很多试点地区设立农村产权交易中心，专门设置产权交易、纠纷受理、确权登记等窗口。同时，政府不断提升公共服务水平，积极引导各类金融和社会资本进入农村市场，推动农业产业转型升级，使农村土地金融环境不断优化。

### （二）农村土地金融创新的可行性

农村公共基础服务逐步完善，城乡医疗、就业、养老等多位一体的社会保障制度逐步建立，为农村土地资本流转创造了和谐的社会环境。农村土地的低效利用和社会保障功能的弱化一定程度上倒逼农地流转和农地金融化。农地社保功能的弱化需要构建农村土地金融机制以增加农民福利。剥离农村土地的保障功能，只保留其经济功能，农村居民的社会保障功能由政府实行城乡居民一体化的社会保障。世界各国农业现代化历程也证明，实现农村土地集中，推动农业现代化、规模化发展，必须结合本国实际情况分阶段、稳步、渐进进行。现在农村已经建立农村合作医疗保险、农村养老保险制度，建立了城乡一体化的社会保障制度，新农保制度不断完善，新农保的保障水平亦不断提高，这使得农村土地的社会保障功能渐趋弱化。

### （三）金融创新对农村土地流转的功用

农村土地金融创新促进土地流转效率扩大。以土地承包经营权为例，我国农村土地使用分散化、细碎化、低效化问题比较突出。据统计，我国有2亿多分散小农户，户均土地只有8.4亩①，只相当于美国的1/50，世界平均水平的40%。同时，农村出现了大量的空心户、空心村，土地资源闲置严重。发展农村土地金融，可以提升农村土地的经济价值，有利于加速土地流转，加大农业生产投入，优化农地资源配置，使其与劳动力、资金等要素重新组织，带来耕种规模和经营效率的提升。

农村土地金融创新是土地流转的保障。随着社会经济不断发展，现代社会逐步进入大数据、人工智能的时代。无人银行的运营在降低银行运营成本的同时，也促进银行业务无纸化、数字化，以及人脸数据库等基础设施的建设。而农村许多人还不会使用智能手机，信托、资产证券化等诸多金融工具与农村落后的金融生态明显格格不入，与农村落后的金融体制不协调。农村土地简单的转包、出租形式等已经不能满足农地流转市场的需要。农村“熟人”社会的模式被市场打破，市场经济下，乡风民俗道德下的乡村模式已不能发挥以往的作用。在我国经济转轨过程中，农村经济主体之间广泛而大量地存在“低诚信度”现象，严重影响了农村市场经济秩序的建立和完善，为保障农村土地流转的需要，应加大金融征信建设，完善农村市场主体金融意识，发展普惠金融，为土地流转提供保障。

① 亩为非法定计量单位，1亩=1/15公顷。——编者注

# 第二章
# 农村土地融资担保的改革实践

## 第一节　农村土地融资担保的概貌[①]

### 一、农村土地融资担保的基本情况

#### （一）农村土地融资担保的社会环境

随着城镇化和工业化的发展，农业人口呈下滑趋势且劳动力老龄化现象突出，农业从业人员 60 岁以上者所占比重达到 18%之多，女性劳动力比重提高到 61.3%，许多地区农业面临后继乏人的严峻形势。

耕地资源利用现状堪忧，户均经营规模狭小，耕地细碎化仍是农村土地利用的主要特征，若按照 2015 年我国人口 13.75 亿人计算，人均耕地面积为 1.47 亩，全国 2.3 亿农户户均承包集体耕地面积仅 7.5 亩，农业农村部统计数据显示，户均耕地地块 5.2 块，平均每块 1.3 亩。[②]

农村土地融资担保作为农村金融领域担保品创新的重要成果，扩大了农民或新型农业经营主体融资方式的选择空间，目前全国范围内的农村土地融资担保贷款处于试点阶段，然而农村土地融资担保试点地区已经遍布全国，并且担保融资规模不断扩大。从担保品种分析，各地农村产权交易市场可以担保的产权主要是农村土地经营权、宅基地使用权、集体建设用地使用权和林权。各地区的担保产权差异很大，也各有特色，如成都和重庆地区的“地票”交易活跃，故集体建设用地使用权担保规模较大；齐鲁农村产权交易中心品种最多，达五种之多，其中有其他地区少有的大棚所有权、水域养殖权，这与各地的实际农业产业状况相关。农村产权交易市场土地经营权等担保情况见表 2－1。

---

① “农村土地融资担保基本情况”的相关数据来源于课题组的调查问卷统计与归纳，以及有关部门的公开数据。

② 资料来源：2021 年农业农村部《全国耕地质量等级公报》。

**表 2-1 农村产权交易市场土地经营权等担保情况①**

| 农村产权省级/市级交易所 | 产权抵（质）押品种 | 产权担保金额（亿元） | 截止时间 |
|---|---|---|---|
| 成都产权交易所 | 农村土地经营权、农村房屋所有权、集体建设用地使用权、林权 | 150.1 | 2016年12月 |
| 重庆产权交易所 | 集体建设用地复垦项目收益权、农村房屋所有权、地票 | 238.54 | 2017年9月 |
| 武汉农村综合产权交易所 | 农村土地经营权、水域滩涂养殖权 | 31.68 | 2016年12月 |
| 北京农村产权交易所 | 农村土地经营权 | 0.05 | 2017年12月 |
| 温州农村产权交易平台 | 农村土地经营权、农村住房财产权 | 80 | 2015年11月 |
| 安徽农村综合产权交易所 | 农村土地经营权、农村住房财产权 | 24.8 | 2015年10月 |
| 江苏农村产权交易信息服务平台 | 农村土地经营权 | 20.52 | 2017年11月 |

截至2016年12月，232个农村土地经营权担保贷款试点县贷款余额140亿元，59个农房担保贷款试点县贷款余额126亿元。② 虽然我国一些地区在农村土地融资担保方面取得一定成果，但总体融资资金总量不多，大部分金融机构仍普遍缺乏农村土地担保贷款的动力，加之存在欠缺完善的土地资产评估和流转平台、土地担保品变现难等问题，农村土地融资担保还存在诸多体制和法律上的限制。

### （二）农村土地融资担保的经济环境

农村经济环境表现为农民人均收入持续增长乏力、农产品生产成本持续攀升、农产品国际竞争力不足、耕地规模经营呈扩大趋势、新型经营主体和服务主体（家庭农场、农民专业合作社、各类农业公司或企业等）发展迅猛、新农民返乡创业创新热潮悄然兴起（如大学生、复原兵、科技人员、工商企业主，进城打工多年的外出务工人员等）。

农业已经达到规模化生产阶段。家庭农场、种养大户、合作社、龙头企业等新型农业经营主体承担了大部分的农业生产任务。

农村土地融资担保可以带来巨大的金融市场空间。若参照中国农业银行《农村承包土地的经营权抵押贷款管理办法》予以估算，土地承包经营权评估

① 神州土地研究院．2017中国农村产权流转交易市场发展报告［M］．北京：中国农业大学出版社，2017：143.

② 资料来源：中国人民银行《中国农村金融服务报告（2016）》。

价值=政府公布的基准参加价格［元/（亩·年）］×家庭承包合同剩余年限，农村土地融资担保将带来几十万亿元的金融信贷量。农村土地经营权与宅基地使用权担保价值估算见表 2－2。

**表 2－2　农村土地经营权与宅基地使用权担保价值估算**

| 类别 | 承包土地 | 宅基地 |
|---|---|---|
| 面积（亿亩） | 20 | 2 |
| 说明 | 基准参考价格为 800 元/（亩·年），剩余年限约 10 年，中长期按 30 年继续承包 | 保守以 200 元/米$^2$ 计算 |
| 价值评估公式 | 土地承包经营权评估价值=基准参照价×面积×剩余承包年限 | 宅基地评估价值=单位面积价格×价格 |
| 短期担保物价值（万亿元） | 14.4 | 26.6 |
| 中长期担保物价值（万亿元） | 48.0 | 26.6 |

### （三）农村土地融资担保的政策环境

中央 1 号文件作为中共中央每年发布的第一份文件，已成为中央重视“三农”问题的专用语。从 2004 年开始，中央 1 号文件都涉及金融服务“三农”问题。2013—2023 年中央 1 号文件关于农村土地金融的相关表述汇总见表 2－3。自 2013 年起，我国农村改革不断深入，农村金融改革随着农村土地改革的不断深入而发展，具体主要体现在加大金融创新，赋予农民对于农村土地的财产权能。首先，赋予农民对农村土地权利的抵押、担保权能。以土地经营权为例，稳定农户承包权、放活土地经营权，允许承包土地的经营权向金融机构抵押融资，加大农业保险支持力度。其次，创新土地流转和规模经营方式，推进农村集体产权制度改革和农村金融体制改革，加大“三农”融资担保，支持发行“三农”专项金融债、鼓励涉农企业发行债券。特别提出强化农村普惠金融。再次，提出构建农村金融服务体系，进行农村金融机构改革，引导互联网金融、移动金融在农村规范发展，加大金融创新，发展农产品期权期货，完善农业保险制度。要求继续发挥政策银行作用，进行农村金融机构“三农”金融事业部改革，加大农村信用建设、完善农村各类资源资产权属认定，探索建立农产品收入保险制度。继续金融创新，提出涉农企业上市融资、发行债券、兼并重组，加强农村金融立法。最后，不断深化农村土地制度改革，深入推进农村集体产权制度改革，继续农村金融改革，提高金融服务水平，继续发挥农村金融机构的作用，普惠金融重点放在乡村，出台非存款类放贷组织条例，推进农村期权期货市场发展，加强农村金融监管。上述政策为金融创新发展提供了良好的金融创新环境和政策支持。

**表 2-3 2013—2023 年中央 1 号文件农村土地金融的相关表述汇总**

| 年份 | 农村土地金融表述 | 农村土地金融的具体内容 |
|---|---|---|
| 2013 年 | 改善农村金融服务 | 引导农村土地承包经营权有序流转；充分发挥政策性金融和合作性金融作用；创新符合农村特点的抵（质）押担保方式和融资工具，建立多层次、多形式的农业信用担保体系。 |
| 2014 年 | 全面深化农村改革，加快农村金融制度创新 | 赋予农民对承包地占有、使用、收益、流转及承包经营权抵押、担保权能。稳定农户承包权、放活土地经营权，允许承包土地的经营权向金融机构抵押融资；强化金融机构服务“三农”职责；发展新型农村合作金融组织；加大农业保险支持力度。 |
| 2015 年 | 加大改革创新力度，全面深化农村改革 | 创新土地流转和规模经营方式；推进农村集体产权制度改革；审慎稳妥推进农村土地制度改革；推进农村金融体制改革；“三农”融资担保；支持发行“三农”专项金融债、鼓励涉农企业发行债券；强化农村普惠金融。 |
| 2016 年 | 新发展理念推动金融资源更多向农村倾斜 | 构建农村金融服务体系，发展农村普惠金融；农村金融机构改革；创新村镇银行设立模式；引导互联网金融、移动金融在农村规范发展；有序推进农村承包土地的经营权抵押；发展农产品期权期货；完善农业保险制度；深化农村集体产权制度改革。 |
| 2017 年 | 农业供给侧结构性改革-加快农村金融创新 | 继续发挥政策银行作用；农村金融机构“三农”金融事业部改革；农村信用建设和农村各类资源资产权属认定；探索建立农产品收入保险制度；涉农企业上市融资、发行债券、兼并重组；推动农村金融立法；深化农村集体产权制度改革。 |
| 2018 年 | 乡村振兴开拓投融资渠道，强化乡村振兴投入保障 | 深化农村土地制度改革；深入推进农村集体产权制度改革；继续农村金融改革，提高金融服务水平；继续发挥农村金融机构的作用，普惠金融重点要放在乡村；出台非存款类放贷组织条例；推进农村期权期货市场；加强农村金融监管。 |
| 2019 年 | 健全土地流转规范管理制度，允许承包土地的经营权担保融资 | 打通金融服务“三农”各个环节，建立县域银行业金融机构服务“三农”的激励约束机制，实现普惠性涉农贷款增速总体高于各项贷款平均增速；推动农村商业银行、农村合作银行、农村信用社逐步回归本源，为本地“三农”服务；研究制定商业银行“三农”事业部绩效考核和激励的具体办法；用好差别化准备金率和差异化监管等政策，切实降低“三农”信贷担保服务门槛，鼓励银行业金融机构加大对乡村振兴和脱贫攻坚中长期信贷支持力度；支持重点领域特色农产品期货期权品种上市。 |

（续）

| 年份 | 农村土地金融表述 | 农村土地金融的具体内容 |
|---|---|---|
| 2020 年 | 优先保障“三农”投入 | 推动温室大棚、养殖圈舍、大型农机、土地经营权依法合规抵押融资。稳妥扩大农村普惠金融改革试点，鼓励地方政府开展县域农户、中小企业信用等级评价，加快构建线上线下相结合、“银保担”风险共担的普惠金融服务体系，推出更多免抵押、免担保、低利率、可持续的普惠金融产品。 |
| 2021 年 | 强化农业农村优先发展投入保障 | 大力开展农户小额信用贷款、保单质押贷款、农机具和大棚设施抵押贷款业务。鼓励开发专属金融产品支持新型农业经营主体和农村新产业新业态，增加首贷、信用贷。加大对农业农村基础设施投融资的中长期信贷支持。加强对农业信贷担保放大倍数的量化考核，提高农业信贷担保规模。将地方优势特色农产品保险以奖代补做法逐步扩大到全国。健全农业再保险制度。发挥“保险＋期货”在服务乡村产业发展中的作用。 |
| 2022 年 | 全面推进乡村振兴，强化乡村振兴金融服务 | 稳慎推进农村宅基地制度改革试点；推动开展集体经营性建设用地使用权抵押融资。 |
| 2023 年 | 赋予农民更加充分的财产权益 | 探索宅基地“三权分置”有效实现形式；深化农村集体经营性建设用地入市试点，探索建立兼顾国家、农村集体经济组织和农民利益的土地增值收益有效调节机制；保障进城落户农民合法土地权益。 |

## （四）农村土地融资担保的金融生态

### 1. 农村金融主体缺位

农村的金融服务主体单一，信贷供给能力不足。由于国有银行实行股份制改革、商业化运作，逐渐撤销乡镇的经营网点，特别是原本以服务农村为主的农业银行亦逐步撤离乡镇，农村信用社因经营困难且支持力量严重不足，改造为各类农村商业银行，最终使得缺乏资金融通的农村在担保融资的问题上更为困难。此外，农村金融机构创新能力不足，未能适时开发出适合农村需求的创新性金融产品，一定程度上制约了农村金融的有效供给。

农村金融中介机构严重缺位，如征信、评级、会计和法律等中介组织，以及担保公司、农业保险公司和土地产权交易平台等普遍缺位。①

非正规金融供给先天不足，亦难以发挥金融补充作用。民间借贷灵活快捷，在农民和农业经营者难以从正规金融获得贷款情形下具有一定的“补缺效

① 王丽珍．浅谈金融支持新农村建设的思考［J］．内蒙古金融研究，2013（12）：15.

应”，但是非正规金融供给缺乏法律制度保障，若超越法律红线将遭受政府部门的处罚，无形中增加了经营主体的债务负担与法律风险。

**2. 农村金融服务弱化**

农村的信贷品种单一，涉农金融机构主要为农村生产性需求提供小额信用贷款、农民与企业联保贷款、林权担保贷款、农业龙头企业或农民专业合作社担保贷款等信贷产品。

**3. 农村信贷管理机制不健全**

尽管国家和各试点地区围绕农村金融信贷市场的发展出台了一系列的扶持政策，但是涉农信贷的管理风险较高，且农业贷款一般额度较小且分散，加之农业投资的长期性和低收益回报导致收入的不确定，涉农金融机构管理贷款和催收贷款难度普遍较大。此外，涉农贷款的风险补偿机制不完善。贷款发放对象主要是农民，且贷款的投入集中在传统的种养业，潜在的自然风险和市场风险皆较高，部分农民虽参加了农业保险，但第一受益人并非金融机构，涉农贷款一般缺少相应的风险补偿机制，这在一定程度上限制了金融机构的放贷意愿。

**4. 部分地区的农村金融信用环境不佳**

部分地区的农村信用环境欠佳，部分农民历史上所形成的坏账呆账久拖不还，在农村中形成不良的示范效应，致使一部分农民受其影响，贷款到期不主动偿还。甚至一部分农民误认为涉农贷款是扶贫贷款，还款意识不强，逃废金融债务时有发生。农村金融的信用环境欠佳致使金融机构发放大额贷款时，要求提供足够的担保物，甚至一些有效的信贷需求也难以满足，出现“劣币驱逐良币”的现象。

### （五）农村土地融资担保的法律认知

担保不属于现行农地流转的主要方式，但各地农民存在以担保流转土地的迫切需求。在所调研的受访对象中，选择“担保”的受访农民仅占3.7%，担保属于较少被选择的方式，然而选择希望能够以担保方式流转农地的占14.8%，实际担保流转的土地比预先希望的土地数目少很多，表明各地区农民存在以担保方式流转农地的愿望与迫切需求。不同的农民对土地功能的评价不同亦导致对担保的态度有异，对一部分农民而言，土地的社会保障功能是第一位的，因此其不会甘冒失地风险而担保土地；对另一部分农民或农业大户而言，土地的社会保障功能退居其次，其考虑更多的是发挥土地的经济功能，体现出土地的交换价值。对担保土地获取周转资金的行为，各地的管理手段不同且设置的程序也不同。例如安庆地区，土地承包经营权可以设定担保，但是需要首先经过政府的批准，这就表明部分地方政府对于农村土地的担保管理十分严格；但是在一些管理比较松散的地区，如芜湖市，85%的农民表示只要能够提供双方的担保合同就可进行土地担保。

### （六）以土地承包经营权和农村住房财产权为中心的农村财产结构

调研发现，农民的财产以农村住房和土地承包经营权为主。囿于目前集体土地所有权主体虚置、农村土地权利结构模糊不清和具体权能的残缺，必须厘清农村土地权利结构，通过法律的方式将农民的土地权利明确化和刚性化，为农村土地权利担保提供前提条件。

农村的承包地、宅基地、房产等财产的真实价值没有得到足够显现，对权利主体脱贫致富的贡献程度较低。农民并未从土地上获得较大的财产性收入，对其依存度降低。农民的收入主要依靠农业以外的行业或农村以外的因素，属于典型的外在依赖型收入增长方式。

### （七）农村土地融资担保的需求现状与特征

为了解农民对农村土地融资担保这项创新金融产品的需求，通过实地调研可以发现以下特点。

近五成（44.89%）农民有土地担保贷款需求，说明农户对农村土地担保贷款的需求具有客观存在性。

农民的贷款需求额度大、期限长。调研中发现，大多数农民将土地担保作为一种大额融资的备选工具，在需要大额资金或扩大再生产投资的情况下才会使用土地担保方式，资金需求在5万元以上的农民占七成。从农民贷款预期时间上分析，除去风险角度考虑，农民希望的借款期限主要集中在3～5年这个时间段。

规模经营农户对土地担保融资的需求最强烈。种粮大户或家庭农场等规模经营者对农业投入需求量大，信贷约束更严重，故而该群体对土地融资担保的意愿更强烈。调查显示，种植面积在100亩以上的受访者愿意进行农村土地融资担保的占93.4%，此外，高收入农民需求也很强烈，家庭收入在10万元以上的农民担保需求最为强烈，有七成农民有此需求。

### （八）农村土地融资担保的需求与供给不平衡

当前的农村金融供给无法满足需求，农村金融服务机构数量低于全国平均水平，国有商业银行向农村放款难，现实中农村金融机构涉农贷款增速放缓。目前的农村金融供给体系，尤其是正规金融体系在涉农方面的服务整体处于收缩状态，并不能很好地满足土地融资担保的金融需求，农民普遍存在资金需求。若农民没有持续的稳定收入，农民在农业生产中亦缺乏可以担保的流动资产，则正规金融的信用贷款受限。农民对银行等正规金融机构服务需求现状与特征见表2-4，贷款用途见表2-5，贷款供给比例见表2-6。

**表2-4 农民对银行等正规金融机构服务需求现状与特征**

| 需求现状 | 特征 |
| --- | --- |
| 农业经营或日常消费的资金需求不断增大 | 农业经营或日常消费的资金缺口在5.05万元/户 |
| 银行贷款难以满足农民资金需求 | 平均申请贷款额度为13.9万元，获批贷款额度为平均7.7万元，资金需求满足度为55.4% |
| 申请贷款太复杂是农民不愿意申请银行贷款的主要原因 | 超过50%的农民不愿意申请贷款的原因为申请程序复杂、利息太高、预期贷款不会被批 |
| 贷款以中短期为主，难以满足农民的多样化资金需求 | 平均贷款年利率为4.2%，平均贷款期限为22个月 |
| 从银行的贷款来源单一 | 向正规银行贷款，80%来源是农村商业银行和农信社 |
| 农民融资担保形式以农村土地经营权为主 | 43.4%的农民担保形式为农村土地经营权，其次是农村住房财产权和担保人 |
| 农民向银行贷款主要用于农业生产 | 用于农业生产的比重在50%以上，其次是生活消费或非农经营 |

**表2-5 贷款用途比较**

| 生产或做生意本钱 | 建房或装修 | 还钱 | 购买家电或家用车 | 子女教育 | 治病 | 衣食所需 | 人情费用 | 外出务工费用 | 其他 |
| --- | --- | --- | --- | --- | --- | --- | --- | --- | --- |
| 45.5% | 13% | 0.5% | 6.8% | 12% | 12% | 5.2% | 2.7% | 0.5% | 1.8% |

**表2-6 贷款供给的比例**

| 农村商业银行或信用社 | 亲友或邻里 | 村委会 | 邮政储蓄银行及其他银行 | 其他有息借贷 | 其他无息借贷 |
| --- | --- | --- | --- | --- | --- |
| 31.2% | 56.3% | 0 | 5.8% | 4.5% | 2.2% |

### (九) 担保主体与运行方式各异

各地区的担保对象虽各不相同，但一般的担保对象包括自然人、农业大户、合作社和法人等。有的地区将担保人限定为种养大户或农村合作社，而担保权人主要是金融机构（各类银行）。土地承包经营权的运作过程中存在两类担保模式：其一为直接担保模式，即土地的担保人直接将土地承包经营权向银行设定担保，这一模式适用于种养大户，其经济实力较强，银行为其设定土地担保风险较低；其二是综合担保模式，如担保人引入担保公司、土地协会等第三方，共同向银行申请土地担保。由于综合模式引入的第三方分担了银行的风险，故大多数银行采用此种模式。

### （十）农村土地的保障功能制约担保融资

若农村土地的社会保障功能过强，则土地产权交易成本增加，土地融资担保亦难以推行。调研发现，农村土地所具有的社会保障作用在逐步减弱，农民对土地的依存度已明显降低。有36%的农民外出经商或务工并以其为主要收入来源，17%的农民依靠手工、建筑、运输和服务等非农副业生活，从事非农行业而获得主要收入的农民占53%。农村土地的抛荒现象严重，农民的主要收入来源已经不是依靠土地获取，而主要来自外出务工或从事工商业经营。农民依附于土地的社会保障性在弱化，土地的作用逐渐向复合性转化，其承载着社会保障、融资和劳动力转化等诸多功用。

### （十一）担保程序和价值评估存有瑕疵

农村土地担保程序并未统一，各地区对担保标的之规模、担保率、担保价值评估等诸方面有所差异。就担保率（贷款金额与担保物价值的比例）方面，宣城市要求担保率为50%，铜陵市则规定不超过70%。各地区进行担保登记的机构各异，如土地管理部门、农业局、土地产权交易中心等。就价值评估而言，农村土地的价值评估体系不成熟，与城市土地价值评估的差距较大。

### （十二）农村土地担保融资存在变现风险

担保贷款的风险化解主要依赖于担保资产的流动变现，由于农村土地的细碎化及担保权变现困难，导致土地规模经营的可利用价值减损。

农村土地担保融资的关键是找到接受担保的机构。从调研区域观察，中国农业银行、各地农村商业银行、农业发展银行和国家开发银行等金融机构参与农村土地融资担保。我国一些试点地区开始设置各类合作社，如“土地股份合作社”“土地信用合作社”和“土地信托中心”等。

金融机构往往处于两难境地，既要向农民发放贷款、支持农业经济的发展，又不能获得足够的担保品。金融机构接受农村土地担保时需充分考量和评估其实际变现能力，以降低自身的法律风险。若仅依靠受让人的风险控制，无法使得土地权利担保能持续且有效地运行，必须从社会层面和法律层面构筑相应的风险分散机制。

## 二、农村土地融资担保的困境分析

### （一）农村土地产权界定不明晰

我国现有的农村土地产权制度存在主体不明、权利内容不清、无法自由交易等弊端，这不利于农村土地的有效流通和提高其利用效率，不利于产权主体通过市场交换获得财产性收益。实现市场经济条件下农业经济快速健康发展，需要建立与之相配套的产权体系。农地产权制度的确立具有正向激励、价值预期、减少纠纷、提高效率四个方面的优势。建立农村土地产权制度的权利体系可以提高农业经营主体的积极性，促进农业生产力的提升。我国农村土地产权制度尚未真正建立，各类相关利益主体的权责还不明确，严重制约了农村土地的经营利用。

现行农村土地的产权主体尚不清晰，对权利主体行使相应的权利受到很大的影响。根据现行农村土地产权制度，农村土地所有权主体属于村集体，农民享有农地用益物权，但实际上权利的主体并非十分明朗，还存在主体不明确的情况。目前存在村集体组织缺位和虚位等问题，尽管农村土地产权在集体和农户之间进行了两权分离，但这种两权分离在事实上是很模糊的，因此有必要厘清集体和农户的产权主体划分，确定不同内容的产权主体有利于主体对农地进行投资和经营，为实现农地合理收益预期而长期投资经营。

现行农地产权内容不明确，造成农村土地产权范围混乱。只有厘清农地产权的权利内容才能调动权利主体的最大潜能，减少纠纷的发生。农村土地产权内容的不明确主要体现在对产权的处分层面，只有通过市场交换或抵押融资等方式才能凸显产权市场价值。产权并非单独处分就可以获得收益，对于农村土地除了明确农户享有的占有、使用、收益和部分处分权能之外，尚需明确产权的附随义务，这也是产权的更为完整的内容，产权不仅是权利，也有义务。统分结合的双层经营体制就是对现有产权制度最好的常态维系，因此村集体要加强涉及农村土地的水利设施、农技推广等事务的集体统一管理，使农村土地产权能够发挥其最佳效能。通过完善农村土地产权有效的保障机制，才能有效调动产权主体的积极性，确保产权主体能够实现对农村土地的最佳利用，实现利润最大化。

### （二）农村土地权益层次单一

农村土地是一种基础性经济资源，而农村土地权利则是法律确认和保护的不同社会主体对于土地资源的控制、利用的利益。土地的有用性是多方面的，农村土地不仅可用来耕种农作物、经济作物，也可以基于此从事一些农业观光旅游等经营活动。农村土地对于人类的多种用途必然决定土地权益是多样化的，而且，随着土地资源稀缺程度的日益增加以及人类知识的发展，土地利用的形式还可能发生新的变化，土地权利的形态也会发生变化。在人类早期社会，一块土地通常长期为同一主体占有、利用，因而所有权是土地权利的唯一形态。随着人类活动的增加，某些土地利用价值提高，对于土地的利用便变得越来越复杂，对某些土地而言，同一土地由不同主体共同利用逐渐成为一种普遍的现象。共同利用土地的出现就需要对不同的利用者利用土地的方式、范围、条件、限制等进行法律层面的调整，从而出现了土地上不同主体权益的法定化。因此，不同的土地权利反映了人们对土地资源控制或利用的程度和范围。随着市场经济的发展和科技的进步，农村土地资源日益稀缺，土地利用更显示出越来越复杂的趋势，土地利用更加细分化，因而土地权利呈现出多元的表现途径。

### （三）农地市场流动性欠缺

农村土地权利制度并非孤立存在，其应有功能的发挥必须依托外部的配套机制。如现有土地承包经营权流转信息平台的构建问题，农村社会养老等基本社会保障问题，农村土地权利价值评估机制问题。只有健全农村相关配套制度，才能有效发挥土地承包经营权的流转价值，实现土地的有效利用。土地承包经营权只有进行有序流转，将其流转到种田能手、农业龙头企业等主体手中，才能最大限度地发挥农村土地的价值。要进一步加强耕地保护工作，坚持保证耕地和粮食保有量，坚持不改变土地用途，坚持保护农民利益。现有农地流动性欠缺主要表现在流转市场的管理不规范、土地权利价值评估不健全等方面。

一是农村土地权利流转市场管理不规范。政府在农村土地流转中的重要作用不言而喻，尽管农村土地流转更多的是依托市场手段，按照市场经济规律办理，但政府在农村土地流转诸多环节中的引导监管作用十分重要。例如，在涉及产权初始登记、变更登记、土地价值评估、交易规则制定等方面，需要各部门相关管理工作的有效运作，以及常态化的管理督导。政府引导监管不到位，以及土地产权转让管理的不健全等问题，可以说限制并阻碍了农村土地产权的市场流转。例如，针对农村土地承包经营权的出租、抵押、入股等方面，流转市场的作用未能有效发挥，限制了上述土地承包经营权处分权能的行使。

二是对农村土地的评估机制不健全。农村土地的合理估值是确保其交易的基本前提，也是维护交易双方权益的重要保障。土地承包经营权价值评估的统一规则尚未形成，缺乏能根据农村土地市场供需情况完成专业评估的机构。农村土地价值的评估往往受到农村土地的位置、地力、可持续经营期限等因素的影响。农村土地经营权流转需要对农村土地特定时期的实际收入和预期的盈利能力等因素进行定性和定量分析，通过对农村土地循环经营期间的净收入的计算，并用适当的折现率计算土地的净现值，从而评估农村土地经营权流转价格。农村土地评估是一个农村土地产权价值判断的过程，应建立规范的评估市场，严格设置行业资格准入制度，确保农村土地价值评估的公平公正。

三是农村土地权利市场流转信息不对称。信息渠道不畅以及关联交易主体掌握信息资源的不对称影响了交易的安全性和成交量。在现代社会，信息就是资源，信息就是财富，农村土地权利流转市场信息瞬息万变，谁掌握了信息谁就能掌握交易主动权。相关交易主体对信息的掌握情况直接决定着交易能否取得成功。目前还没有建立比较完善的农村土地权利交易平台，农户更多是在本集体组织内部，通过乡土熟人社会的传统方式获取信息，无法有效获取潜在交易对象的相关信息。同时，实际需求主体也无法有效获得农村土地权利的流转信息，信息传输的不畅通导致交易无法开展。通过建立公平的信息发布、获取渠道，搭建农村土地交易所或者农村土地交易网站发布信息平台，将最大限度消除因信息不对称对农村土地权利交易安全的影响。

### （四）外部配套制度供给不足

农村土地权利制度的实现必须依靠相对完善的外部配套机制，然而现有的农村社会保障制度的形成和变迁具有典型的路径依赖特征。在城乡二元分割的情况下，通过农村土地制度的合理安排，将有助于减小城乡差距，因为农民进城后将获得更多的就业机会，增加财产收入，若农村土地权利能顺利流转出去，则能获得更多收益。外部配套制度供给不足突出表现在两个方面：**一是**户籍制度有待完善。户籍制度是城乡差别的重要表征。从实际情况来看，在今后很长的时间内，土地还是农民社会保障的重要供给来源，毕竟在城市务工对于农民来说并非长久之计。对于已经在城市购买不动产的农民来说，有相对固定工作的部分农民群体已经具备了成为城市居民的条件，这部分人的农村土地可以自由流转。此类群体迫切希望农村土地权利能够市场化交易，从而获得额外收益。放开户籍限制，让有固定工作或稳定收入的农民落户城市，促成农民实现城市梦并做到同城同权，这样进城的农民方可放心将农村土地权利流转出去，而无须考虑退路问题，实现了实质意义上的市民化。**二是**社会保障机制有待健全。社保机制的建立无论是对于城市居民还是农村居民都有着十分重要的意义。与其亲自耕作不如以合理的价格将农村土地使用权流转给他人，这反而是更为妥当的养老补充方式，因此，实现农村土地使用权自由流转，农民将获得稳定收益，特别是对于因体力或者年龄原因已经无法从事耕作的农民来说是一个理想选择，而且农业经营风险将转嫁给土地直接经营者，也减少了农民的风险负担。

## 第二节　农村土地融资担保的实证分析

### 一、土地经营权融资担保

#### （一）土地经营权融资担保的基本情况分析

20 世纪 80 年代末，贵州湄潭地区初次开展了我国的农村土地承包经营权金融试验。时至今日，国内各试点地区的土地经营权融资担保试点工作相继展开，并产生了一定效果。根据 2014 年《中共中央、国务院关于全面深化农村改革加快推进农业现代化的若干意见》提出的“落实集体所有权，稳定农户承包权，放活土地经营权”，以及 2014 年 11 月、2016 年 10 月先后发布的《关于引导农村土地经营权有序流转发展农业适度规模经营的意见》和《关于完善农村土地所有权承包权经营权分置的意见》，对集体土地所有权、农户承包权、土地经营权“三权分置”所做的进一步政策细化，2018 年 8 月 27 日全国人民代表大会（以下简称国人大）法制工作委员会提请第十三届全国人大常委会第五次会议审议的《民法典各分编（草案）》“第一编物权”第 129 条至第 131 条以及第 209 条，将农村承包地“三权分置”（农村集体土地所有权、承包权和经营权）予以立法化规定，其中土地经营权为农户出让设立的次级用益物权，其设立采用登记对抗主义。上述《民法典各分编（草案）》的规定为土地承包经营权中“土地经营权”的担保进一步扫清法律障碍。根据我国的立法规划，全国人大法制工作委员会将已经生效的《中华人民共和国民法总则》和全国人大常委会审定后的《民法典各分编（草案）》合并为《中华人民共和国民法（草案）》，于 2020 年 3 月提请十三届全国人大三次会议审议通过。

为达到上述立法目的，须相应地修改《农村土地承包法》。2018 年 10 月第十三届全国人大常委会第六次会议对《农村土地承包法修正案（草案）》“二审稿”中土地经营权融资担保的内容予以补充，该草案二审稿增加了两款规定：“担保物权自融资担保合同生效时设立；当事人可以向登记机构申请登记；未经登记，不得对抗善意第三人。”①

① 蒲晓磊．拟规定农村承包地土地经营权可以流转［N］．法制日报，2018-10-23（2）．

《民法典》第 129 条至第 131 条、第 209 条、第 339 条、第 341 条和第 342 条，将农村承包地“三权分置”（农村集体土地所有权、承包权和经营权）予以立法化规定，土地承包经营权上可以再行设立用益物权性质的土地经营权，且符合一定条件，当事人可向登记机构申请登记土地经营权，其中土地经营权为农户出让设立的次级用益物权，其设立采用登记对抗主义。对比原《农村土地承包法》第 133 条的表述，拓宽了以荒地之外的农村土地进行融资和担保的渠道，农村经营户可以其取得的土地经营权向金融机构担保贷款取得资金，间接获得国家最高立法机关立法的承认与肯定。

按照现行生效的《民法典·物权编》和《农村土地承包法》的规定，土地经营权的法律规则包括以下内容：**其一**，土地经营权是土地承包经营权的派生性权利，其在土地所有权、土地承包经营权基础上设立，土地所有权与承包经营权之间的关系是其权利基础，其受到此种关系的制约；**其二**，土地经营权的权能是权利人在合同约定的期限内享有的占有、使用和收益的权利；**其三**，土地经营权附条件地享受物权保护，流转期限在 5 年以上的，可以申请土地经营权登记，非经登记不得对抗善意第三人；**其四**，土地经营权人不享有独立的绝对支配权，其权利主体与土地承包经营权人共同行使土地的处分权。受让方通过流转取得的土地经营权，经承包方书面同意并向发包方备案，可以向金融机构融资担保，担保权自担保合同生效时设立，实现担保权时，担保权人有权就担保的土地经营权优先受偿。

目前对于土地经营权担保问题，对国内各试点地区的学术研究主要具有以下特点：**其一**，主要集中于对试点地区农地经营权担保融资方式的简要概括罗列，并未从纵向深层次探究，较少有法律制度构造方面的突破。从某种意义上说，农地经营权担保融资的研究尚处于初期阶段。**其二**，研究视角主要从农户的角度切入，缺少国家法律制度构造方面的整体设计，且已有的研究大多集中于初期投入试点调查，而对进入运行周期的具体反馈有限。**其三**，将试点地区担保人主体皆归于农户一类予以分析，并未考虑担保人主体范围的多样性，如新型农业经营主体（家庭农场、农业企业等）。**其四**，政策科学性有待提高，有必要系统性地对特色试点进行翔实的归纳总结和实证分析，挖掘更切实的制度经验与问题，提出贴合农村实际的政策建议。

### （二）土地经营权担保融资模式的对比分析

经过多年的地方实践探索，全国共 232 个县开展承包土地的经营权担保贷款试点，各试点地区呈现多样性的融资担保模式。五种土地经营权担保融资模式见表 2-7。

**表 2-7　五种土地经营权担保融资模式的对比**

| 模式 | 主体 | 特征 | 风险分担 | 贷款方式 | 交易成本 |
| --- | --- | --- | --- | --- | --- |
| 单一农户担保 | 借款人、金融机构 | 程序简单，主要存在于土地经营收益较高的地区 | 金融机构承担全部风险 | 直接担保 | 最低 |
| 多农户联合担保 | 贷款小组、金融机构、评估机构 | 小组成员之间须存在经济或信用关系，各成员通过相互保证，获得担保贷款 | 风险由全部小组成员和金融机构分担 | 直接担保 | 较低 |
| 利用农村产权交易平台的担保 | 借款人、农村产权交易平台、金融机构和政府 | 农村产权交易平台与农户当地产权交易中心联合运营，且与政府和金融机构建立合作关系，政府设立风险补偿基金，农村产权交易平台有一定资产处置能力，政府与平台共同缓解金融机构的压力 | 农村产权交易平台、金融机构和政府共同分担 | 直接担保 | 较低 |
| 农户与第三方的反担保 | 借款人、金融机构、担保机构、评估机构 | 适用于规模化生产的，有大量资金需求的新型农业经营主体 | 由担保机构承担风险，且担保物的处置难题交由担保机构解决 | 间接担保 | 最高 |
| 农户入股担保 | 借款人、金融机构、村委会、合作社 | 合作社不但承担土地流转交易平台功能，而且承担担保农户贷款功能，合作社不以营利为目的 | 若出现担保违约，由合作社对土地经营权予以处置变现 | 间接担保 | 较低 |

## （三）土地经营权融资担保的运行

### 1. 贷款规模

贷款规模一般较小，发放贷款的笔数和金额与土地资源丰富和农业生产资金需求量大的地域特点不匹配。

### 2. 担保人

仅有部分农民或经营者实际申请过土地经营权担保贷款，且在申请的农民或经营者中仅有一定比例的主体得到部分或全部贷款资金。由此衍生出需要进一步扩大担保人范围的问题，具体可以包括三大类：**一是**获得承包经营权的农户本身，取得承包资格的承包人天然具备担保人资格；**二是**初次通过土地流转取得土地经营权的主体，可以将土地经营权担保；**三是**通过出租、转包、折价入股合作社甚至农业公司或企业而依法继受土地经营权的其他民事主体，也可以将继受的土地经营权设定担保。如四川资中县三江鲢鱼合作社、重庆江津仁伟果业公司和成都浦江县万亩猕猴桃桃果园等，均将分散的承包经营户集中利用予以担保贷款融资，既发挥了土地经营权的融资功能，又实现了农业规模经营。

**3. 担保权人**

贷款供给主体较少，目前能提供土地经营权担保贷款的主要是自主创新权限较大的地方法人金融机构，其中农村商业银行、中国农村信用合作联社（以下简称农信社）和邮政储蓄银行发放贷款余额占比达 78%，而多数全国性银行受业务创新授权不足、对试点工作认识不到位等因素影响，尚未涉足农村土地经营权担保贷款业务。

**4. 担保客体**

从各试点地区的运行实效分析，担保客体的范围不仅限于农村土地经营权，部分试点地区实际上还包括土地上现有的和将有的农作物收益，究其本质是动产浮动担保和农产品期货交易的集合。根据《关于适用〈担保法〉若干问题的解释》第 52 条规定，农作物可以担保，但是不及于与其尚未分离的土地使用权。法律上肯定了土地经营权和农作物所有权的可分离性，前者为用益物权，后者为动产所有权。以土地经营权担保时，担保权的效力并不当然及于土地收益权。然而，各试点地区将上述二者结合担保，目的在于丰富担保客体品种，既可提高担保人农业生产积极性，又可保障担保权人的债权实现。

此外，有的试点地区除了土地经营权担保，还可采取其他资产抵（质）押、保证担保等组合担保方式，如要求自然人担保人购买人身意外伤害保险、要求法人担保人主要股东或实际控制人承担连带保证担保等。

**5. 贷款率各异，但融资成本较高**

因贷款模式的不同，各地的贷款率有所不同，如河南的贷款平均利率达 9%。调研中有的试点地区贷款利率在基准利率的基础上上浮不超过 30%，但加上评估费、担保费之后，贷款成本一般在 11.5%～14.8%，反映出融资成本较高，出借人对于土地经营权担保贷款存在较高的风险补偿要求，而对于担保物的价值体现不足，与担保机制设计不相匹配。

**6. 贷款金额**

从贷款金额分析，根据对浙江、贵州、重庆和宁夏等部分试点地区统计，平均获贷金额为 5 万元左右，所获贷款金额与所需融资金额之间差距较大。

**7. 贷款期限短**

贷款期限较短，都属于短期贷款。根据对浙江、贵州、重庆和宁夏等部分试点地区统计，平均贷款年限为 1.07 年，最长 2 年，最短不到 3 个月。与当前农业生产周期长等特征不相符，农业农村长期资金需求的满足率和覆盖率尚需提高。

**8. 贷款用途**

从贷款用途观察，利率较低的贷款人均选择农业生产投资，而利率较高的贷款人用于子女上学和自己投资。

**9. 配套机制**

配套机制有所欠缺。与土地经营权担保贷款相互配套的确权颁证、产权流转、风险缓释、担保物处置等制度设计不健全，难以充分激发金融机构的放贷意愿。

**（四）土地经营权融资担保的制度障碍**

**1. 农村产权交易市场尚未培育成熟**

农村土地产权流转机制顺畅是土地资源优化配置的基础，也是实现土地经营权融资担保的保障。目前我国农村土地交易市场尚处于初级阶段，相对封闭和市场化配置程度不高，作为附着于农村产权制度和土地流转制度之上的农村土地融资担保制度，受制于薄弱的基础条件和不完善的外部政策环境，需要一个循序渐进的发展过程。只有培育我国农村产权交易市场，使其健康发展，建立多级联网的产权交易平台，才能降低土地交易成本、破解农村土地流转信息不对称、提高农村土地担保物处置效率和金融机构贷款的积极性。

**2. 农村土地经营权担保融资的风险分散机制尚未形成**

在农村产权交易市场尚未成熟的阶段，需要构筑多层次分散、多主体分担的风险防范机制。如政府需提供部分土地经营权担保贷款的担保基金或风险补偿金；基于农村的血缘或地缘关系，作为担保人的农民或经营者一方主体，可以实现村组间、村组内、村委会等联保机制；引导第三方参与，如担保公司、保险公司、土地信托公司参与土地经营权担保贷款，进而将风险分散在不同主体间。

**3. 培育新型农业经营主体**

目前农业生产以小农为主，此种相对分散弱小的经营主体不可能实现农业发展所需的规模化经营，唯有不断培育新型农业经营主体，如家庭农场、合作社、农业公司或企业等，以此扩大农业产业体量，才能提高土地经营权担保融资的需求，并提高贷款偿还的能力。

**4. 农村土地经营权价值评估和处置变现困难**

土地经营权难以评估，评估操作不规范。我国地域辽阔，地理结构不同，即使在同一地区不同地段也存在土地级差，加之土地经营权担保缺乏专业的评估人员和评估机构，且评估标准不统一，评估价值公允性不足。若根据土地租金和租期年限计算，价值较低，且评估时经营主体大多认为应包括地上附着物的价值；① 如果贷款审批额度过低，农民或经营者则会放弃申请贷款。

目前处置农村土地经营权担保物时可供选择的方式主要有再次流转交易、协商收购、仲裁、诉讼等，但受土地的不可移动性等因素制约，再流转的空间范围也仅限于缺乏竞争的当地市场，故而再流转面临着效率低、交易费用过高、道德风险高等难题；无论选择哪种方式，具体的处置实践过程中还面临协调成本高、处理环节过多、耗费时间较长等问题，直接影响金融机构开展土地经营权融资担保的积极性。

实践中鉴于农民土地经营权的重要性、案件的敏感性，即使法院受理案件，也难以处理，因此一些地方法院采取不受理的态度。金融机构面对司法的不干预通常只能采取其他较为软性的解决办法。借款人未按期还款时，金融机构或者反复做工作，或者延期或分期还款，诉诸仲裁或诉讼解决的较为少见。

**5. 农村土地经营权担保融资的法律构造缺失**

虽然突破了现行法律相关条款之规定，在试点地区关于集体所有的耕地使用权和宅基地使用权不得担保的规定暂停执行。② 但是该法律突破限于试点的县市，并不包括此前已经尝试农村土地融资担保的地区，如果面临法律风险需要进入司法诉讼时，银行等金融机构的债权缺乏法律层面的有力支持。①

## （五）土地经营权信托

土地经营权信托在我国有着十余年的改革实践经验，其中最具有代表性的是湖南益阳、安徽宿州、江苏无锡等试点地区的实践。上述地区的具体操作模式大同小异，主要差异在于信托中受托人不同。根据受托人的种类，可以分为政府主导模式和商业信托模式两类，而实践中以前者为主流。相较于其他传统土地流转形式，土地经营权信托引入了信托公司以及农业生产公司对土地进行经营和管理，在规模化生产上的优势较为显著。土地经营权信托在我国具有较大的发展潜力，其在实现土地规模化流转、农业生产资本化等方面具有无可比

① 刘世明，徐光增，刘国峰，等．农村土地承包经营权抵押贷款：信贷供给与机制构建［J］．金融监管研究，2016（1）：16.

② 资料来源：参见全国人大常委会《关于授权国务院在北京市大兴区等 232 个试点县（市、区）、天津市蓟县等 59 个试点县（市、区）行政区域分别暂时调整实施有关法律规定的决定》，目前上述试点地区的试点期限延长至 2018 年 12 月 31 日。

拟的优势。然而，囿于信托财产法律属性存在争议、主体认定与权能配置不清晰等问题，目前已开展的土地经营权信托实践规模有限，且进一步发展面临较大的挑战。随着农村土地改革实践步入深水区，阻滞土地经营权信托流转的各类问题日益凸显。

**1. 信托公司参与意愿较低**

土地经营权信托存在相关主体积极性不高的问题。主要是商业信托公司参与不充分，导致流转效率低下。尽管当前已经有北京信托、中建信托和中信信托等商业信托公司参与土地经营权信托流转，但是更多的商业信托公司对进入这一市场仍持观望态度，即便开展业务次数较多的中信信托也放缓了扩张的脚步。目前导致信托公司参与动力不足有多方面的原因，具体而言：**第一**，从信托公司本身出发，大部分信托机构不具备农业经营能力，农业经营主体对农村土地的经营和管理水平又直接决定了信托收益。同时，农户的小农意识深厚、恋土情节严重，信托公司能签订合同的信托农村土地范围有限，信托公司对此的预期利益不高。**第二**，保障机制的缺失也会让信托公司处于相对不利的地位。农业生产的长周期性决定了土地经营权信托不具备短期获得大量收益的前景，而且长期的生产中难免遇到自然灾害等问题，减产所带来的收益风险该如何分担也是当前土地经营权信托制度设计所欠缺的。**第三**，信托公司在土地经营权信托中的权利配置不清晰。《中华人民共和国信托法》（以下简称《信托法》）并未直接规定受托人对信托财产享有所有权，而农村承包土地也有“三权分置”的背景，如此一来，相关权利人之间的权利配置就显得极为混乱。我国的土地经营权信托实践尚缺乏明确且细致的法律规定作为依据，如何合理配置土地经营权信托各方主体的权利义务是激励商业信托公司进入这一市场的前提，也是促进土地经营权信托流转的合法性根基。

**2. 信托农村土地用途的非农化倾向严重**

我国土地经营权信托已经出现十余年，大量的实践也印证了其在提高土地流转效率以及经济效益上的优势，但是长时间以来并未获得立法上的认可，究其原因可能是其农村土地非农化、耕地非粮化的经营方式触碰了农村土地用途管制的底线。为了追求经济效益，已经开展的土地经营权信托实践多将信托农村土地用于建设农业生态园、发展旅游观光农业等。在“安徽宿州模式”中，5 400 亩信托农村土地被规划为构建现代农业循环经济产业示范园；在“湖南益阳模式”中，农业经营主体在信托农村土地上挖塘进行湖藕种植；信托合同直接规定将农村土地信托用于经济作物种植的情况更是屡见不鲜。在我国，国家粮食战略安全和农业生产安全日益受到重视，倘若土地经营权信托的农村土地用途不受到合理规制，粮食产量必定受到影响，其获得国家法律层面的肯定亦将更加困难。

**3. 个别地区存在公权力越权现象**

土地经营权信托本质上应当是土地权利市场化、资本化的运作形式，更是农户与信托公司之间基于公平、效率原则的自主市场选择行为。土地经营权信托在实践萌芽阶段恰逢“三权分置”改革初期，农户、信托公司以及农业生产公司都缺乏参与信托流转的直接动力，而政府的介入在大程度上提高了相关主体的参与度。一方面，农户对政府的信任让农户对“失土”的担忧大大减小，这也让土地整合有了可能；另一方面，政府出于对土地流转指标的考量，也乐意直接代表农户与信托公司进行谈判并直接参与相关细节条款的制定。但这种大包大揽式的参与也不可避免地存在政府失灵的风险。在“湖南益阳模式”中，参与土地经营权信托流转的信托公司由当地政府全额出资设立，但该信托公司的人员与办公场所与当地政府趋同，实质已经沦为政府的办事机构，这些人员是否具备专业信托管理能力尚有疑问。在“安徽宿州模式”中，当地政府直接以信托财产委托人的身份与信托公司订立合同，政府本身甚至单独作为受益人参与信托收益分配，农户在实质上已经被排除于信托关系之外。公权力越权现象在个别地区的土地经营权信托实践中屡见不鲜，这类行为的合法性有待商榷，但农户合法权益将受到直接或间接的影响。首先，当政府直接扮演委托人的角色时，作为土地承包经营权人的农户被排除在信托法律关系之外，撤销权的行使将完全依赖于政府，救济权的实现将会受到极大影响。其次，当政府直接扮演委托人的角色时，流转效率和政府公信力都会受到考验。在“安徽宿州模式”中，一共有三级政府层层委托，自上而下传达土地流转指令，如此一来，农户真实意愿非常容易受到忽视。最后，当政府直接扮演受托人的角色时，剥夺了其他市场主体参与信托流转的机会，违反了市场经济的主体平等和机会平等的要义。社会主义市场经济法律制度下，地方政府原则上不能从事经营行为。此类越权现象也构成了事实上的行政垄断行为，不利于多元化土地经营权流转主体市场的构建。

## 二、宅基地使用权融资担保

### （一）国内各试点地区的基本情况

全国共有 59 个区县开展农民住房财产权、宅基地使用权担保贷款试点，而广东省、上海市、天津市、重庆市、成都市、浙江省和福建省等各试点地区先后出台了关于农村宅基地及地上房屋担保贷款的相关规定。

宅基地使用权能否担保的问题凸显了立法规范与政策取向的价值冲突，国家政策从保护农民土地财产权的角度出发，允许农村住房财产权的担保。现行法律法规禁止宅基地使用权担保，但并未禁止农民住房担保，一旦担保权实现，同样面临宅基地使用权能否担保流转的问题。宅基地法律制度必须适时创新，才能反映新时期农民的土地产权诉求变化和土地功能的多样性；农村宅基地融资担保的制度重构，本质上是在确保农民生存权的基础上，充分发挥宅基地用益物权的经济效益，实现宅基地使用权的市场化和资本化，市场化是农村宅基地制度改革的基本方向；通过赋予农村宅基地使用权担保权能，使宅基地由原来的保障属性向资源属性和资本属性转化，盘活农村房地上的“沉睡”资产。

2018 年 8 月 27 日全国人大法制工作委员会提请第十三届全国人大常委会第五次会议审议的《民法典各分编（草案）》“第一编物权”中，考虑到宅基地“三权分置”问题和农民住房财产权担保问题主要涉及《中华人民共和国土地管理法》（以下简称《土地管理法》）的修改，该草案对这一部分内容暂未修改。2021 年 1 月 1 日生效的《民法典》关于“宅基地使用权”的规定仅 4 个条文，并通过引致性条款将其“取得、行使和转让”委之于“土地管理的法律和国家有关规定”。但是，《土地管理法》和《中华人民共和国城乡规划法》（以下简称《城乡规划法》）等法律仍缺乏具体的规范。2021 年的《中华人民共和国土地管理法实施条例》（以下简称《土地管理法实施条例》）将“宅基地管理”单列一节，要求保障本行政区域内农村村民宅基地用地需求，并专门作出四禁止规定：禁止违背农村村民意愿强制流转（包括担保）宅基地，禁止违法收回农村村民依法取得的宅基地，禁止以退出宅基地作为农村村民进城落户的条件，禁止强迫农村村民搬迁退出宅基地。

### （二）对国内各试点地区的担保融资模式分析

#### 1. 宅基地融资担保的模式

考察各试点地区的改革现状，可以发现各地制度模式的不同点在于担保实践中对房地关系的处理。担保宅基地使用权难以回避的问题是如何处理地上之房屋，各地因房地关系处理规则迥异形成不同的融资担保模式。

其一，重庆模式——地随房走担保。重庆模式中宅基地使用权不能单独设定担保，宅基地使用权因地上房屋的担保行为而随之设定担保，该模式中借款人以自有的农村房屋和地下宅基地使用权设定担保，向融资机构（包括银行、新型农村金融机构、小额贷款公司及担保公司）申请贷款融资。

其二，成都模式——房随地走担保。成都在汶川大地震的灾后重建实践中，首创宅基地使用权与拟建的地上房屋一体担保融资制度，该模式的显著特点在于因地震而住房毁损的农民，可以宅基地使用权和拟建的房屋产权向农村商业银行担保贷款，以获取建房资金，该模式仅适用于受灾农民与社会资金联合重建住房的情形。

其三，广东郁南模式——直接担保。直接担保模式是将宅基地使用权作为担保物，直接担保给农村信用社等金融机构。

其四，浙江湖州模式——间接担保。该模式对于宅基地使用权可否担保未明确表态，仅规定了农房担保相关规则，但在实际操作中宅基地随着农房一并担保，类推适用建设用地使用权领域的房地一体原则，变通实现宅基地担保融资的“合法性”。

其五，浙江嘉兴模式——变更土地属性。为了规避法律法规之禁锢，该模式允许将宅基地使用权变更为国有建设用地使用权，在土地性质变更后将宅基地及其上农房一并担保给金融机构。

为突破宅基地使用权流转的禁锢与限制，国家政策推行宅基地“三权分置”（所有权、资格权和使用权）改革，欲激活宅基地的财产属性和增加农民财产收入，以推动形成宅基地使用权流转方式的多元化，而设定担保就是其中最为重要的流转方式之一。在既往的法律语境中，宅基地及其上房屋是不允许作为担保财产的，原因之一是宅基地使用权具有身份属性与财产属性，允许担保会加剧农村居民失地和失居风险。但在“三权分置”改革中，宅基地的身份属性被剥离成为宅基地资格权，宅基地使用权中的财产权利得以作为担保财产，农村和农民借此可以获得创业和投资的资金，而社会主体则可以盘活宅基地资产，促进宅基地资源的流转，实现宅基地的金融功能。不同试点地区对于宅基地使用权担保融资的改革侧重点各有特色。首先，在宅基地流转条件上，福建晋江市、广东南海区、湖北宜城市等地区设定的宅基地流转先决条件为宅基地及地上附着的建筑必须先确权。青海湟源县在确权后颁发确权证明，而重庆市大足区的条件是在宅基地及其附着物确权的前提下，还必须有其他的合法房产，这种方式充分考虑了居民的居住权，避免农村居民失去居住场所。其次，在流转范围设定方面，重庆市大足区将流转范围扩大为本市符合条件的自然人、法人（非营利法人除外）以及其他组织等社会主体。广东南海区则将流转范围从村民小组扩大到村委会一级。最后，在流转方式方面，各地区都采用抵押、出租、出让、入股等方式推动宅基地使用权流转，当然，这些流转方式或多或少会设定期限，如湖北宜城市转让期限为七十年，青海湟源县规定最高年限不得高于三十年。

**2. 宅基地使用权融资担保实践的法律分析**

随着宅基地资产功能的显化，如何“适度放活”宅基地使用权并拓展其权能，如何让“宅基地使用权”按市场法则有序运行，以实现其多途径的市场化流转。这既是《民法典》实施中的重大疑难问题，也是宅基地制度改革中迫切需要补足的立法问题。承包地“三权分置”已经建立较为成熟的制度体系，集体经营性建设用地入市也基本成型，但宅基地制度改革成效不足。习近平总书记在党的二十大中指出：中国式现代化是全体人民共同富裕的现代化，共同富裕是中国特色社会主义的本质要求。实现共同富裕是解决新时代中国社会主要矛盾的必然要求。从制度上促进农村实现共同富裕是当下要解决的关键问题。农村土地要素流通受限是实现农民共同富裕的一大短板。在农民流动和异地居住的常态下，宅基地的居住和生存保障的功能正逐渐弱化；显化并实现宅基地的财产价值是实现共同富裕对宅基地制度改革提出的新要求。作为农民重要的要素禀赋，实现宅基地的高效利用，可增加农民收入，壮大集体经济，助力城乡融合和人口要素流动。但宅基地领域诸多制度缺位，导致实践中宅基地财产价值实现不畅。宅基地使用权能否担保、非农民集体成员可否变相取得，以及城镇居民继承农村住宅后对宅基地享有何种权利等，上述涉及权力运行的类似法律问题在司法实践中并未得到有效解决；现行立法未肯定“宅基地使用权”的纯财产属性和收益权能，更未就其取得、转让、退出、互换、出租、赠予、入股、担保、继承等权力运行的内在法律机理，以及外在的风险规避与制度配套等作出系统性安排，在确保其市场化运行的制度层面仍未取得实质性进展。

学术界普遍认为二元权利（所有权、使用权）结构下的“宅基地使用权”兼具身份性和财产性的双重属性，大部分学者主张摒弃其身份属性与福利色彩，以此实现其财产价值。三权（所有权、资格权、使用权）的权利配置赋予新的“宅基地使用权”以流转功能，实现其财产属性的纯化，大部分学者认可“资格权”是“使用权”的母权，“使用权”具有可处分性和独立性，不具有身份属性和封闭性。但对于“使用权”的法律性质，却存在宅基地经营权、次生宅基地使用权、宅基地利用权、宅基地租赁权等不同主张。崔建远教授认为将其定性为用益物权，比定性为债权更有利于保障权利人的权益。蔡立东教授主张三权分置下的“宅基地使用权”乃一项新型财产权，本质上为权利人对宅基地的用益。宋志红教授等学者认为在用益物权上可再行创设，并让渡具有物权属性的次级子权利。丁关良教授等部分学者却认为，宅基地使用权上单一设立另一用益物权的理论依据不足，提出“三权分置”的二元权利类型表达，即在原宅基地使用权（特殊用益物权且无期限）上可以设立宅基地次生使用权（普通用益物权且有期限）或宅基地租赁权（债权）两种权利类型。总之，既有的宅基地法律问题研究，一类是宏观性探究“三权分置”的静态权利体系；另一类是专项研究宅基地的收回、转让、置换、征收补偿、有偿退出等个别具体问题。鲜有对共同富裕目标下宅基地财产性利用的法律实现机制进行全面、深入和系统的研究。现有的相关研究也限于宅基地适度流转、权利梗阻和实现路径等问题，其理论与实证研究尚处于垦荒阶段，对其法理基础、法权构造、实现路径与风险防范等基础性问题均研究不足。

“三权分置”是宅基地使用权的一个全新流转模式，其赋予“宅基地使用权”崭新的理论内涵，并重塑宅基地使用权运行制度。深化宅基地“三权分置”的制度改革，其核心内涵是促进宅基地的使用权自由流转，深入阐释使用权运行的约束条件与影响因素，为宅基地使用权的现代化改革扫除障碍。根据权利束及其产权细分理论，产权是一束权利，且权利束并非是先验存在的一种固定结构，其因社会经济变迁而动态演进。集体土地所有权的权利束不断分化，农民在土地权能的不断分化中实际获取土地上的财产权益，该理论可揭示土地所有权与土地使用权的分离，但如何合理解释在用益物权上再行创设并让渡具有物权属性的次级子权利，并使之形成用益物权体系上的理论自洽是须重点解决的问题。

当前“三权分置”下宅基地使用权被赋予全新的理论内涵，但仍局限于所有权的本体与其具体权能的分离。对宅基地权利体系的理论解释实现从“权能分离”到“权利行使”的范式变革，有益于完善我国用益物权理论和集体所有制理论。用益物权的发生不是所有权权能分离，而是因权利行使而设定一种新型物权。宅基地使用权人可以依法行使生成的次级用益物权。以“权利行使”为逻辑线索架构用益物权的生成机制，有益于弥合既有理论与中国实践的罅隙，提升理论的解释力，为多层级用益物权体系的建立奠定学理基础。突破用益物权体系的封闭性，增加权利体系的延展性，有利于多层级用益物权体系的建立，拓宽权利共存的制度空间。同时，既往从权能分离角度分析，所有权只有四个权能，再分离也只能分离成若干个权利，用益物权的权利资源受制于所有权的权能数量，用益物权资源非常有限。而从权利行使角度考虑问题，理论上用益物权资源可以不断拓展。唯有从“权能分离”过渡到“权利行使”，才能真正迈向共同富裕之路。权利行使意在使主体享有之权利中包含的行为可能性成为现实，由此该权利发生实效，权利主体现实享有权利所承载之利益。具体而言，如何彰显“宅基地使用权”的私益财产属性，适度放活“宅基地使用权”并使其按市场法则多形式地有序运行，最终使权利主体实际获取宅基地收益，此乃宅基地制度改革中亟待补足的立法问题。

坚持所有权与使用权相分离原则。宅基地所有权由农民集体享有，这一制度现实将会在我国继续长期存在。宅基地使用权在现阶段试点改革背景下被寄予了制度化改造的厚望。宅基地所有权因其集体所有的权利属性决定其是不可能上市流转的，若要实现宅基地内含的财产价值，就需要在此基础前提满足的情况下确认和完善其他可流转的权利内容。法律应明确宅基地使用权的完整权能内容，真正体现出所有权和使用权相分离的立法原则。这种分离原则不仅体现在所有者和使用者分别由不同主体来承担，而且更重要的是，在权利实现和运行制度层面，二者有着截然不同的法治逻辑。在传统物权体系和权能实现要求之下，所有权居于当仁不让的中心地位，包括使用权在内的用益物权、担保物权等其他权利都是围绕着所有权这个基础性权利来展开体系构建的。值得注意的是，目前我国法律关系中的物权内容正在逐步由过去重视归属关系向如今更加重视利用关系转变。这种转变在当前共享经济发展模式下有了更多的现实例证。只有使用权真正从所有权之中分离出来，并通过立法赋予其完整的流转权能和内容，才能使其摆脱传统所有权的四项权能约束，真正成为一项动态发展的权利。从试点改革经验来看，一些地方从社会经济发展和农民权益实现需求的变化出发，事实上赋予了宅基地流转的权能内容，充分表达了这种所有权和使用权分离的基本立场。事实上，也只有宅基地使用权成为一种动态发展的权利，其内涵不断变化和丰富起来，才能更加匹配现代物权效率和城乡同权发展理念。

建立宅基地使用权“适度放活”的市场化机制。宅基地“三权分置”充分借鉴了承包地的改革经验，但二者的权利构造和体系逻辑存在着诸多差异。须肯定宅基地使用权的可流转性，构建跨越集体经济组织的宅基地流转制度。在现行法律制度下，要确保宅基地所有权性质不变，在农村制度基础不变的前提下，宅基地跨集体经济组织流转是其中的可行路径。只有真正流转起来的宅基地才能实现其蕴含的市场价值盘活和利用的权益预期。如果将宅基地流转对象仅仅局限在同一集体经济组织成员内部，在内部流转需求低迷的情况下，通过市场实现资源有效配置的制度预设就会成为一句空话。而农民的宅基地和房屋也会继续处在闲置和僵化利用的状态之中，成为农民心中割舍不掉、又不忍抛弃的“鸡肋”，这样的“财产”不仅不会为农民增加收入，反而会成为农民的经济和心理负担。当然，对于这种跨集体流转的制度落地和实施也不能操之过急，应当在已进行的试点改革基础上做好效果评估工作，展开科学的论证和决策分析。最重要的是，要因地制宜，区分不同地域的现实需求，既要满足农民积极的权益实现需求，又要为其基本利益设定底线保障，在确保农民利益不受损的情况下，逐步扩大试点成果的推广范围并适时促成立法转化。

明确宅基地使用权的权能内容，应当通过调整法律和政策的方式，赋予农民对宅基地的部分收益权和处分权，适度放开宅基地流转的对象限制，并采取“有条件、分阶段、分区域”的原则来逐步推动宅基地使用权的流转。对于向其他非本集体经济组织成员的农民流转宅基地的行为，并未改变土地本身的宅基地用途，也没有产生新的宅基地分配需求，确实不宜一概地否定此种流转行为的法律效力。因为基于农民权益实现最大化的目标考量，这种方式虽然超出了本集体经济组织的成员范围，也会影响本集体内部宅基地的存量，但是对于农村整体性资源配置和产业发展大局而言仍然是利大于弊的。当然，对于这种跨越不同集体经济组织的宅基地流转行为，还是应当以宅基地的所有者同意为前提。如果所在集体经济组织不同意对外转让，此时农户无权处分宅基地，转让行为当数无效。而对于意图对外转让其宅基地与房屋的农民而言，仍然要像初次申请宅基地一样，事先向本集体经济组织提出申请并报告拟转让的情况。如果本集体经济组织并未明确表示否定，或者虽然提出了反对意见，但是并未提出本集体经济组织内部尚有其他成员愿意以同等价款承接宅基地的异议，那就应当按照价高者优先取得的原则，集体经济组织原则上还是应当同意其对外转让。而且确定此种集体经济组织事先同意的规则，既能有效保障农户的财产收益最大化，又能很好地保持宅基地所有权关系的稳定。

赋予宅基地使用权的融资权能内容。宅基地使用权的融资权能实现依赖于流转性的进一步放活。宅基地流转融资权的建立是农民拓宽融资渠道的重要手段，在对其制度进行探索设置过程中应当充分考虑宅基地性质和用途的特殊性。其制度构建的基础是通过提升宅基地流转性以进入融资市场，运用国家适度干预的制度手段，对宅基地的盲目流转和无序流转行为进行规制，使国家土地资源总体规划与农民权益预期之间达到协调和平衡。具体的制度建构措施可以从以下三个方面来展开：**一是**在保证宅基地用途不改变的前提下，对受让宅基地融资权能的主体身份不应做过多限制，可以考虑放开银行、城市居民等主体成为该项权利的实际受让者。**二是**明确赋予宅基地使用权作为融资权客体内容的属性，以确保特殊情况下的融资安全。如果农民以宅基地使用权作为融资标的，之后又出现了不能按时清偿融资债务的情况，受让者就可以通过行使融资权利来确保自身利益不会遭受减损。**三是**通过全方位和立体化的制度体系建构，系统性地完善宅基地使用权融资配套制度，包括宅基地使用权价值评估制度、宅基地多元化流转制度和风险管控机制等。这样既能保障融资权益的最大化，又能避免宅基地在融资过程中出现违反法律基本原则和禁止性规范的行为，确保宅基地能够真正流转给有需求和有能力的受让者，实现资源的优化配置。

**3. 宅基地及地上房屋设定担保权的条件**

由于宅基地与农民住房的房地关系间存在特殊性，使得各试点地区在宅基地使用权担保融资试点时设置了许多限制条件，从而可能影响担保权的设立，不利于宅基地使用权担保贷款工作的推进，其中以重庆、温州和成都三地具有典型性和代表性。

（1）重庆宅基地及地上房屋担保设立的基本条件。

重庆规定了宅基地及地上房屋担保设立的三个条件：其一，该房屋已办理了土地房屋权属登记，取得了《不动产产权证》或《集体建设用地使用证》《房屋所有权证》，两证齐全；其二，农房担保登记应遵循房屋所有权与该房屋占用范围内的土地使用权权利人主体一致的原则，不一致的，应按规定办理变更登记；其三，担保人除用于担保的房屋外，还应当有其他居住场所。

（2）温州宅基地及地上房屋担保设立的基本条件。

温州规定了宅基地及地上房屋担保设立的三个条件：其一，用于担保的农房必须已领取《房屋所有权证》和《集体土地使用证》；其二，担保人应具有一处（含）以上的住所，在担保房产变卖处置后由第三人提供居所并作出书面承诺；其三，农房担保必须经房屋所在地农村集体经济组织同意，并出具同意担保和处置的证明。

（3）成都宅基地及地上房屋担保设立的基本条件。

成都规定了宅基地及地上房屋担保设立的四个条件：其一，依法取得《集体土地使用权证》和《房屋所有权证》；其二，取得本集体经济组织书面同意农民房屋担保设立与处置的证明；其三，担保人承诺被担保房屋在依法偿还债务后仍有适当的居住场所；其四，农民房屋担保需要将该房屋占用范围内的宅基地使用权变更为集体建设用地使用权，并承诺今后不再申请宅基地。

综上所述，通过对宅基地使用权融资担保基本条件的梳理，可以发现存在三个共同的基本条件：其一，依法取得《集体土地使用证》《房屋所有权证》或《不动产产权证》；其二，本集体经济组织的同意；其三，担保人仍有适当的居住场所。对比城市房屋担保以及国有建设用地使用权担保权设立的规则，其实仅需要有《宅基地使用权证》《房屋所有权证》或《不动产产权证》，同时给农村集体经济组织备案即可，不再设定其他限制条件。

上述三个地区要求宅基地使用权担保设立时经过本集体经济组织的同意，担保人应获得集体组织或村民委员会同意设立担保和同意处分担保物的书面证明材料。其主要理由是担保物变卖时宅基地使用权也会转移，而宅基地使用权具有无偿性、身份性和福利性，担保房屋变卖时其中包含的宅基地利益应由村集体享有。同时，也是为了方便日后顺利处置担保物，降低担保人、担保权人和村集体等各方的协调成本。

其实，宅基地使用权担保权的设立无须经过农村集体经济组织的同意，但需要备案。主要理由包括以下方面：**一是**民事行为应遵循自愿原则。自愿原则是民法的基本原则，宅基地使用权担保属于典型的民事行为，也需要遵循自愿原则，农民是否设立担保权、与谁设立担保权不应受他人的干预。宅基地使用权担保本是当事人协商一致的行为，加入集体的同意要件将会严重限制担保权的设立。**二是**农民对自己的房屋拥有完全所有权。处分权是所有权中最主要的权能之一，所有权人只要不损害国家、集体和他人的合法权益，他人无权干涉。**三是**农民住房担保权的设立并没有改变宅基地所有权的归属。宅基地使用权担保设立并未损害集体经济组织的利益，也改变不了宅基地所有权归属农村集体经济组织的事实。宅基地使用权担保设立需要集体经济组织同意既无法律依据，也无理论依据。但是，宅基地使用权担保的设定需要对集体经济组织进行备案。一方面，通过备案减轻担保设立的程序负担，避免农村集体经济组织干部随意通过否决阻碍担保权的设立，促进农民积极利用自己宅基地权利融资担保来发展经济，激发农村房地产市场活力，为农村发展新经济、新业态提高资金保障；另一方面，通过村集体经济组织备案也让村集体知道宅基地使用权担保的基本情况和数量，一旦出现农民住房被变卖的情况，可为保障失房农民的基本居住提前准备。既达到通过宅基地融资担保发展经济的目的，又为担保权实现后保障失房农民基本居住达到稳定农村社会的目的。

**4. 宅基地的有偿使用问题**

（1）稳定型宅基地有偿使用模式。

该模式中宅基地有偿使用费收取的目的主要是在宅基地改革中，根据中央政策中明确“对一户多宅、超标准占地依法应退出而不能退出的，实行有偿使用的手段进行约束和管控”的要求，从经济上处罚一户多宅、宅基地占地超标准等现象。稳定型宅基地有偿使用这一模式下宅基地有偿使用费收取的标准总体上偏低，宅基地有偿使用费的收取不以增加宅基地使用人的经济负担为出发点。稳定型宅基地有偿使用模式实施的主要地方主要分布在西部地区，经济水平欠发达、农村发展粗放且比较落后。宁夏回族自治区平罗县的宅基地有偿使用分新增有偿取得宅基地使用费和宅基地超占面积使用费。其中新增有偿取得宅基地使用费中，宁夏回族自治区 270 平方米宅基地面积标准内的，按每平方米 30 元的标准一次性缴纳有偿使用费。宅基地超占面积收费，针对平罗县以农民院落为典型特征的少数民族地区宅基地使用形态，在宁夏回族自治区 270 平方米宅基地面积标准的基础上，允许无偿使用农民庭院用地 270 平方米之外的 200 平方米，超过 470 平方米按照标准一次性收取有偿使用费。其收费标准为 100 平方米以内 1 元/平方米，100～200 平方米 2 元/平方米，200 平方米以上 3 元/平方米。并且在操作中，尽量减少向农民收费，例如结合一户一宅的政策，允许家庭成员中符合宅基地申请条件的申请分户，将原有宅基地分割为两宗宅基地予以登记。

（2）公平型宅基地有偿使用模式。

该模式下收取宅基地有偿使用费的目的主要是在增加宅基地使用中“一户多宅、超标准占地”的宅基地使用成本，进而倒逼违规使用宅基地者从超出宅基地占用标准的宅基地中退出。公平型宅基地有偿使用模式之下，收取宅基地有偿使用费的标准要明显高于稳定型宅基地有偿使用模式中的有偿使用费收取标准，在收费对象上，一般执行比较严格，体现了公平性。实施公平型宅基地有偿使用模式的地方主要分布在经济发展水平处于中等的地区，这些地区农村处于加速发展的阶段，但受过去经济社会发展的限制，宅基地使用“一户多宅”、超标准占地的现象比较严重，同时当地的农民对新增宅基地的需求比较旺盛。如江西余江县，其对超占面积的宅基地进行有偿使用收费。其免费的合法宅基地使用面积标准由各自然村依据本村的实际情况经村民事务理事会确定。对超占面积的宅基地进行有偿使用收费阶梯式计费。其中，一户一宅的，超出起征面积 1～50 平方米部分，按每年 10 元/平方米起征，每增加 50 平方米标准提高 5 元/平方米。非本集体经济组织成员通过继承方式或原属于本集体经济组织成员取得宅基地的，按每年 5 元/平方米收费，以其他方式获得宅基地的，按每年 20 元/平方米收费，超过 150 平方米以上的，每增加 50 平方米标准提高 5 元/平方米。余江县对使用存量或新增建设用地的（折旧建新除外），由理事会组织开展择位竞价。再如湖北宜城市采取“政府定价、村定标准、动态调节”的方法，对超占部分的宅基地实行“分段＋调节”的阶梯式有偿使用模式。宅基地面积在湖北省规定的 200 平方米免费标准以内的，不收费；面积超过 200 平方米的，分别按不同系数乘以基准地价收费。宜城市根据城区、副城区、集镇、中心村与普通村之间的区别，将宅基地基价划分成1～21元/平方米不等的收费标准。在调节系数设置上，考虑了当地村的实际和宅基地使用者的身份，并把调节系数的权利给予村集体，考虑了各村的实际差异，兼顾了村之间的公平。其中规定：超过200平方米而达不到村规民约或本村实际平均面积的，由村民自治选取0.2～1的系数收费调节；超过村规民约或本村实际平均面积的，由村民自治选取1～2的系数收费调节；非本村成员的，按住房用地总面积，在基价的1～2倍的基础上收费调节。

（3）效率型宅基地有偿使用模式。

该模式下收取宅基地有偿使用费的目的主要是显现宅基地的市场化价值，促进宅基地节约集约利用，限制农村宅基地无序扩张，有限供给宅基地，运用经济调节手段引导村民自愿有偿退出宅基地。效率型宅基地有偿使用模式中宅基地有偿使用费收取的标准为针对新增的宅基地使用费标准，一般以价高者得的方式分配宅基地。宅基地使用费标准与宅基地区位等密切相关，体现了宅基地的市场化价值。针对超标准占地的，根据超标准占地情况和宅基地使用者是否属于本村集体经济组织成员等情况，阶梯式差别化设置较高标准的宅基地使用费。实施效率型宅基地有偿使用模式的地方主要分布在经济发达地区，这些地区农村非农经济发达，农民对宅基地的需求庞大。农民在宅基地上盖的房屋不仅可以居住，也经常用于出租、办厂、经商等用途。农民对土地的潜在价值认可度很高。如浙江义乌市的宅基地有偿使用主要包括三个方面。第一，开展有偿选位配置，允许村级集体经济组织将地理位置好的宅基地以公开竞争方式进行有偿选位配置。第二，开展有偿调剂，因农村更新改造取得的宅基地分配权在落地之前，宅基地使用权人自愿放弃落地权退出宅基地的，应在确保其户有所居的前提下，依照自愿有偿的原则，可由村集体经济组织统一回购，再通过市场化的配置方式有偿调剂给有需要的本村村集体经济组织成员。第三，对超标准占用宅基地的和非本村集体经济组织成员占用宅基地的进行有偿使用收费。规定本村集体经济组织成员超标准占用宅基地的，超占面积在36平方米（含）以内的每年按基础价格（每平方米基础价格为农村宅基地基准地价的0.15%）收取，每增加36平方米，收费标准在基础价格之上提高20%累进计收，但收费标准的提高不应超过基础价格的60%。非本村集体经济组织成员占用宅基地的，合法占有的宅基地在90平方米（含）以内的，有偿使用费每年每平方米按基准地价的0.08%缴纳，超过90平方米的部分，参照本村集体经济组织成员计收标准执行。典型试点地区宅基地有偿使用模式见表2-8。

**表 2-8　典型试点地区宅基地有偿使用模式比较**

| 事项 | 稳定型有偿使用 | 公平型有偿使用 | 效率型有偿使用 |
|---|---|---|---|
| 典型地区 | 宁夏回族自治区平罗县 | 江西余江县、湖北宜城市 | 浙江义乌市 |
| 收费对象 | “一户多宅”、超标准占地 | 新增宅基地，“一户多宅”、超标准占地 | 新增宅基地，“一户多宅”、超标准占地 |
| 收费标准 | 较低、一次性收取 | 中等、一次性或者分年收取 | 较高，分年收取 |
| 收费负担 | 宅基地免费使用面积大，新增宅基地免费，负担很轻 | 宅基地免费使用面积不大，新增宅基地价格竞争较小，负担一般 | 宅基地免费使用面积小，新增宅基地昂贵，负担较重 |
| 收费目的 | 按照政策处置宅基地“一户多宅”、超标准占地问题 | 按照政策处置宅基地“一户多宅”、超标准占地问题，引导退出宅基地，通过宅基地有偿使用筹集农村建设资金 | 显现宅基地价值，高效利用宅基地，引导退出宅基地 |

各地区在宅基地改革中选择何种宅基地有偿使用模式，实际上并没有明确的标准。每一种宅基地有偿使用模式或多或少与当地的经济社会发展状况有着联系。中国的农村情况复杂多样，不论是稳定型有偿使用模式，还是公平型有偿使用模式，或者是效率型有偿使用模式，都有其利弊。总体上看，从宅基地的节约集约利用出发，更加有效率地显现宅基地的使用权价值，效率型宅基地有偿使用模式是较好的。但对农民而言，宅基地使用负担较重，也需要较成熟的土地市场的洗礼。稳定型有偿使用模式也有广泛的空间，我国很多农村已经出现“空心村”的现象，劳动力转移严重，农村经济实力薄弱，宅基地的使用价值主要体现在满足农民最基本的居住功能，因为对这样地方的宅基地，稳定型有偿使用模式较好地维持了现状。但这种收费方式很难改变不合理的宅基地使用现状。可以预计，公平型有偿使用模式在未来会有较大的推广空间，其兼顾了宅基地使用的成本，也兼顾了农民的负担。在收费设计上，可以因地制宜，多样化。但公平型有偿使用模式很难在经济发达的沿海农村推广。这些农村很难有新增建设用地满足农民巨大的宅基地需求。所谓的公平型有偿使用在经济发达的沿海农村实际上是牺牲了效率且无法真正实现所有农民的公平。

### （三）宅基地使用权融资担保的运行

**1. 贷款规模**

宅基地使用权及农村房屋担保的产生主要依赖试点地区地方政府的政策支持，部分地区建立了政府风险补偿金，对农民担保发生的不良贷款予以补偿，即使如此，银行等金融机构对农村房屋及宅基地使用权的担保贷款仍表现得较为谨慎，此类业务的贷款规模较小。

**2. 贷款用途**

诸多地区对用途并未作出明确规定，亦有部分地区对担保用途予以限定，如浙江湖州市规定贷款需用于创办经济实体和发展现代家庭工业，陕西咸阳市则限于从事农业生产经营或在行政区划内的镇购买自有住房。

**3. 担保人**

各试点地区对以“房屋或宅基地”设定担保的担保人范围一般作出具体的限制性规定：房地皆不存在权属争议且获得权证、担保人无不良信用记录，且具有长期稳定的居所、农民集体书面同意宅基地随同房屋一并担保处置等。

**4. 担保权人**

担保权人一般限于农村商业银行、中国农业银行等金融机构，欠缺专门的政策性金融机构接受宅基地使用权担保贷款。

**5. 担保率**

宅基地及房屋的担保率由金融机构考量其在担保期内的折旧、价格变化及处理费用等因素综合确定，如重庆农村商业银行对农房与宅基地的担保贷款为1～3年期，其还贷年利率为9.31％，而正常商业银行贷款1～3年期的还贷年利率为6.65％，近九成的农民认为农村房屋与宅基地担保贷款利率过高，影响了贷款的积极性。

**6. 价值评估**

当事人可协商确定宅基地及其上房屋的价值，亦可委托专业评估机构评估确定。农房的价值评估仅仅依据一般农房造价和建设年限折算进行评估，大多数的受访农民皆担心自己的房地价值被以较低价格评估。

**7. 担保权的实现**

债权人以宅基地使用权折价或者拍卖、变卖所得款项受偿。有的地区建立风险补偿金机制，由金融机构和地方政府各按照一定比例分担。有的地区要求处置时须报国土资源部门备案。

**8. 买受人**

对于担保权实现时的买受人范围，各试点地区的实际做法有所差异，但买受人的范围呈现不断扩大的趋势。如安徽省宣城市宣州区将农村房屋担保权实现时的买受人扩大为全区的农民，浙江省乐清市原先的做法是通过征收程序将宅基地的性质变为国有土地，再进行房屋拍卖，但操作起来难度较大，后来担保权实现时的受让人范围扩大至本市范围的全体农民。

**9. 宅基地使用权担保纠纷数量较少**

根据浙江、安徽两省统计数据，近5年来未受理宅基地使用权担保纠纷案件。其主要原因：**一是**此类案件本身基数小，担保、置换等形式在现实中本就处于试点状态，因此纠纷数量也较少。**二是**法律禁区多，非试点地区的当事人对法律明确禁止宅基地担保的法律后果有预判，有纠纷也不会诉至法院。**三是**法院不受理。实践中，涉及农房和宅基地担保的纠纷案件，法院多不受理。如安徽省宣城市的地方法院对于农民向当地农村商业银行申请贷款并以农房和宅基地担保的，银行为实现担保权而起诉的案件，一般不予受理，已经受理的，驳回起诉。[①] **四是**政府在改革试点中发挥重要作用。地方政府也出台各种政策文件，开展各式各样的探索和尝试，有的地方将担保权变现的范围扩大，如宣城市宣州区、温州乐清市、重庆和成都等地区都制定了类似的放宽政策，扩大了担保权实现的可能，减少了纠纷的发生。

**（四）宅基地使用权融资担保的制度障碍**

**1. 农村房屋与宅基地的产权登记未到位**

农村房屋和宅基地担保的前提是颁发《不动产产权证》，产权明晰，然囿于农村房屋的特殊性，一直未进行规范的产权登记。虽然国土资源部早在2008年即出台通知，要求加快农村宅基地使用权的登记发证工作，但由于涉及的农户数量庞大，至今部分农民仍因为缺乏《不动产产权证》而无法进行担保登记。

在农村宅基地登记颁证过程中，对于“超过标准面积”和“一户多宅”等土地如何处理缺乏统一规定。处理方式主要分为三类：一是按原批准面积予以登记；二是对超占部分的宅基地不予确定使用权，仅作为临时用地；三是在权属证书上不反映超占面积，但在土地登记卡上注明。

**2. 宅基地使用权的公示方法及公示效力不明确**

《民法典》并未明确规定农村房屋及宅基地使用权设定担保的公示方法及公示的效力问题，甚至连原则性规定都缺失，致使农村房屋及宅基地使用权担保试点过程中遭遇公示方面的法律瓶颈。

**3. 宅基地使用权担保变现处置难**

由于宅基地仅能在农民集体经济组织内部流转，导致拍卖缺少相应市场，且价值难以确定，腾退宅基地也成为难题。安徽省宣城市宣州区等试点地区虽

① 张坚．土地承包经营权、宅基地使用权流转实证分析与法律构造［M］．北京：法律出版社，2017：86.

然将担保权实现时买受人范围扩大到一定地域内的农民，但对于超出农民集体经济组织范围的买受人，国家的相关部门不能为其办理宅基地使用权的变更登记手续，导致试点不到位。

**4. 宅基地与地上房屋的“房地”关系处理混乱**

在各地区的试点实践中，担保权实现时如何处理房地关系是一个现实难题，尚不存在统一的做法和认识。宅基地使用权能否单独设定担保权？对于存在房地关系的前提下，若设定担保后，二者关系处理上是应秉持“房随地走”原则，还是“地随房走”原则？地上房屋与宅基地使用权之间构成地上权，还是法定租赁权？各地试点实践中针对上述问题处理混乱，欠缺统一而规范的处理。

## 三、集体建设用地使用权融资担保

### （一）国内各试点地区的基本情况

农村集体经营性建设用地在不违反土地规划和用途管制前提下，可以担保、转让、出租和作价出资入股等方式进入市场。2021 年 1 月 1 日生效的《民法典》第 361 条、第 395 条和第 398 条涉及集体建设用地使用权担保相关内容。《民法典》第 395 条规定，建设用地使用权可以作为担保标的。但是，《民法典》第 398 条规定，集体建设用地不得单独担保，唯有与乡（镇）、村企业的厂房等建筑物同时担保。

《民法典》并未规定集体建设用地担保的具体内容，其采用引致性规范处理方式。如《民法典》第 361 条规定，集体建设用地应当依照土地管理的法律规定办理。而 2019 年新修订的《土地管理法》第 63 条规定，集体建设用地使用权的担保参照同类用途的国有建设用地执行。

集体土地使用权人为担保人。集体土地所有人不能担保其享有所有权的建设用地，担保人为集体土地使用权人。就担保对象而言，具体包括乡（镇）村办企业、个体工商户、公益事业、私营或者联户办企业、公共设施以及村民建住宅等可使用集体建设用地。集体建设用地的担保被赋予诸多限制性条件，如须征得土地所有者同意，并需行政审批，采取登记生效主义，自登记时起，担保权方能设定。

### （二）对国内各试点地区的担保融资模式分析

纵观集体建设用地融资担保的改革实践，既有发轫于基层的自发性改革，又存在地方政府部门的直接推动和影响，其目的在于推动农村建设用地市场的成熟与完善，并将社会范围内的各个主体皆纳入其中，进一步提高土地的利用效率，促进城镇化水平的全面有效提升。

**1. 集体建设用地融资担保的模式**

（1）重庆“地票”担保模式。

地票乃建设用地的指标凭证，所谓地票担保融资，即地票持有人以地票设定担保，向特定金融机构贷款融资。如重庆市土地交易所与招商银行、中信银行皆开展了地票担保贷款试点工作。其特点主要表现为实际流程较为完善，涉及复垦、验收、交易和使用四个环节。首先由相关部门进行合理规划，然后指定土地权利人对集体建设用地进行复垦，并将满足相关标准和要求的耕地进行合理拍卖，将拍卖过程中产生的收益分配给农民家庭。从该模式的作用来看，主要体现在以下三方面：一是进一步扩大了耕地规模；二是有效避免耕地质量受到影响；三是保证土地资源的合理配置和利用。

（2）集体建设用地股份化担保模式。

农民可以对所持有的集体建设用地相应股份权益设定担保，以满足融资的实际需求。该模式以成都为典型，其首先将集体所有的建设用地与集体经营性资产予以股权量化改革，使得农民集体成员成为股东，农民按照股权以及相应比例享有股份收益分配权。因集体建设用地使用权被股份化和量化，作为股东的农民可以将所持有的股份份额向金融机构设定担保，为农业生产经营活动获取金融机构的贷款。

（3）政府驱动型的集体建设用地担保模式。

该模式以上海为典型，在政府部门的事先规划与有序推动下，集体经营性建设用地使用权可以出租、入股、抵押担保等流转方式进行有偿且有期限的流动，并逐步向工业园区或城镇集中，以实现农村建设用地资源的集中合理利用。该模式的显著特点是政府相关部门主导并推动农村建设用地统一规划、高效流转和集中利用。集体经营性建设用地使用权担保登记参照国有建设用地使用权有关规定，由所在地的不动产登记机构办理。

**2. 集体建设用地流转的主要管理模式**

集体建设用地流转的主要管理模式见表2-9。

**表2-9　集体建设用地流转的主要管理模式比较**

| 管理模式 | 转权让利 | 保权让利 | 规划区内外区分 |
| --- | --- | --- | --- |
| 代表地区 | 宁波市、威海市、常州市 | 上海嘉定、江苏无锡 | 杭州市、湖州市 |
| 核心内容 | 同种产权<br>同一市场 | 两种产权<br>统一市场 | 规划区内，“转权让利”<br>规划区外，“保权让利” |

（续）

| 管理模式 | 转权让利 | 保权让利 | 规划区内外区分 |
|---|---|---|---|
| 特点 | ①坚持国有土地的核心地位<br>②土地权利市场化水平相对较低 | ①在规划区范围内并不具备国有土地的垄断性<br>②土地权利市场化水平相对较高 | ①在规划区范围内坚持国有土地的核心地位<br>②在规划区范围之外土地权利市场化水平较高 |
| 入市方式 | 间接入市 | 直接入市 | 规划区内，间接入市<br>规划区外，直接入市 |
| 优势 | ①进一步加强政府宏观调控<br>②提高管理力度与广度 | ①在分配和管理过程中的灵活性更强<br>②有效促进土地流转效率的提高 | 以整体角度作为切入点促进土地制度的调整与优化 |
| 不足 | ①政府征地过程中的资金压力进一步扩大<br>②对土地流转的进行造成了一定的负面影响 | ①管理困难程度较高<br>②对国有土地市场的正常运行产生的负面影响较低 | 仍然存在“转权让利”模式的局限性 |

（1）转权让利的管理模式。

该模式为在集体建设用地流转时，将集体建设用地的所有权转为国有，并补办国有土地出让或租赁手续，收取的土地收益大部分返还集体经济组织。“转权”是指通过征地，将集体土地所有权变为国家土地所有权，然后统一出让。“让利”指的是在集体建设用地所有权性质发生改变的过程中，按照“谁投资，谁受益”和公平合理的分配原则将土地收益按照一定的比例进行分配。该模式为宁波市、温州市、威海市、常州市等地所采纳。

从该模式的作用分析，能够有效解决和处理集体建设用地自发性交易行为的普遍发生，能够有效解决经济秩序难以得到有效管理与规范等一系列问题，并将其纳入国有土地使用权市场管理体系当中。实际上，该模式坚持“同种产权，同一市场”，始终坚持国家在土地使用权流转过程中的核心地位，国家进一步加强对土地出让市场的管理与规范，避免违法行为在市场范围内的滋生，即对集体建设用地实施统一规划、统一征用、统一开发、统一出让和统一管理。对于规划区范围内外的集体建设用地流转来讲，转权让利的管理模式均要求将集体土地的所有权划为国有，由国家进行管理。但从福建晋江、广东顺德、浙江湖州等地区的实践过程来看，逐渐出现了一种特殊模式，该模式下，城市建成区内的大部分土地所有权仍为集体所有，但当时政府按照相关规定对该部分土地进行了补偿，也就是说这部分土地的使用权已经划为国有，并且其流转同样纳入城镇国有土地流转市场当中。所以，集体已经丧失这类土地使用权的流转权，而这一实际流转过程中的收益也与集体并不存在直接的联系。

从“利”的角度观之，首先，转权让利的管理模式与现行法律相协调。《土地管理法》第 43 条规定：任何主体在建设过程中涉及土地的，必须依法提出相应的申请。《中华人民共和国城市房地产管理法》（以下简称《城市房地产管理法》）第 9 条规定：在城市规划区中涉及的集体所有土地，当其性质转化为国有土地后才可以对其使用权进行合理流转。综上可知，该模式有坚实的法律基础。其次，转权让利的管理模式符合城市化发展的要求。从整个世界范围内的城市化推进过程来看，当城市化水平达到 30%时，城市化进程会保持一个高速状态推进，而现阶段我国正处于这一临界点上，这也就意味着在未来的时间内我国城市化水平将会保持一个较高的增长速度。而对于城市化的构成来讲，主要涉及两方面内容：人口和土地。所以在城市化的推进过程中，必然会导致农村集体土地的性质发生改变。

转权让利的管理模式具备实际上的可操作性和客观效果的良好性。实践表明，山东省威海市、广东省深圳市、江苏省昆山市等地对农民集体建设用地采取“转权让利”办法，实现国有化的实践是成功的。转权让利的管理模式能够进一步保证土地依法管理与经济建设服务之间关系的协调与统一，保证土地相关政策得到深入有效落实，有利于政府进一步加强对土地的管理与规范，避免土地资源受到损失。此外，有利于培育依法、统一、规范的土地市场，有利于乡（镇）企业公平竞争，有利于土地收益的合理分配。

从“弊”的角度分析，首先，实施起来困难。由于征地计划的特殊性，导致国家征用土地与土地规划之间难以保持协调与统一。另外，假如将小宗土地均转化为国有性质，必然会造成实际管理上的混乱，从而导致实际土地管理效率难以有效提升。其次，难以保证集体土地所有权。对于集体建设用地来讲，往往遵循着“先国有后出让”的原则，而在这种背景下难以保证集体土地所有权的独立性和平等性。再次，增加了政府征地负担。对于征地行为来讲，由于其带有一定的强制性，因此在实践过程中往往会产生一定的冲突和矛盾。其中既涉及个人与集体之间的冲突与矛盾，同时也涉及国家这一主体。另外，由于在实际征地过程中涉及诸多环节，因此在具体实践过程中所产生的成本费用也相对较高。最后，对土地正常流转产生了一定的阻碍。难以与土地资源的资产属性与市场规则相适应，无法将市场的作用充分发挥出来。

（2）保权让利的管理模式。

该模式为在保持集体土地所有权不变的前提下，仿照国有土地有偿使用管理的方式，将集体土地使用权按一定年限转让、出租、入股、联营，土地收益大部分留给集体经济组织的管理模式。该模式将集体建设用地与国有土地纳入同一土地市场，实行国有和集体土地“两种产权、同一市场，统一管理”。该模式中的集体建设用地与国有土地划分到同一土地市场当中，从而在真正意义上实现了两者的统一管理。上海嘉定、江苏无锡等地均采用该管理模式。“两种产权”实际上指的是在城市规划范围内存在两种土地所有权，“同一市场”代表的是国家和集体所有两种不同性质的土地使用权在同一个市场中正常流转，也就是说在整个市场中两者保持相同的地位。而“统一管理”则是指将两种性质的土地使用权进行集中统一管理。在“保权让利”模式的影响下，不管集体建设用地是否处于规范范围之内，不管土地使用者具备哪种性质，其中所涉及的相关企业均可以依照相关的流程，在保证集体土地所有权维持不变的前提下，对集体建设用地进行合理规划和利用。

从“利”的角度分析，首先，有利于集体土地所有权的实现。“保权让利”模式进一步突出了土地所有者在整个交易环节中的核心地位，通过土地所有权和使用权保持相对独立的状态，从而实现集体建设用地使用权的合理流转。其次，与市场经济发展趋势相适应。由于土地产权具有特殊性，导致其在配置过程中的市场化水平相对较高。而在这一背景下土地产权能够借助于商品的各小部分的所有权证书，将其划分为不同部分并依次投入到市场当中。在维持集体土地所有权不发生变化的前提下，集体建设用地使用权进入市场当中是市场经济逐渐趋于成熟和完善的重要标志。再次，该模式加快了城市化进程。由于此模式在管理和分配过程中的灵活性较强，从而让广大农民群体充分享受到了益处，并且还在很大程度上缓解了城市化进程推进过程中产生的资金压力，进一步推动了整个地区的进步和发展。最后，提高了工作效率。由于该模式土地所有权不转移，因此其涉及的流程较为简便，所以能够进一步提高土地流转的效率，进一步提高对集体建设用地的利用程度。

从“弊”的角度分析，保权让利模式与当前阶段的土地法律制度存在诸多方面的相悖之处，从而使得其中涉及的各个主体的合法权益难以得到有效保障。另外，该模式的施行还对整个国有土地市场的正常运行造成了一定的负面影响，从而进一步增加了政府对土地进行有效管理的难度。

（3）规划区内外区分对待的管理模式。

该模式针对规划区内外不同的情况选择不同的管理方法。对于规划区范围内涉及集体建设用地使用权流转的，主要侧重于使用“转权让利”的方法，在集体土地所有权的性质发生转变后，根据相关的标准与要求对有关手续进行办理。而对于规划区范围外的集体建设用地，满足实际规划要求且依法获得建设用地使用权的，可不需要对集体土地所有权性质进行调整，由土地所有者按照一定期限对集体建设用地的使用权进行转让和租赁等，并且其中产生的收益由土地所有者获取。应用该模式的典型地区主要包括浙江省杭州市、湖州市等地区。

该模式做到了对“转权让利”模式和“保权让利”模式两者优点的集中统一。一方面，以全局角度作为切入点，既对城市化进程推进过程中的土地规划相关内容进行了全面分析，同时也重视与农村地区实际情况相结合。另一方面，该模式与现阶段的法律制度更加契合，并且对国有土地市场造成的影响也更小。但从根本上而言，在建成区内主要侧重于一种产权，换言之，在规范区范围内国有土地仍然占据着核心地位。

### （三）集体建设用地使用权融资担保的运行

#### 1. 担保人

担保人一般限于集体建设用地使用权人。各试点地区大多认可集体建设用地使用权人以建设用地使用权设立担保；集体建设用地使用权人为依法取得权利的自然人、法人或其他组织。少部分地区认可集体土地所有权人可担保集体建设用地使用权，如东莞、中山、成都、苏州、无锡等地。

#### 2. 担保权人

担保权人限于中国农业银行、农村商业银行等金融机构，在国内个别试点地区存在“土地金融公司”“土地银行”等金融创新方式，但缺少专门性政策金融机构支持。

#### 3. 担保客体

一般限于权属无争议的经营性集体建设用地使用权，公益性集体建设用地一般不得设定担保。按照法律规定，广义的集体建设用地分为三种：宅基地、经营性集体建设用地和公益性集体建设用地。经营性集体建设用地从逻辑上可以认定为只要不属于公益性用地和宅基地，均可划归经营性建设用地。

公益性集体建设用地包括公共设施用地、公共建筑用地、交通运输用地、水利设施用地和特殊用地（如墓地等用地）。公益性建设用地在本质上是一种公共产品，具有非排他性和非竞争性，原则上不宜进入市场进行流转，故一般不得设定担保。

**4. 担保程序**

设定担保所经过的民主议定程序各地规定不一。各地区大多认为集体建设用地担保必须经过集体成员或三分之二以上成员代表同意。

设定担保是否需要经过集体土地所有权人同意，各地规定不同。有的地区认为须经所有权人同意方可设定担保。有的地区规定无须经所有权人同意，但须予以告知。

**5. 用于担保的集体建设用地使用权受流转期限约束**

集体建设用地的初次流转受期限限制，国有土地使用权的流转可以为相同使用途径的集体建设用地初次流转提供参考。当集体用地再次流转时，其再次流转的期限应小于或者等于自身使用权剩余的年限。

对于短期流转，长沙、苏州、东莞、中山和株洲规定不能超过5年。有的地区认为集体建设用地流转只要跨越一个好的工业产品的生命周期（20年）即可，故而集体建设用地出让的期限相比国有建设用地较短。例如，盐城规定集体建设用地使用权期限一般不超过20年，临沂则规定不超过30年。

**6. 担保权的实现**

集体建设用地使用权担保实现后，必须符合原来的规划，也必须符合用途管制。流转后的集体建设用地不得用于商业性房地产开发，未经批准不得改变土地原来批准的用途。

**（四）集体建设用地使用权融资担保的制度障碍**

**1. 集体建设用地使用权担保类型单一、担保人的范围过窄**

担保人应包括集体建设用地的所有人和使用权人。集体建设用地所有权的主体是“农民集体”，该“农民集体”在现行法中既非法人或其他组织，也非自然人，不具有独立的法律人格。对集体难以发挥土地所用者作用的主要原因即集体土地所有权缺乏一个具体而明确的、人格化的行使主体。基于农民普遍的观念和习惯认识，并考量其心理上的接受度，立法上应明确村民委员会为集体土地所有权的行使主体。

立法上不应阻挠所有权人就集体建设用地使用权设定担保，因其可以理解为以未来出让集体建设用地使用权而获得的收益设定担保，亦可以解释为集体土地所有权人先设立无特定使用权人的建设用地使用权，然后再以此建设用地使用权设立担保。就前者而言，根据现行法律法规的规定以及学界的共识，以未来收益权设立担保并无不妥。就后者而言，为拓宽融资渠道，国外早已突破担保制度的固有理念与规则，德国较早地认可了突破担保物权从属性的土地债务制度，明确土地所有权人可以设立无明确收益人的土地债务。① 连一贯保守的《法国民法典》都一改旧貌，在 2006 年修改法典之际积极突破担保权从属性等固有理念。② 在我国公有制及土地所有权不得流转前提下，完全可以允许集体土地所有权人设立一个无特定使用权人的集体建设用地使用权，以其设立担保而获得融资，不必固守陈规。

**2. 集体建设用地使用权设定担保的民主议定程序缺失**

设定担保须经过"农民集体"的一定民主议定程序。类比一般的共有物处分规则，《中华人民共和国村民委员会组织法》（以下简称《村民委员会组织法》）规定村民会议的决议需经超过到会人数一半的成员同意就能通过，而《农村土地承包法》和《土地管理法》规定土地承包经营权的决策必须经村民会议三分之二以上成员同意才能通过。凡涉及农民生活保障的基础利益，属于重大事项，须采用多数同意的表决方式。

**3. 集体建设用地使用权担保公示制度缺位**

集体建设用地使用权设定担保实行登记生效制度。集体建设用地使用权设定担保须签订书面合同并办理登记，对于未经登记的担保行为应视为无效。农村集体经营性建设用地可采用属地登记制。

农村土地登记的性质立法上明确为兼具公法和私法属性，但主要具有私法属性。《民法典》出台之前，土地登记被视为一种行政管理手段，立法部门亦认为，土地登记应由行政法调整，应用公法的调整手段强化对土地登记的管理。在此理念的影响下，登记被规定为民事主体的一种行政法上的义务，违反此义务需承担行政法上的责任。随着《民法典》的颁布，立法观念中一定程度上亦考虑了土地登记的私法属性，废除了申报低价、证书查验、地籍调查测绘、不登记按照非法占地与违法占地处理等行政管理色彩浓厚的规定，已经明确了土地登记的物权明示功能。在上述工作基础上，立法应进一步肯定土地登记主要是为贯彻物权公示原则而设立，其发挥向社会公示的作用，主要具有私法属性。

**4. 集体建设用地使用权融资担保受制于城乡规划与用途管制**

担保权实现时，集体建设用地使用权的流转必须符合原来的城乡规划和土地用途，这使得集体建设用地的评估价值不会太高，也直接影响可以融资的贷

① 哈里·韦斯特曼．德国民法基本概念（第 16 版）[M]．张定军，葛平亮，唐晓琳，译．北京：中国人民大学出版社，2013：58.

② 雅克·盖斯旦．法国民法总论 [M]．谢汉琪，等译．北京：法律出版社，2004：76.

款金额。土地利用规划是土地资源时空配置与利用方式安排的公共政策，在构筑城乡统一的建设用地市场背景之下，农村的土地利用规划需与城市规划相互衔接和协调，建立与新形势相适应的土地利用总体规划体系，协调好农村土地利用规划与城市城镇规划、环境保护规划的关系。具体而言，其一，修订现行指标控制式的土地利用规划和用途管制分区规划，指标控制式的规划转变为公众参与式的规划，深入挖掘农村集体建设用地的潜在价值。其二，集体建设用地指标化，实现集体建设用地的“去区位化”。由于集体建设用地区位的限制，其价值明显低于城市建设用地。实践中通过城乡建设用地增减挂钩或者“地票”等创新性措施，将集体建设用地指标化，在市场机制的作用下使集体建设用地的价值得到更大程度的“释放”。

## 四、林权融资担保

林权是指森林、林木的所有权或使用权，林地的使用权。其中涉及林地的使用权内容广义上亦属于农村土地融资担保的范畴之内。此处的“林地”，指郁闭度 0.2 以上的乔木林地，以及竹林地、灌木地、疏林地、采伐迹地、火烧迹地、未成林造林地、苗圃地和县级以上人民政府规划的宜林地。[①]

### （一）林权融资担保的模式

经过多年的实践，在各试点地区已经逐步建立集体林地所有权、承包权、经营权分置运行的机制，形成集体所有、家庭承包和多元经营的格局，且已经建立起林权担保或质押贷款制度，银行等金融机构开展林权担保贷款业务。具体而言，林权担保融资的主要模式包括以下几类。

#### 1. 政府信用保证＋企业林权担保模式

此类模式风险低，但推广难度大，如福建永安市采取此模式。贷款对象限定为当地的林业产业化龙头企业，虽然贷款的最终使用者和偿还者是林业企业本身，但以政府信用为其林权融资提供担保；金融机构只要将贷款额度控制在一定范围以内，其贷款风险就较小。该模式主要考量当地政府的参与程度和地方财力，贷款额度必须掌控在政府信用可以承受的范围以内，同时也考验地方政府推动林权体制改革和林权投融资改革的信心与积极性。

#### 2. 林权证直接担保或质押模式

该模式可操作性强，但风险控制难度较大。主要特点包括以下方面：

① 重庆市金融办公室．重庆市农村“三权”担保融资办理指南［M］．重庆：西南师范大学出版社，2011：41.

**其一**，担保人的范围较广。具有完全民事行为能力的享有林权的农民、具有法人资格的林业企业，只要能提供有效的林木或林地资产担保的，皆可申请林权证直接担保贷款。**其二**，可操作性强。该模式参照房产证担保贷款手续，不需要重新进行制度设计，该模式为全国各地最常见、应用最广的一种林权担保模式。江西、福建、山东、河南和辽宁等省在林权制度改革初期选择的都是此类直接担保模式。**其三**，需要与相关的配套制度匹配。办理林权直接担保时，需要森林资源专业评估机构、林权管理中心和林权流转平台等部门的配合，若评估价值失真或随意给担保标的物办理采伐证等，都可能给金融机构带来风险，故而其风险控制难度较大。

**3. 担保机构＋林权反担保模式**

此类模式融资风险相对较低，但融资成本较高。具体操作为通过设定担保公司，为林业企业和从事林业生产建设的农业经营者或农民向金融机构林权贷款提供融资担保，并收取一定比例的担保费用。如福建尤溪县收取1.5%的担保费。担保公司实行自主经营、自负盈亏，独立承担民事责任。该模式在为金融机构降低放贷风险的同时，存在两方面的缺陷：其一，担保贷款规模受到担保机构实力的限制；其二，融资成本增加，借款人除了支付金融机构的利息，还需支付担保公司的担保费。

**4. 林农信用保证＋林权证担保模式**

该模式最为方便快捷，但受制于当地农村的信用环境。此模式主要针对借款人为林农，且贷款额度较少的情形。金融机构对担保物一般不作评估要求，只要借款人持林权证办理担保登记，并由其他林农予以信用担保即可，担保融资手续简单。此类模式的法律风险在于，若信用户的评定工作不扎实，或所在地区的农村信用环境较差则会直接影响该模式的推广实施。简言之，农村信用体系的建设影响该模式的应用程度。

**5. 林业企业或林业大户保证＋林权证担保模式**

该模式以林业企业或林业大户的资产实力，以及林权证作担保，风险可控制性较强，该模式的适用范围较广。此种模式得到各地金融机构的认同，并被作为推广林权融资担保的主要模式之一。其优势在于林业龙头企业或林业大户具有较强的经济实力，大幅度降低金融机构的放贷风险，同时有利于促进林业生产者走集约化、规模化经营道路。林农个体实际所享有的林地面积一般较小，若通过林权担保贷款获取资金支持，开展合作造林，既适应林业企业与林农合作的现实需求，也契合林地发展规模经济趋势，实现传统林业向现代林业的转变。

**6. 林权产权交易机构担保模式**

以广西林权制度改革为例，广西人民政府批准设立了自治区级林权产权交易服务机构——广西林权交易中心，具体在自治区林业厅的指导下，开展林权交易、林业企业产权交易及招商融资、林权担保物处置、林业金融服务和林权托管等服务。首先，在业务类型上积极研发新业务，开发出了交易客户保证金短期贷、林业企业短期融资、林权收储担保、森林资源评估等多项林权担保融资的配套业务。其次，探索林权收储平台建设。尝试依托资产管理公司、省直国有林场开展收储业务，同时开展森林资源评估体系建设，以此打通林权担保融资的关键环节。再次，推行“以林代农”的农村产权交易业务发展模式和“农村经纪人”发展模式，大力拓展林权担保融资服务网点。最后，科技驱动林业担保融资信息云平台。利用云计算、物联网、大数据和移动互联网等新生代信息技术，通过感知化、物联化、智能化的手段，形成林权担保贷款立体感知、管理与服务协同的林权担保发展新模式。

此外，个别试点地区还存在“林权担保＋林权收储＋森林保险”贷款模式和“企业申请、部门推荐、银行审批”运行机制，以及林业经营收益权和公益林补偿收益权市场化质押担保贷款模式。

**（二）林权融资担保的运行**

**1. 担保人**

担保人为林农、林业大户、林业企业等林地资源的经营主体。

**2. 担保权人**

担保权人主要为中国农业银行、中国邮政储蓄银行和各地的农村商业银行或农村信用社等金融机构。

**3. 担保登记**

林权担保实行登记生效制度，实践中各地在未实行不动产统一登记之前，登记机关为林地所在地的区县林业局或林权管理中心。林权担保，自登记时起设立。

**4. 担保物的评估**

对于担保物的评估要求，各地规定各异。如重庆市规定借款人与金融机构对于 100 万元以下的融资可以协商确定，或选择第三方评估机构评估认定，评估费由借款人承担。100 万元以上的融资原则上由第三方评估机构评估认定。

**5. 贷款利率**

各地要求金融机构对林权担保贷款实行优惠利率。如浙江丽水市要求利率上浮幅度原则上不超过 50%，对 2 万元以下的林农小额贷款执行基准利率。

**6. 林权担保的风险缓释**

建立林权担保基金、林业保险或政府风险补偿机制。由于森林资源和林地存在受自然灾害或其他不确定因素影响而导致价值减损的可能，所以金融机构对此类贷款存在较大风险。基于此考量，各试点地区通过设立政策性保险、建立政策性风险补偿机制等措施，分散金融机构对林权价值减损的风险压力。如浙江丽水市各级财政按照每年林权担保贷款余额千分之五的比例建立政府风险补偿。

**7. 担保权的实现**

为确保林权担保优先受偿，构建林权流转平台和相关配套制度。如设立林权管理中心，负责林权的确认、登记、担保登记备案、办理林地流转的招标拍卖及合同备案等手续。设立森林资源收储中心，对于可以依法流转的林地使用权进行收购并出让、甚至由其提供担保。设立林权交易中心，负责收集和发布林权担保、林权流转交易行情等信息，组织林地流转招标、拍卖等交易。

**（三）林权融资担保的制度障碍**

**1. 健全多层次的农村信用担保组织**

林权担保融资除了林农的信用担保，还应发展多层次的农村信用担保组织。如在条件成熟的地区组织成立担保公司，或者互助合作担保组织，对担保人提供融资性担保服务。①

**2. 完善对金融机构的风险缓释机制**

提高金融机构对林地担保融资的积极性与主动性，需进一步完善对金融机构的风险缓释机制。其一，加大财政支持的风险补偿力度。在建立风险补偿基金的基础上，除财政贴息外，落实税费减免等措施，扩大对林农贷款的发放对象范围和使用范围，对农村法人金融机构采取更优惠的存款准备金制度。其二，完善政策性农业保险制度。在将政策性农业保险纳入林权担保融资制度的基础上，逐步扩大其适用范围，形成保险公司与政府联办、为政府代办以及自营等多种保险支农经营模式。

**3. 深化农村信用体系建设**

农村信用体系建设直接关系林权担保贷款业务的深入开展。从长远观之，农村信用体系建设是一项复杂的系统性工程，若相关配套服务机制、信息数据可动态管理、信用信息共享等工作不能同步匹配，则可能使农村信用建设的整

---

① 孔祖根，叶银龙．构建适度竞争的农村金融组织体系：目标与路径［J］．浙江金融，2013（6）：9-13.

体工作停滞不前。此外，农户电子信用档案、信用评价、信用征集、构建对失信农民的惩戒机制等多层次内容亦需要不断丰富内涵和拓展外延。

**4. 林农的较大额担保贷款融资困难**

通过推进农村信用体系建设和林权担保贷款，对大部分享有林权的农民或个体经营主体而言，其小额贷款融资需求可以得到满足，林业龙头企业和林业大户由于其担保物的规模较大，可以满足其基本融资需求。但是个体林农的较大额融资需求仍然缺乏有效的担保物，加之涉农融资渠道单一，涉农经营主体的融资结构过度依赖银行信贷，其他正规融资来源缺乏，金融服务中介机构和担保机构缺位，通过林权实现农村较大额担保贷款融资确实困难。

# 第三章
# 典型国家或地区的农村土地融资担保

研究我国的农村土地融资担保问题，应汲取其他国家和地区的农村土地担保经验及教训，并撷取其有益的制度资源。本部分将在世界范围内选取几个具有代表性的国家或地区，对其农村土地担保法律制度的具体运作模式予以考察，以期为我国农村土地权利担保法律制度的构建提供借鉴。

## 第一节　德国的农村土地融资担保

### 一、德国的土地担保法律制度演进

18 世纪中叶，普鲁士就封地实行自由化改革，对土地所有权的处分限制被解除。土地贵族为了获得生产资金，对土地担保融资的需求增强，各地盛行土地担保，其重要法律表现形式就是普鲁士于 1722 年颁布《担保权及破产令》，于 1794 年颁布《普通土地法》。[①] 土地贵族对于农业的经营逐渐采取企业化的方式，与以前短期的消费融资不同，此时的融资形式多为长期的生产性融资。在此背景下，担保权的安全性需求增大，公示原则的强化适时而生。在 1722 年《担保权及破产令》中确立了公示原则，而 1750 年《担保权令》对其规定更进一步，其规定以公簿登记作为担保权的公示方法。公信原则逐步为相关担保权立法所肯定，为 19 世纪德国的流通担保制度奠定了基础。[②] 同时，为使低息的融资能够便利地获取，土地担保合作组织孕育而生。1769 年以后，各类土地融资合作组织分布各地。德国农业正是以这种金融合作组织为媒介在 18 世纪获得了空前的发展。土地融资合作组织的成立使融资更加灵活，其特点是土地担保权的担保证券开始发行。具体的操作是在农村土地上发行担保证券，证券可以无记名流通，交付证券即可得到融资资金，持券者享有农村土地

---

① 孙东雅．民事优先权研究［D］．北京：中国政法大学，2003：129.

② 王选庆．中国农地金融制度研究［D］．咸阳：西北农林科技大学，2004：78.

上的担保权。[①] 此外，产生了土地担保权在土地贵族以外的融资领域进行流通的要求。

1900 年《德国民法典》所建立的担保权制度，是以普鲁士担保权制度为基础而建立。因土地相较于其他财产具有较大经济价值，并具备很强的稳定性，故土地担保制度在物权法中权重较大。德国的土地担保可分为从属性较弱的流通担保与从属性较严格的保全担保。如《德国民法典》中的担保权具有高度的流通性特征。此特点乃担保权制度确立的特定原则、公示原则和独立原则共同作用所形成的结果。公示原则：一是担保权的设定，以登记为成立要件；二是登记采用实质审查制度。特定原则：一是担保权所担保的债权须记载于登记簿，且所担保的债权额特定；二是只能在不动产上设定担保，不动产以外的一般财产不能设定担保权。[②] 独立原则：担保权不依附于债权而存在。

纵观担保权制度发展史，能增强担保权流通性的方式主要有两种：一是《德国民法典》规定的流通担保，以规定其登记具有公信力而确定其流通性，并可发展为证券担保形式以增强其流转性；二是担保权附债权证券，其将担保权和被担保债权结合成为证券，并按有价证券的原理进行流通，证券根据背书被转让，流通中即使没有权利人的介入，担保权的公信力亦被承认，[③] 日本担保证券法即有此规定，美国现行的不动产证券化亦属之。《德国民法典》上的不动产担保物权制度在逻辑上呈现出三个层次：流通担保权—土地债务—担保债券。前两者属于不动产担保物权的直接流通，后者则是不动产担保物权借助无因化债券进行的关联化流通。实际上，担保证券的形式完全可以作为增强担保权流通性的手段，且此种形式的证券担保并不需要以担保权的独立性为基础。

## 二、德国的农村土地担保制度

### （一）德国农村土地担保

德国是对农地流转进行管制的典型国家。1918 年就建立了农地交易的国家监督制度，具体包括农地转让许可制度、农地租赁许可制度、耕地合并等制度，并通过一系列的立法对其进行规范，如 1952 年《土地租赁法》、1961 年《土地交易法》以及 1956 年《耕地合并法》等。农地租赁在德国发挥着重要作

① 杨同兰．担保权证券化制度研究［D］．济南：山东大学，2011：42.

② 张建强．论财团担保［D］．北京：对外经济贸易大学，2004：19.

③ 近江幸治．担保物权论［M］．祝娅，等，译．北京：法律出版社，2000：222.

用，1990 年德国统一前，大约 38%的联邦德国的农地是通过租赁方式经营的。1985 年的《土地租赁合同申报及监督法》和《土地租赁交易法》规定，农地的转让、担保或租赁都必须经过政府主管部门的批准才能生效。此种许可制度一方面有效地限制了土地从农业用途向非农业用途的转变，另一方面也避免了土地的过度分散，对于维护适当的农地结构和规模效益都具有积极意义。农村土地金融制度是农村土地制度与农村金融制度的有机结合，其以土地为载体，以金融为支撑。随着现代金融业的发展，德国农村土地担保不再限于保全功能，而逐步具有投资功能，担保权本身日益显现独立流通的价值功能。

### （二）德国农村土地融资担保的运行

有关土地担保的形态与步骤，以及如何予以担保权登记，在《德国民法典》中有明确规定。① 担保的主体为享有土地所有权的农民，其与合作社签订贷款合同，设定担保时仅须把土地权属文书交付合作社或金融机构，并予以担保权登记（载明用途、金额和土地基本状况）。② 实际借款金额被限定在土地价值的一半以内，借款期限一般为长期借款 10～60 年。①

## 三、德国农村土地融资担保的制度启示

### （一）合作金融为主导的农村土地金融制度

德国建立了土地担保合作社，其发行债券获取资金，贷款给社员。③ 在经营业务上，以土地担保合作为代表的公营土地金融机构不经营银行业务、不吸收存款。土地担保合作本身的资本较少，社员入社只需交入社费而并不需要缴纳股金，并且社内不接受任何存款。银行的主要作用就是代理各土地担保信用合作社经销的债券、付息、结算以及收回债券，同时在债券出售之前可以为社员或合作社垫款。可见，德国的农村土地金融制度是以土地合作信用为主导。④

### （二）担保土地债券化是德国农村土地担保融资的特色

土地金融是以土地作为信用保证（担保）而获得的资金融通。德国土地担保信用制度最大的特点是担保土地债券化。德国的农村土地融资以土地债券为

---

① 何上华．农村土地承包经营权抵押制度法律研究［D］．南京：南京航空航天大学，2011.

② 韩立达，彭迎．国外农村土地使用权抵押的经验借鉴及启示［J］．安徽农业科学，2009，37（36）：18376-18378，18398.

③ 朱英刚，王吉献．国外及台湾地区土地金融研究与借鉴［J］．农业发展与金融，2008（11）：37-42.

④ 惠献波．我国农地抵押融资实践及制度构建——基于德国经验的启示［J］．西华大学学报：哲学社会科学版，2014，33（2）：5.

主要资金来源。[①] 土地债券的发行主体为合作社，政府对其债券发行提供担保。[②] 合作社以其社员的土地为担保物，承担债务本息的偿还责任，其在市场上可以自由流通。[①]持券者与农民之间的关系通过上述操作演化为持券者与合作社、农民（社员）与合作社之间的关系，避免出借人与借款人二者的直接利益冲突。[③]

### （三）农地用益权可设定担保

德国的农村土地所有权可以担保贷款，并且立法允许农村土地用益权担保贷款。如《德国地上权条例》第 11 条和第 12 条规定，地上权可单独作为担保权的标的，在土地上有建筑物时，建筑物随地上权一同担保。农村土地或农村土地用益权可以担保合作金融机构的债权，也可以用于担保土地证券持有人的债权。

### （四）农村土地担保不仅具有担保功能，更是流通融资手段

在德国法律体系中，第一种流通方式为保全性担保，其严格地贯彻从属性原则，担保权只能随债权流通，第二种流通方式为流通性担保权和土地债务，第三种流通方式为《担保债券法》中的担保债券。

保全性担保权流通是以债权流通为主体，担保权依据从属性随之流通，流通性担保权以担保物权的流通为制度设计的中心，被担保的主债权作为“附属物”随着不动产担保物权而流通，从某种意义上而言，流通性担保与保全性担保，二者担保物权和主债权的地位被“置换”。

就我国现阶段而言，一般将不动产担保权视为具有担保的作用，而其融资功能所应具有的流通作用却往往被忽视，且被担保的从属性严格管制。我国的土地担保权制度缺乏流通能力，并不代表金融市场对农村土地担保的流通没有需求。与之相反，我国农村金融对土地担保信贷的流通具有强烈的需求。

## 第二节　英国的农村土地融资担保

### 一、英国农村土地权利的状况

英国自 16 世纪始进行圈地运动，将大量土地集中在一起形成大规模的农场和田庄。此前，除了大地主外，尚存在许多小面积土地所有者，以及小块土地的租佃者。工业革命之后，小块土地制度和小农经营方式被消灭，直至 19

① 朱英刚，王吉献．国外及台湾地区土地金融研究与借鉴［J］．农业发展与金融，2008（11）：37－42.

② 惠献波．德国农地抵押融资制度及其经验借鉴［J］．湖南财政经济学院学报，2014，30（1）：6.

③ 夏方舟，杨丹凤．国外土地银行面面观［J］．资源导刊，2016（6）：54－55.

世纪逐步形成以雇工经营的农场为主的经营格局。[①]

土地所有权、各种形式的土地保有权、他项土地权利构筑起英国的土地权利制度。英国的农村土地权利分三个层次：土地所有权—土地保有权—土地使有权。英国土地实行私有制，土地的所有权统一属于国家，但是国家允许自然人、法人或非法人组织持有土地保有权。换言之，英国真正的土地权利乃各种类型的土地保有权，而非土地所有权，该土地保有权在所有权的基础上派生所得，各类土地流转亦是在土地保有权的前提下运行。具体而言，土地保有权可划分为自由保有和租用保有两类。[②] 前者为保有人永久所有，以契约和居住、耕作使用等持续居住或使用该土地者达到较长期限视为土地保有者。后者是通过合同或协议来确定土地权利和内容，期限长短不一。在英美法系中并不存在所谓的物权概念，却有与之相当的财产权（Property Right），债权人的担保利益（Security Interest）通常被认为是一种特殊的财产权（A Special Upon the Property），其实质在于赋予债权人以优先权（Preferent）和追击权（Pursuit）。[③] 英国土地法采用经验主义的方式逐渐建构，英国的土地权利制度始终围绕土地保有制这一基本的法律框架产生、发展与演变。

简言之，英国土地法中土地权益的分割是多维的，土地权利出现了多元化的结构。不仅包括普通法上的地产，而且包括公簿持有人的占有权、承租人的占有权、衡平法上的受益权。反观大陆法系的财产权制度，法律上的所有权强调权利人对实物的支配，且恪守一物一权原则，不可能在同一土地上设定同时共存且在时间上连续的所有权。英国的土地法没有所有权理论的束缚，土地权益被多维分割，且通过精细复杂的制度和规则可将土地权益在特定的时刻于不同主体间发生移转。由于英国土地权利具有多维分割特性，使其土地权利制度具有超越时空的稳定性和较强的灵活性。时至今日，虽然土地保有制已经失去设定之初的许多内含，但是土地保有制的影响依然存在，土地保有权仍是英国土地法中最核心的概念。

## 二、英国农村土地担保制度

在英美法系中，不动产担保包括不动产负担、信托契据、分期付款不动产

① R. E MEGARRY，H. W. R. WADE. The Law of Real Property [M]. London：Sweet & Maxwell Limited Press，2000：37.

② 洪旗，陈华飞．差异化产权制度，多元化生态管护 [N]. 中国自然资源报，2018-5-19 (4).

③ 肖厚国，孙鹏．担保法律制度研究 [M]. 北京：法律出版社，1998：8.

买卖和按揭（mortgage）。[①] “mortgage”最初是以土地为标的物设定的担保。香港学者大多将“mortgage”译为“按揭”，我国大陆和台湾地区的学者大多将其译为“担保”。尽管英美法系通常使用的按揭（mortgage）制度与大陆法系的担保权制度有一定差异，但是也不无类似之处，按揭逐渐向大陆法系上的担保权制度靠近。根据英国《财产法》，以设立方式为标准，按揭（mortgage）划分为普通法的“mortgage”和衡平法的“mortgage”。普通法的“mortgage”可进一步区分为租赁式按揭和按揭形式设立的担保。①租赁式按揭。按揭权人对按揭物享有租赁权，法律推定该租赁权是长期的，且该权利人在按揭租赁期间享有绝对的权利。②按揭形式设立的担保。对按揭权人不发生产权转让行为，类似于大陆法系中的担保权。纵观英国法律体系中 mortgage 的发展进程，可以发现 mortgage 的发展经历了权利转移到占有转移，再到权利和占用均不发生转移的演化；登记制度和变价原则的引入，使英国法律体系中出现了以按揭形式设立担保向大陆法系担保权接近的趋势。

英国《财产法》第 1 条第 2 款规定，可以在土地上设定和转让权益和负担，包括了普通法中的地役权和占有型租金负担、普通法方式设定的担保、土地税、什一税或其他依据法律规定在土地上产生的负担、出租人依据租赁合同享有的进占权、租金负担权人享有的进占权。1918 年后，英国对农村土地进行改革并相继出台的一系列法案，确认了终身地产权人对土地的出租、转让和担保的权利。[②] 终身地产权人获得了担保土地的权利。同时，英国政府又陆续设立农村信贷联合会、农业担保公司、农业信贷公司、农业贷款基金会、地产改良公司等，为农业发展提供资金融通。

由于英国完成工业化时间较早，市场体系比较完善，城乡差别较小，农村土地的市场化程度比较高，农村土地担保贷款主要依靠商业银行办理，形成具有英国特色的以商业银行为主、各种农业贷款金融机构为辅的农村土地金融制度。商业银行在全国也设有众多的分支机构，为农业提供服务。如世界著名的巴克莱银行，其网点遍布英国国内，不仅办理短期的农业贷款，还提供长期农村土地担保贷款。英国其他商业银行亦如同巴克莱银行一样，为农业提供各种金融服务。

---

① 约翰·G. 斯普兰克林．美国财产法精解（第二版）[M]．北京：北京大学出版社，2009：344.

② 孙学美．19 世纪末 20 世纪初的英国土地权利问题——土地权利由土地贵族向佃农转移 [J]．廊坊师范学院学报（社会科学版），2014，30（3）：87－90.

## 三、英国农村土地融资担保的制度启示

### （一）注重对农民土地权利的保护和农村土地经营制度创新

英国的农村土地制度因为历史因素一直与其他国家有着明显的差异，其独有的土地保有制度自中世纪以来就成为英国农村一个标志性的制度安排。英国早期的土地权利制度乃将英国国王/女王（以下简称英王）视为全国土地的所有者，个体唯有以保有地的形式享有土地产权。[①] 近代以来，英国政府始终致力于对农村土地作出与时俱进的改革，在不改变约定俗成的土地保有形态的情况下，其实质与内涵已经发生根本变化。若将英国农民对土地所拥有的权利放在任何一国的农村土地制度体系中考察，其保有制度已经具有了土地私人所有制的全部权利内涵。英国农民对土地的权利是在坚持终极所有权归属于英王或国家的前提下，注重对土地使用权的各种制度创新，竭力实现土地使用效益最大化。英国法律中不强调抽象的所有权归属，而注重财产权的具体利用和运转。[②]

### （二）以土地权利制度改革促进农村土地担保

农村土地担保须以不断革新的土地权利制度为前提。[③] 英国的土地权利制度改革自诺曼征服后就未停止，前后相续千年。英国土地权利制度始终是在土地保有制这一基本的法律关系框架下产生、发展和演变的。保有制的理论依然是当代英国土地法的基础理论。英国法律体系中的“按揭”几经变更，始成今貌。以按揭的形式成立的财产负担乃为英美法律体系中担保权的最主要形态。按揭的发展经历了从质权到普通法上的权原转移担保的演化。按揭的权利内涵不断丰富，其权利结构不断分化，而更有保障的地权能够降低权利保护以及解决土地冲突所耗费的成本，刺激对土地的投资；地权更有保障将增加土地信贷供给量，改善信贷供给不足限制投资的情形，促进投资增加。毕竟，农村土地权利的稳定性与完整性程度关系到潜在的土地权利受让人是否能够对土地形成合理预期，是否愿意进行担保、租赁和转让等土地交易。

### （三）商业银行金融体系为农村土地金融提供服务

英国早期的农业发展主要依赖农业生产技术、土地制度变革来提高劳动生

---

① 梅夏英．两大法系财产权理论和立法构造的历史考察及比较［J］．私法，2001（1）：155－205.

② 王桂芳．英国地产权制度对我国农地制度改革的启示［J］．郑州航空工业管理学院学报，2007，25（1）：17－20.

③ 韩立达，彭迎．国外农村土地使用权抵押的经验借鉴及启示［J］．安徽农业科学，2009，37（36）：18376－18378，18398.

产率。随着国际霸权地位受到挑战以及农业危机的出现，英国政府又开始重视农业。不同于德国、美国、日本普遍存在着合作金融体系，以商业银行为主体对农业提供贷款是英国支持农业生产的最大特色，这主要因为英国是世界上银行制度建立较早的国家，并率先完成了工业化，城乡差别小，农业的市场化水平高于其他国家，农业贷款风险较小，其银行商业网点覆盖全国便于提供农村土地金融服务。

#### (四) 农村土地担保制度具备私法属性，且兼具公法因素

英美法律体系的财产法是以英国普通法的土地保有权为基础建立起来的。诺曼征服后英格兰完备的土地保有制是普通法土地保有权产生的制度基础。亨利二世时期开始，自由保有制土地的司法管辖权逐渐集中到王室法院手中，借助王室法院的一系列占有性诉讼程序，当事人基于保有制享有的土地权益上升到法律的层面，形成土地保有权。农村土地本身与社会利益紧密相连，政府公权力应当适当介入。一方面引导农村土地担保的发展方向，帮助实现土地效用和福利的最大化；另一方面，对土地担保及其利用进行法律规范，以消除个体行为的负外部性。在现有的实际国情下，对于我国农村土地担保问题的内部法权构造和外部制度配套，在以私法的视角进行制度设计时，不应忽视农村土地的社会属性，并考量国家对私人法权模型的适当权力干预。

## 第三节　美国的农村土地融资担保

### 一、美国农村土地担保制度

#### (一) 美国的农村土地权利状况

美国实行土地私有制，农村土地的权利主体享有所有权的全部权能，故其自然包括出售、担保、出租、入股、继承等权益。[①] 家庭农场占据美国农村的大部分土地，家庭农场对于美国农村经济发展有举足轻重的地位。[②] 联邦和州政府对土地保留着土地征收权、土地管理规划权和征收足额的土地税。[③] 从土地产权制度来看，美国土地主要有国有和私有两种基本形式，土地私有一般采取自有自营的形式。[④] 二是土地的市场交易，其通过土地使用权、经营权的有偿转让，扩大农场的规模，加快生产要素的有序组合。总之，美国在土地市场

① 何上华．农村土地承包经营权抵押制度法律研究 [D]．南京：南京航空航天大学，2011：63.

② 李竹转．美国农地制度对我国农地制度改革的启示 [J]．生产力研究，2003 (2)：181-182.

③ 王环．从新农村建设的角度看美国农地产权制度 [J]．世界农业，2007 (7)：6-8.

④ 李竹转．美国农地制度对我国农地制度改革的启示 [J]．生产力研究，2003 (2)：181-182.

上的买卖、担保或出租都有很大的自由度。[①]

## （二）美国农村土地担保的法律

自美国建国初期的《土地法令》建立土地管理局管理买卖土地以来，美国政府历来对农村金融和信贷问题高度重视，并在基本的农业法和统一商法之外，制定了农业信贷方面的诸多法律法令，如《联邦农业贷款法》《农业信贷法》《中间信贷法》[②]《农场贷款法》《农作物贷款法》《农场担保贷款法》《取消农场担保赎回权法》《美国联邦农业完善和改革法》《联邦农业贷款法》《农业信用法》《农业担保公司法》和《紧急农业担保贷款法》等。[③] 在上述法律法规中，尤其以《农业信贷法》（Farm Credit Act）和《农业调整法》（Farm Adjustment Act）最为重要，其成为农村土地融资担保制度的基本保障。[④]

《农业信贷法》最早源于1916年颁布的《联邦农业贷款法》（Federal Farm Loan Act），后经过多次修正，特别是1933年和1971年的两次修法，使之成为一部较为健全的土地融资担保法，该法案的初衷旨在增加农民和农民家庭担保贷款的规模和期限。[⑤] 相比较于同时代商业银行普遍提供的中短期担保贷款，《联邦农业贷款法》所提供的担保无论是在贷款的总量，还是在期限上皆有较大的提升，建立了初步的农村土地融资担保制度。[⑥] 同时，为了方便农民与农场主担保，依照此法案全美被划分为12个农业信贷区（Farm Credit district），每个农业信贷区都设立联邦土地银行（依据1916年《联邦农业贷款法》设立）、联邦中期信贷银行（依据1923年《农业信贷法案》设立）和合作银行（依据1933年《农业信贷法》设立）各一个。1933年联邦政府专门设立农业信贷管理局（Farm Credit Administration）对上述信贷机构进行管理和监督。美国的农村土地金融采取合作社和银行双重体制，自上而下地发展组织结构，先成立联邦土地银行，再在地区成立联邦土地银行合作社。[⑦] 德国与之相反，采取自下而上的方式，先成立各地的土地担保合作社，再设立联邦土

---

① 李威．立法为先市场是本中介组织助发展——浅谈国外土地流转的经验及对我国的一些启示［J］．中国合作经济，2009（11）：49－51.

② 杨同兰．担保权证券化制度研究［D］．济南：山东大学，2011：14.

③ 何上华．农村土地承包经营权抵押制度法律研究［D］．南京：南京航空航天大学，2011：63.

④ 韩立达，彭迎．国外农村土地使用权抵押的经验借鉴及启示［J］．安徽农业科学，2009，37（36）：18376－18378，18398.

⑤ STUART W. SHULMAN. The origin of the Federal Farm Loan Act：agenda－setting in the progressive Era. Eugene：University of Oregon，1999：127.

⑥ GEORGE E. PUTNAM. Agricultural credit legislation and the tenancy problem［M］. Fifth edition. Washington：The American Economic Review，1915：805－815.

⑦ 李世平．国外农地金融制度考察与借鉴［J］．农村金融研究，1999（12）：51－53.

地银行。[①] 此为美国农地金融组织形式的主要特征。

《农业重整法》是美国农村土地担保的另一大法律保障。为弥补商业银行和农村合作金融机构的不足，基于《农业重整法》建立了农村政策性金融机构，包括农业服务局（FSA，Farm Service Agency）、商品信贷公司（Commodity Credit Corporation）、小企业管理局（Small Business Administration）和农业发展部门（Rural Development）等，均具有浓厚的政策性。如农业服务局不以营利为目的，只有在借款人无法从商业银行获得贷款时，农业服务局才给予支持。它的贷款对象主要是难以从农村商业金融、农村互助合作信贷体系和其他途径获取资金的农场主；贷款方式分为直接贷款和担保贷款两种方式；贷款期限一般为7年，最长期限为40年，所提供的贷款具有扶贫性质。

## 二、美国农村土地融资担保的制度启示

### （一）农村土地担保法律制度成熟完备

美国涉及农村土地担保的法律具体包括《农场担保贷款法》《农业担保公司法》《农场贷款法》《中间信贷法》《农作物贷款法》《取消农场担保赎回权法》《美国联邦农业完善和改革法》《联邦农业贷款法》《农业信用法》《农业调整法》和《紧急农业担保贷款法》等。[②] 上述规范性法律文件明确界定了各担保主体的权利和义务，为农村土地担保创造了良好的制度环境，降低了农村土地担保贷款的风险。

### （二）农村土地可以买卖、出租和担保，且农场主拥有确定的土地私有权

美国农村土地基本被家庭农场占有，对于私有农村土地的买卖并不限制，只要农村土地不转化为非农村土地，皆可自由买卖。[③] 农场主按照国家和地方政府规定交纳比较固定的土地税和房产税等。由于不存在历史负担，美国无需对地主土地进行赎买，制度成本较低，此种制度条件是我国等具有长期传统农业基础和漫长土地制度变迁历史的国家所不能比拟的。

美国农业的发展趋势是农业生产的集约化、社会化和农场规模的大型化。美国政府将土地经营权与所有权相剥离，以土地租佃等方式扩大家庭农场的发

---

① 李世平．国外农地金融制度考察与借鉴［J］．农村金融研究，1999（12）：51－53.

② 韩立达，彭迎．国外农村土地使用权抵押的经验借鉴及启示［J］．安徽农业科学，2009，37（36）：18376－18378，18398.

③ 美国按照农场所有关系可分为四类：一是土地完全归农场主所有的业务农场，此类农场数目较多，但规模大多较小；二是部分土地归农场主所有，部分土地为农场主租用，部分业主所有，此类农场面积和规模都占主导地位；三是土地全部租用的农场，此类农场不占主导；四是雇佣经理人经营的农场，即土地所有者委托经理人雇佣劳动力代为经营，此类较少。

展规模；[①] 除了形式意义上的土地所有权和相应的收益权，其他权益皆属于家庭农产经营者。[②] 根据美国法律，农场可以注册成公司或合伙关系以保证土地的完整性；农场土地股份可以作为担保，只允许内部转让，不能退股。农场规模的扩大受益于政府通过联邦土地银行等给农场提供的中长期担保贷款。美国农场生产性投资除自身积累外，外部资金来源占有相当大的份额。1945 年后，美国农场投资的 40%来自借款。[③] 美国的农村金融组织由四部分组成（表 3-1）。

**表 3-1　美国的农村金融组织**[③]

| 金融系统 | 农贷渠道 |
| --- | --- |
| 政府农村信贷机构 | 商品信贷公司<br>农民家计局<br>小企业管理局 |
| 私营金融机构 | 商业银行<br>人寿保险公司 |
| 农业合作信贷系统 | 联邦中间信贷银行（中短期贷款）<br>生产信贷协会（中短期贷款）<br>联邦土地银行（长期贷款）<br>联邦土地银行协会（长期贷款）<br>合作社银行 |
| 个人及其他 | 个人（亲友、邻居）<br>经销商 |

此种体系是美国多年发展过程中，在高度发达的国民经济基础之上形成的。美国的金融系统较为完备，基本上能满足美国农场主的各种资金需求。各种农贷渠道所占比例大概为①私营金融机构（商业银行和人寿保险公司）为 35.3%；②农业合作信贷系统为 29.5%；③个人及其他占 25.5%；④政府农村信贷机构是 9.7%。上述排列反映出其民间经济力量的强大和高度的整合度。由于美国农场规模很大且可以用作担保，使得商业银行对农场贷款的风险较小，从而导致商业金融机构对农业的大规模资金投入。

### （三）农村土地担保贷款操作方式合理规范

美国的农村土地融资担保已经形成成熟的法律规范体系。[④] 例如《联邦农

① 马士正．农地承包权与经营权分置研究［D］．保定：河北大学，2018：98.

② 李竹转．美国农地制度对我国农地制度改革的启示［J］．生产力研究，2003（2）：181-182.

③ 胡必亮，刘强，李晖．农村金融与村庄发展——基本理论、国际经验与实证分析［M］．北京：商务印书馆，2007：57-58.

④ 何上华．农村土地承包经营权抵押制度法律研究［D］．南京：南京航空航天大学，2011：64.

业贷款法》和《农业信用法》等法律，详细而具体地规定农村土地担保贷款的操作方式：①规定贷款用途与对象。农村土地融资担保的金融机构主要面向自耕农和农业企业，贷款的用途也被限定为农业生产和农村土地的开发利用，不得违反该贷款用途。[①] ②规定贷款利率与期限。先前规定融资担保的贷款额度不能高于土地评估价值的50%，其后又变更为土地价值的65%。[②] 贷款期限仍是以提供长期信用为主，期限在5～30年。为了降低银行的经营风险，联邦政府弥补土地担保贷款的全部利息损失。[③] ③放宽土地担保贷款的还款方式。在美国，银行对农村土地担保贷款还款方式的规定较为宽松。

### （四）农村土地地籍管理制度完善

担保贷款的安全性取决于是否有一个良好的地籍管理制度，具体包括农村土地登记制度和土地评估制度等。其一，须具有完备的土地登记制度。农村土地融资担保时，须把土地的基本状况、权利归属、用途、设定土地担保的权利受限事实等予以详尽的登记。[②] 良好的土地登记制度可以使得每块农地拥有自己的"身份证"以示区别。其二，须具有合理的农村土地评估制度。土地担保时会由专业的土地评估人员对土地进行评估，土地评估对于确定贷款金额意义重大，也有利于降低金融机构的法律风险，提高其贷款积极性，使整个担保贷款处于一个良性循环之中。

### （五）重视农村土地合作金融并形成互助合作信贷制度

建立美国联邦土地银行、农业贷款合作社等政策性金融机构，为农村土地担保的运作提供便利。[④] 美国联邦土地银行采取股份所有制，由下面的基层合作社向联邦土地银行交付一定数额的资金作为入股金，联邦银行的股权归下设的全体基层合作社所有。[⑤] 而遍布全国各基层网点的贷款合作社成为农民与美国联邦土地银行的纽带[②]。究其原因，农村土地融资担保业务手续烦琐、程序冗长、涉及的事项众多，以基层合作社为纽带可以避免美国联邦土地银行与每一位贷款农民或农业公司的个别交涉。[②] 合作社通过对贷款发放对象的选择和贷款实施过程的监管，充分减少信用风险并节省贷款成本。

---

① 何上华．农村土地承包经营权抵押制度法律研究［D］．南京：南京航空航天大学，2011：64.

② 韩立达，彭迎．国外农村土地使用权抵押的经验借鉴及启示［J］．安徽农业科学，2009，37（36）：4.

③ ERIK STUBKJAR. Cadastre and economic development：springer berlin Heidelberg［M］．New York：Columbia University Press，2009：265.

④ 虞凤贤．小额贷款公司法律问题研究［D］．昆明：云南财经大学，2013：49.

⑤ 肖东平，陈华．美国的农村金融体制及借鉴意义［J］．当代亚太，2006（6）：23－28.

# 第四节　日本的农村土地融资担保

## 一、日本的农村土地法律制度演进

日本人多地少，但1945年后日本农业获得迅速发展，其中一个重要原因是实现了从封建性的农业转化为个体自耕农为主的农业，再转变为独具特色的农业协同组合系统。

日本是涉及土地法律较多的国家（表3-2）。日本于1952年制定并颁布《农村土地法》，自此正式确立了农民对土地的所有制度。同时，由于该法的颁布，也使得日本农村的土地失去了商品价值，即除了从事农业生产的主体以外均不可以取得农村土地的所有权，并且也不可以改变农村土地的耕作性质。[①]《农村土地法》以保护耕作农民的权利和确保优质土地为目的，实行农民土地所有制，并限制土地使用数量、强化土地管制和禁止土地担保、买卖与租赁。

**表3-2　日本的土地法律法规**

| 时间 | 法规 | 核心内容 |
| --- | --- | --- |
| 1952年 | 制定《农村土地法》 | 确立农民对土地的所有制度 |
| 1961年 | 制定《农业基本法》 | 有选择地培育更多“自立经营农户”，降低农民兼业化经营比例 |
| 20世纪60年代后 | 修改《农村土地法》《农业振兴地域整治法》，制定《农用地利用增进法》 | 创设农业人养老金制度，扩大经营规模，鼓励农田租赁、担保和作业委托等形式 |
| 1993年 | 修订《农村土地法》《农用地利用增进法》 | 提高农业生产单位竞争力，培养新型农业人才 |

《农业基本法》的立法目标在于培育“自立经营农户”、降低农民兼业化经营比例和提高农业生产力。从1962年始，《农村土地法》前后经历了六次修改，但旨在加强农村土地专有性和保护“耕作者主义”的目的却没有丝毫改变，该法始终是通过权利管制和转用管制两个主要手段加强对农村土地的保护。修改后的《农村土地法》允许农村土地担保、租赁和买卖，但是由于地价的不断上涨，农民把土地当作保值增值的长期资产，丧失了担保或转让的内在激励；而对于买地的农民，由于土地价格不断上涨而降低了其买地的积极性。

政府意识到需通过土地使用权和经营权的流动以提高农村土地的经营规

① 泉田洋一．农业金融特质论再考［D］．东京：东京大学，2012：13.

模。其后《农村土地法》的几次修改，以促进农村土地所有权与经营权分离为目标，鼓励土地的租借、担保等。同时，日本重视对农村土地经营主体的扶持和培育，制定了养老金、税收和金融等一系列配套措施以促进农村土地的流转和规模经营。①

1980年日本制定《农用地利用增进法》，进一步鼓励农户担保、租赁或出卖土地。此外，陆续出台《农业振兴地域整治法》《国有农村土地出售特别处置法》《国土利用计划法》《国土综合开发法》《土地改良法》和《国土调查法》等法律法规。② 上述法律法规通过废弃限制农村土地担保之规定，实现农村土地的规模经营。

在日本的民法规定中，不动产的担保物权主要是质押权和担保权，除此之外还有买回权、再次购买预约权、转让担保和代物清偿预约权等也具有担保的功能。在实际的农村金融担保实务中，担保权最为主要，但根据日本法律规定，涉及农村土地的流转需得到行政长官的批准。担保权运行中并不需要转移担保物的所有权，同时该担保物的使用收益权亦未发生变更。然而，一旦债务人到期不能履行，实现担保权极可能发生农村土地的流转，此时需行政长官批准。虽然日本农村土地可以担保贷款，但是实现担保权时不得改变农地性质，且农村土地拍卖存在限制。如拍卖手续复杂，须当地农业土地委员会许可，再如唯有当地农民或农业生产法人具有竞标资格。③

## 二、日本的农村土地担保制度

若考量担保物权制度在日本形成和发展的动因，可以发现日本担保物权制度受法国法律体系、意大利法律体系以及比利时法律体系的影响。从《日本民法典》的具体规定来看，日本担保物权制度亦不如德国法律体系、瑞士法律体系那样纷繁复杂和盘根错节。

如日本的担保权具有明显的附从性（从属性），瑞士民法和德国民法中担保权的独立原则、次序固定原则等在日本担保权制度中并无显现。《日本民法典》制定伊始，担保权始终处于担保物权的核心地位。既往担保物权法的变化

① 王姣．我国土地流转中农民权利保护研究［D］．长春：长春理工大学，2013：8.

② 何安华，陈洁．日本保障粮食供给的战略及政策措施［J］．现代日本经济，2014（5）：62－74.

③ 凡是农地权利转移必须要有知事的批准和市町村农业委员会的同意，凡是未经审批的农村土地权利转移合同都无效。为了有效利用农村土地，日本不仅将各地各类土地置于法律的监控下，而且将土地所有者、土地使用者、土地用途变更的申请者等皆纳入法律监管的范围。

主要是担保物范围的不断拓展，法律通过扩大担保信用的渠道以满足其国内对资本需求。不仅可将土地等不动产用于担保，而且立木（以土地上的树木作为担保物）、工场、铁道、矿业、汽车、飞机、建设机械以及企业等皆可作为担保物，其范围已经从土地等不动产扩大到动产、财团和企业。此种担保物范围的扩大主要通过特别立法完成。[①] 为更好地运行土地担保法律制度，日本还颁行《农村土地法》，专门规定农村土地担保的事项。综上所述，《日本民法典》《农村土地法》以及各类特别法和金融法中涉及土地担保的部分共同构成土地担保贷款法律体系。上述规范性法律文件对于土地担保的对象、贷款期限、贷款用途、贷款程序等皆作了较为明确的规定。如担保对象上，土地所有权人可以设定担保，永佃权人亦可以在永佃权上设定担保；担保权的设定须登记，并通过土地价值评估确定贷款的额度；担保贷款的用途主要限于购买各类农业生产资料或者进行土地开发。

日本的土地担保法律制度随着社会发展，在立法和司法判例中产生一些新的修正和补充，如担保权人可根据物上代位规则收取担保物租金。[②] 与质权相较，担保权一个重大优势在于确保担保人能够收益和使用。[③] 面对土地价格下跌、经济衰退的社会情势，为确保债权人利益，减少不良债权的数量，通过该做法达到强化担保权效力、帮助债权回收之目的。[④]

日本的农村土地金融借鉴德国的经验并有所创新，其农村金融系统主要由以下部分组成：农林渔业金融公库（政策性金融）、农村金融合作体系、一般商业金融和农村信用保险保证系统。其一，农林渔业金融公库为难以从农林中央金库和其他一般金融机构筹资的农林渔业者提供低息、长期资本，以促进农

① 如《农业动产信用法》《立木法》《矿业担保法》《铁道担保法》《工场担保法》《汽车担保法》《飞机担保法》《企业担保法》和《建设机械担保法》等一系列法律，使得日本的农业资本通过扩展融资手段以摆脱危机。参见近江幸治．日本民法の展开（2）特别法の生成—担保法［C］//广中俊雄、星野英一，编．民法典の百年（Ⅰ）［M］．东京：有斐阁，1998．该文的中文译文见段匡，杨永庄．日本民法的展开——特别担保法［C］//民商法论丛·第17卷［M］．香港：金桥文化出版（香港）有限公司，2000：371．

② 《日本民法》的相关规定内部存在矛盾。第371条规定，担保权之效力原则上不及于担保物之孳息，于是租金不属于担保权效力所及之范围。而第372条却规定担保权可以准用先取特权的物上代位规定，即第302条。而该条承认对先取特权标的物的孳息进行物上代位，于是，对担保物孳息的物上代位似乎亦非不可。针对究竟哪个条文应优先适用，学界展开了激烈的争论。及至最高裁判所平成元年10月27日判决，允许担保权人对租金行使物上代位权，从而将第371条的适用范围局限于天然孳息。至此，虽然日本学界仍有不同声音，但实际上针对租金的物上代位最终获得立法上的承认。

③ 高木多喜男．担保物权法［M］．东京：有斐阁，1993：890．

④ 张巍．日本担保物权法修改之初步研究［J］．北大法律评论，2004（4）：17．

林渔业发展。[①] 其二，日本农村金融合作体系由中央农林公库、日本农业协同组合及其市、町、村基层机构组成。中央农林公库的业务主要是在全国范围内融通、调剂、清算系统内资金，发行农村债券。日本农业协同组合是连接中央农林公库和市、町、村农业协同组合的桥梁和纽带。

## 三、日本农村土地融资担保的制度启示

### （一）以政府为主导推进融资担保

政府通过立法等手段，为农村土地担保培育良好的法制环境。如1993年日本用《农业经营基础强化促进法》取代《农用地利用增进法》，其内容主要包括：**第一**，鼓励其他经济主体参与农村土地经营。**第二**，农村土地担保、租赁或转让无须当地农业土地委员会的许可。**第三**，以农业协会为主，发展“有效率和稳定的农业经营体”，引导土地向政府认定的“生产经营者”集中，促进土地经营规模。

### （二）苛严的农村土地交易管理制度

《农村土地法》旨在保护农村土地的专用性，其严格限制农村土地的处分行为，即在处分农村土地时必须要得到其所在管辖区域行政长官的许可。对于该行政长官的许可行为，日本学界认为其并不是农村土地权利设定、权利转让时行为的成立要件，而是法定的效力要件。故而，若未取得行政长官的许可，则在申请农村土地所有权转让以及设定租借权时登记机关是不予受理的。也正是源于该法旨在保护农民对土地享有的所有权以及农村土地的耕作机能，所以该法不仅在土地所有权人的资格上进行了严格的限制，而且土地的使用权和收益权上也严格限定在从事农业生产的主体上，在所有权以及使用权和收益权发生主体变更时需要该土地所在管辖区域的行政长官的许可方可生效。因为即使没有转移农村土地的所有权，在土地使用权和收益权发生主体变更时，也极有可能会出现使用权人对土地进行耕作之外的活动，这违背了日本对农村土地保护的原则，所以依然需要行政长官的许可。《农村土地法》的实施导致农村土地出现了流动性差、担保率低的问题。据日本经济产业省的数据，2013年通过农村土地进行担保融资的比例不足1%。[②]

### （三）成立不以营利为目的的农业土地管理公司和促进土地流转的中介组织

成立农业土地管理公司，其由国家、地方政府和农业协同组合（农协）联

① 王峥．上海现代农业发展的金融支持问题研究［D］．上海：复旦大学，2010：54.

② 资料来源：日本农林水产省主页 http：//www.maff.go.jp/j/keiei/kinyu/，2018年9月20日。

合组成。农业土地管理公司或土地流转中介组织流转获得的农村土地权利，可再流转其他农业企业或农民。① 土地流转期一般为十年，由农业土地管理公司或中介组织一次性付给农户十年流转金，土地经营者则只需按年支付租金。同时，成立农业协同组合（农协）和农地保有合理化法人等组织，促进农村土地的有序流转。②

### （四）农村自助合作组织在农村土地金融中扮演着重要角色

农民合作组织对农村土地担保融资发挥着重要作用。在当今日本的农村金融体系中，主要是通过日本农业协同组合来实现融资贷款。日本政府对农民贷款的扶持主要表现为对合作金融的扶持，而且在贷款来源上，合作金融的比例也较高，而其他来源都比较低（表3-3）。

**表3-3 日本农户信贷来源状况**

| 信贷来源 | 农业协同组合系统 | 公库及其他财政资金 | 银行等一般金融机构 | 个人及其他 |
|---|---|---|---|---|
| 份额 | 53.9% | 15.8% | 14.2% | 16.1% |

单个自耕农的生产方式不利于获取贷款，也不利于提高农业生产效益。虽然日本的农村金融机构构成上与美国基本一致，但是各种来源比重却存在巨大的差异。造成两种差异的原因在于两国农业生产条件和发展历程的差异。美国是典型的大农场，集约化、社会化的生产方式为商业银行等金融机构的参与创造了条件；而日本则属于典型的人多地少，因此，既需要政府的支持，也需要农户相互之间的合作。日本的农业协同组合、农地保有合理化法人及各种专业生产组合等中介管理组织对日本农村土地金融起着重要作用。

## 第五节 典型国家或地区农村土地融资担保的制度启示

世界各国的农村土地制度各异，但存在着本质的规律可循。由于各自的

① 谭永梅．农户土地流转模式选择影响因素研究［D］．武汉：华中农业大学，2017：87.

② 日本的农地保有合理化法人具有土地流转的中介功能。其一，为城市中的农村土地遗产继承者提供土地租赁服务。它从身处城市的农村土地遗产继承者处租入土地，再将土地出租给邻近的农户。其二，为农村土地租赁和买卖双方提供数量和时间上的调整。数量上，它将各家各户分散的小块土地购买过来，再将其一次性出售给需求方；时间上，它可凭借土地中介的信息优势，为不同租期需求的主体提供服务。其三，相较于单个农户，它可以在较大范围内发现需求方，为土地处分者找到土地转入者，促进农村土地交易。

时空特点，必然会选择不同的操作模式。比较德、英、美、日等国的农村土地融资担保制度，不难发现在现象背后蕴涵的本质与规律。

## 一、农村土地立法促进和保障土地担保实践

### （一）农村土地的有效担保须以国家立法和政策支持为保障

农村土地法律规范是对农村土地担保行为进行规范和约束的有效保障。上述国家或地区基本形成一套农村土地使用权流转的法律规范体系，使土地担保有法可依、有制度可循。借鉴国外农村土地立法经验，我国在农村土地立法中应积极利用法律手段调整各方的土地权益，综合利用私法和公法诸多法律手段对农村土地进行规范和调整。故而，我国也应完善农村土地担保方面的立法，根据农村经济和社会发展以及整个国民经济和社会发展的变化，及时赋予农村土地使用权担保权能，并在法律上构造我国的农村土地权利担保法律制度。

### （二）拓展担保在内的农村土地流转方式有利于实现规模经营

农村经济和现代农业的可持续发展必须实现土地的规模经营，而土地的规模经营有赖于农村土地的自由流转。① 三者之间存在一种内在的逻辑关系，规模经营的实现要求农村土地使用权自由流转（包括担保），而农村土地使用权流转的结果又会导致土地的适度规模经营。如日本多次修改《农业振兴地域整治法》和《农用地利用增进法》等。纵观世界范围内典型国家或地区的土地立法，皆强调包括担保、出租、转让等在内多样化的土地流转形式。② 农村土地担保的赋权性规定不仅使农村土地经营者获得更多选择流转方式的机会，而且适应了现代农业国际竞争环境中农村土地担保融资和规模经营的需求。

## 二、农村土地权利制度的革新是担保制度有效运行的前提

### （一）土地所有权并非是农村土地担保运行的地权秩序所需之必要条件

虽然各国农村土地立法的路径和方式不尽相同，但都以建立适应各自社会经济发展需要的土地权利制度结构为基本目标。农村土地权利制度创新要与生产力发展相适应。上述国家或地区已经实现了农业现代化，但其农业发展都是从农村土地权利制度改革开始。

土地所有权权能分离程度——不仅要求所有权与使用权分离，且应允许土地使用权设立担保所有权权能。与所有权相分离是土地所有权制度发展的必然

① 陈文盛．休闲农业与美丽乡村建设协同发展研究［D］．福州：福建农林大学，2016：201．
② 刘颖．淮安市淮阴区政府农村土地流转管理研究［D］．大连：大连海事大学，2018：65．

要求。土地所有权权能分离的不充分成为制约我国农村土地担保的重要因素。我国的土地所有权不能担保，在这种情形下，土地所有权与土地使用权相分离，用益物权的意义特别是土地使用权在民法中凸显出来。土地用益权作为土地权利制度的重心已经成为现实。城市国有土地使用权可以设定担保或有偿转让，已经获得显著的土地收益，与之相较，进一步强化农村土地用益物权的担保权能是我国农村土地立法的必然选择。

### （二）立法重心从农村土地所有权向农业企业或其他土地规模经营者转移

农村土地所有权在农业法律制度体系中的地位逐渐边缘化。从法律层面观之，在已经完成农业现代化进程的大部分西方国家，农村土地更多的不是与所有权相联系，而是与农业企业或其他土地规模经营者相关联。当农村土地所有权人与土地规模经营者并非同一主体时，在农业经营主体和所有权的对立关系中，前者被视为建立在经营活动基础之上的动态关系，后者则代表了对物享有排他权能的静态关系。农业企业等经营主体作为生产的社会工具，在利益比较中超越了所有权。因此，在对农村土地流转法律规范所有的修订中，有利于农业企业或其他土地规模经营者的趋势占据了主导地位。即使在农村土地所有权人与农业企业主或其他土地规模经营者相同的情形下，在农村土地与农业企业的二元关系中，农村土地也仅仅作为后者的生产要素之一，与其他农业资产以及农业劳动者共同被纳入农业企业的生产体系，并协同运转。随着现代技术的发展，一些重要的动产以及高度专业化劳动的价值已经超越土地本身的价值。在法律层面上，农村土地已不再是现代农业生产的本质基础和唯一特征，农业立法和政策关注的重点不再是农村土地权利，其以农业企业等土地规模经营者为中心构筑农村土地法律体系。

## 三、对农村土地担保的合理限制

### （一）农村土地担保物价值的限制——部分担保原则

考虑到农村土地的社会保障属性，立法禁止将农村土地的全部价值设定担保，而须预留维持其基本生活的土地。德国的农村土地融资担保仅能获得土地评估价值 1/3～1/2 的贷款金额。① 美国《联邦农业贷款法》规定：以农村土地担保贷款，至多能批准土地总价 50%的贷款金额。② 我国各试点地区的实践

① 李延敏，罗剑朝．国外农地金融制度的比较及启示［J］．财经问题研究，2005（2）：84-88.

② HACKLEY. Lending functions of Federal Banks：board of governors of the federal reserve system［D］. Washington：Washington University Press，1973：44-46.

中也出现部分担保的规定，特别对于农村土地经营权担保，须留够足以保障农民基本生存的土地，如有的地区规定不得少于0.5亩，有的地区规定按照担保物价值的一定比例设定担保而不能按照全部价值担保。

### （二）担保权登记之限制

主要体现在三方面：①农村土地之担保权限制。耕地所设定担保权的最高金额不能超出担保权设定时公告土地现值与承受耕地面积乘积的3.5倍。②原住民保留地的特别规定。[①] 原住民保留地的耕作权不能设定担保，以保障原住民的基本生存权。③监护人处分不具有完全民事行为能力的子女所享有的土地权利时，须在申请登记时表明是为该子女的利益而进行处分。[②]

### （三）农村土地的整体担保与整体继承规则的要求

对农村土地流转的限制还表现在对农地继承的严格规定上，为确保农村土地生产的适当规模，防止土地的过分细碎化。如德国和法国等皆规定了土地的整体继承规则。依据该规则，低于一定面积或一定价值的农业土地只能由其中一个人继承，其他继承人则获得相应的价金补偿，不允许对土地进行分割。如《法国农业法典》规定：农场继承权由农场权利主体的配偶或一个子女继承，其余继承人可从新农场权利主体处获取一定数额的现金，其法律目的意在保持农场的规模经营。[③]《法国农业指导法》还规定：私有农村土地一定要用于农业，严禁弃耕和在土地上商业开发；对于弃耕者，国家有权征购，提高土地税或让其出租，且规定土地转让不可分割，只可整体继承或出让；[④] 法国农村土地立法的意图在于促进农村土地规模化经营，改变农村土地的细碎化经营模式。

## 四、国外农村土地担保制度的配套机制

### （一）设立具有政策性金融机构性质的农地金融机构——土地银行

许多国家或政府成立了具有政策性金融机构性质的农地金融组织，如美国的土地银行、德国的土地担保合作社。印度也设置了农村土地银行，该组织为政策性金融机构，所需资金通过中央银行发行土地债券筹集，农民以农村土地

---

① 资料来源：《原住民保留地开发管理办法》第42条。

② 资料来源：《土地登记规则》第39条第1、2项。

③ 张新光．农业资本主义演进的法国式道路［J］．河北学刊，2009，29（2）：96-101.

④ 赖作莲．土地流转与职业农民培育——基于美、英、法、日等国的经验［J］．经济研究导刊，2014（22）：34-35.

担保可获得贷款，用于农业方面的开发和农村土地资源的利用。①

### （二）恪守合作金融原则，合作社是国外土地金融的重要基层组织

由于涉农贷款成本较高，需要使借款的农民自己组织起来，成立基层合作组织。如德国土地担保合作社和美国土地银行合作社等。英国不同于德国、美国，它以商业银行为主体对农业提供贷款，但这主要因为英国是世界上建立银行制度较早的国家，并率先完成了工业化，城乡差别小，农业的市场化水平高于其他国家，担保贷款风险较小。日本在实现城市化和农业现代化过程中，面临传统家庭经营和零散性农业与现代农业规模经营的矛盾，通过实行农村土地改革，以和平赎买的方式将土地所有权或经营权进行再分配，形成“耕者有其田”的农民所有的土地权利制度，并建立小农经济基础之上的综合性农业合作社体系，在东亚实现了农业城市化和现代化。

### （三）非营利组织及中介组织促进了农村土地担保

成立促进土地流转的非营利组织及中介组织是实现农村土地市场化的必要条件。如日本成立了农业土地管理公司等促进土地流转的中介组织。该农业土地管理公司从欲租赁或转让土地的农户处取得土地权利，而后再将该土地出租或转让给其他农户或农业生产单位。作为政府，在农村土地担保中的基本职能是为担保权的公平运行提供法治保障和安全的市场秩序，以降低农村土地流转市场中的交易费用。②

综上所述，虽然农村土地担保制度在不同国家存在明显的共性，但是在具体到某一国家的具体国情时，应依据本国实情而选择适宜的农村土地担保法律制度，其制度构建应充分地考虑国情不同所带来的约束。选择何种方式的农村金融组织方式，如何运作这一复杂的制度体系，必须根据各国具体条件来审慎选择。因此，构建我国的农村土地担保法律制度不能照搬国外的模式，应结合本国实际情况，方能找出正确且适合我国国情的制度模式。

---

① 周小全．城乡一体化下的农地金融［J］．中国金融，2012（17）：57－58.

② 赵淑芹，唐守普．当前农地流转的形式及效应［J］．石家庄经济学院学报，2010，33（6）：91－95.

# 第四章

# 我国农村土地融资担保的法律设计

## 第一节　农村土地融资担保的主体

### 一、农村土地担保的担保人

#### （一）担保人范围具有开放性

农村土地融资担保的担保人包括集体成员和非集体成员。从长远观之，农村土地权利的身份性和福利性将随着城乡一体化的发展而逐步消亡，其存在具有阶段性和过渡性。何种主体能成为农村土地权利的主体，应回归农民集体本身，即经由农民集体成员的集体成员大会予以议决，而不管其是城镇居民还是农村居民。唯一不能变更的是农村土地的所有权性质与用途。

从土地承包经营权来说，经营权从承包权中剥离出来，因此经营权的主体范围要比承包权主体大得多。承包权的取得有严格的条件限制，承包权的取得与农民集体成员资格挂钩；而对经营权主体资格的限制要少得多，包括农民、农户、家庭农场、合作社、农业企业、农民集体以及其他民事主体等皆可能成为经营权的主体。

宅基地使用权的担保人包括集体成员或非集体成员。集体成员基于其身份可以原始取得使用权，而实行宅基地使用权有偿制度和期限制度之后，非集体成员亦可继受取得使用权，上述两主体可以将享有的宅基地使用权设定担保而成为担保人。

集体建设用地使用权的担保人包括农民集体和集体土地使用权人。使用权主体包括所有权人（土地的自行利用者），以及通过物权设定方式和债权方式、借助法律行为和非法律行为取得物权性质或者债权性质集体建设用地使用权利的权利主体。随着社会的逐步发展，“乡（镇）农民集体”和“村民小组”将不适宜作为农村集体土地所有权主体，故基于农民普遍的观念和习惯认识，并考量其心理上的接受度，立法上应逐渐明确“村集体”为集体土地所有权的主体。

**1. 农民集体成员**

作为担保人的农民集体成员，必须具有非农职业或具备稳定的收入来源。农村土地的社会保障功能渐趋弱化，然而在一定过渡性的历史时期内仍需考量农民的社会保障问题。[①]

**2. 农户**

农户并不是一个法律意义上的概念，同时也是一个不确定的概念，婚姻状况的变化和人员的改变皆能引起农户的变化，作为一个过渡阶段的民事主体，其将逐渐走向衰亡。但基于实践中以“户”承包集体土地和申请宅基地的事实，也应考虑以“户”的形式担保的情形。内部关系上，户内部的权利义务分配上并非均分，但对农村土地权利担保事务属于共同共有事务，理应由农户中家庭成员共同决定，即使有的家庭成员尚不具备完全民事行为能力，也应由家长通过法定代理程序为之。[①]外部关系上，应类推适用《中华人民共和国物权法》（以下简称《物权法》）第 102 条规定，在法律上农户中的成员对该担保贷款均负连带清偿责任。

遵循自然人或法人权利主体为法律行为的法律本质，“农户”在农村土地权利担保法律关系中的民事主体地位将随着社会发展逐渐被农民个体、家庭农场、农民专业合作社和农业公司等新型民事主体所取代。

**3. 新型农业经营主体**

种植大户、农业合作社、农业企业和家庭农场等都属于新型农业经营主体的范畴。随着现代农业的发展，新型农业经营主体是一种全新的农业经营组织，种植大户和家庭农场是家庭经营，农业合作社和涉农企业可以是合作经营或集体经营，也可以采用公司经营模式。

### （二）“农民集体”的民法化改造

在国家、集体和农民三者的关系框架内，农村土地权利结构的革新意味着至少要面对三个部分的限制：国家利益的维护、集体组织的利益、集体内部土地权利和义务的公平划分。[②] 法律本身是各个利益主体博弈最终达到的一种权利义务的平衡状态。[③]

对农民集体进行民法改造时，选择法人形式或非法人形式是一个难题。笔者认为应在法律中明确农民集体的含义，并将其界定为私法人，以便为农村土

---

① 王冠玺．从法律视角谈我国农村土地融资的相关问题与建议［J］．财政研究，2010（8）：27－31.

② 刘守英．土地制度与农民权利［J］．中国土地科学，2000，14（6）：13.

③ 高飞．论集体土地所有权主体之民法构造［J］．法商研究，2009，26（4）：10.

地权利担保等相关民事行为提供法律依据。

学术界针对农民集体的非法人团体改造提出三种典型观点，即合有、集合共有和总有。合有模式中农民集体的权利义务是由全体农民承担，农民以群体形式拥有集体土地所有权。[①] 但是，在集合共有模式下，农民集体是自然人以群体集合形成的共同体。这与我国国家性质和基本经济制度相背离，囿于政治的刚性约束，这种形式显然是不可行的。多数人的相互结合构成总有，但其是以一个团体的形式存在。[②] 总有权与现行土地所有权具有一定的相似性，但是分析整个历史发展进程，土地总有团体并没有持续保持非法人团体的状态，其受到罗马所有权理念的熏陶，终而形成了法人形态。何况因受罗马法传统的影响，我国集体土地所有权并非普通的私权利，其表现了集体共有利益的私权利。故而，亦应抛弃把农民集体界定为财产是"总有"形态的其他组织的观点。[③]

从我国法律所确认的民事主体形式来看，应对集体土地所有权主体进行法人化改造。当前代表性的法人改造方案有四种模式，即农村社区法人制模式[④]、自治法人制模式[⑤]、农业合作社法人制模式[⑥]和股份合作社法人制模式[⑦]。农村集体土地所有权被虚置化是农村现实场景中无争议之事实。集体土地所有权欲成为一项真正的权利，改造的重点在于农民集体"实体化"，旨在解决现行集体土地所有权的主体"虚置"和"缺位"问题，从而祛除现行集体土地制度之病根。所谓"农民集体"本身即是一种社区集体组织，而在实践中可以将集体成员组织起来的途径是客观存在的。在江浙一带的农村，作为集体组织代表的各种经济组织在地方立法的授权和约束下行使着管理经济的职能。在实行土地股份合作制的地区，农民已经通过各种股权的设置明晰了其对集体资产的收益比例。上述地区实践不但说明集体资产的管理和使用呈现出越来越清晰和有序的态势，亦体现出农民有进一步组织起来行使和维护自己权利的意愿和渠道。随着上述实践的拓展与推广，农民集体就

① 王铁雄．集体土地所有权制度之完善——民法典制定中不容忽视的问题［J］．法学，2003（2）：41-47.

② 韩松．集体所有制、集体所有权及其实现的企业形式［M］．北京：法律出版社，2009：136.

③ 韩松．论集体土地所有权的性质［J］．河北法学，2001（1）：18.

④ 张广荣．我国农村集体土地民事立法研究论纲［M］．北京：中国法制出版社，2007：131.

⑤ 黄辉．农村土地所有权制度探讨［J］．现代法学，2001，23（4）：116-120.

⑥ 胡君，莫守忠．集体土地所有权主体的反思与重构［J］．行政与法，2005（12）：85-88.

⑦ 綦好东．我国现行农地产权结构的缺陷及重构的实证分析［J］．农业经济问题，1998，（1）：18-22.

可以进化为“农民集体组织”。通过对“农民集体”的再组织化，做实集体土地所有权的行使主体——农民集体组织，将其定义成自主经营和自负盈亏的法人，并进行民法化构造。

各地可根据经济发展和社会环境的需要，选择在当前村民自治模式的基础上将其改造为自治法人形式，亦可选择合作社、股份合作社、公司制等法人形式。无论采取何种法人形式改造农民集体，均应将其定位为私法人，并去除一直承担的行政职能。保护农民的权利自由，进而实现农民的生存和发展，是民法化改造进程中应遵循的普遍价值准则。① 明确“农民集体所有”的性质和主体地位，从立法技术上分析，全国人大常委会可针对《民法典》中的集体所有权进行详细的解释。农民集体组织的建立需要以一定的农业人口和土地为前提，因而在很大程度上调整了农村的社会关系，也会牵涉国家政策，并不是完整意义上的意思自治。在设立农民集体组织时，需要采用特许的方式，并且需要经过法律和国家的许可。简言之，农民集体组织的设立应采取特许主义设立方式，必须经过专门的法律或国家的特别许可，从成立之日起即具有法人资格，不要求办理法人登记。

目前农村社会仍然存在村农民集体、村民小组农民集体和乡镇农民集体三种形式，而且此种情形在今后相当一段时间内不会改变。② 因此，立法上确认三种农民集体并存的社会现实契合农村土地权利担保运行的现实需求，并有利于减少当下制度改革的成本，但长远来看，待立法条件成熟时理应将三级农民集体改造为村农民集体为宜，即确立“村级农民集体”作为单一主体。③

农民与集体之间权利义务关系的不明确是集体及其成员无法建立起真正民事法律关系的关键所在。二者的关系长期停留在计划经济时代所确立的固定模式化的公有制之上，其最大特点就是只有理论上的集体关系，而无实际上的可操作性。任何一个集体成员都不享有对集体任何部分财产的直接支配权，实际

① 高飞．论集体土地所有权主体立法的价值目标与功能定位［J］．中外法学，2009，21（6）：851-866.

② 国家立法上及地方立法上亦出现很多称谓，如农民集体、农村集体组织、农村集体经济组织、乡镇集体经济组织、村民委员会、村民小组、村集体成员集体等，这不仅一定程度上造成混乱，且极易产生农村集体土地所有权行使上的冲突。加之实践中，往往由村民委员会代位“集体经济组织”行使集体土地所有权。作为村民自治组织的村民委员会具有了公私双重角色。

③ 乡镇规模的扩大带来了全乡（镇）农民直接参与的不可能性，组织全体成员参加决策势必面临高昂的组织成本；村民小组组织形式不健全、功能逐渐退化，其制约了集体土地的优化配置与规模经营；农村基层民主自治建设为塑造村级集体土地所有权提供了良好的民主土壤和丰富的自治经验。

上是一种只具象征意义的所有制，而不能直接落实到民法的权利义务上。因此，有必要重新建立起集体与其成员之间的民事权利义务关系。

（1）农民集体民法化改造的直接方式。

农民集体改造为民法上的法人，使其具有独立的法人人格。将集体与成员之间的关系股份化，可以设立村民（股东）大会、集体委员会（董事会）和村民监事会等机构，分别承担起权力机构、决策执行机构和监事机构的职责。农民集体作为法人对其集体范围内资产享有所有权，农民成为股东，其对集体享有股权，以行使表决权方式形成集体意思，同时通过从集体中分红（股息）的方式体现其对农村土地的收益权。

（2）农民集体民法化改造的间接方式。

所谓间接方式，乃赋予产生于所有权的用益物权与所有权相同级别的地位与保护。集体成员作为集体法人股东和作为集体土地的用益物权人并不必然发生冲突。淡化农民集体所有权，使其衍生出的用益物权具备“类所有权”属性，承担农村土地流转中权利起点的作用。如德国的地上权具有一种类所有权的性质，这种“类所有权”的属性不仅与大陆法系的物权法传统有关，而且在我国传统社会的土地权利中也有据可寻。如我国古代一直都存在所谓“田骨”（土地所有权）与“田皮”（土地使用权）相分离的产权经营模式。集体所有权的存在使得农民在法律上失去了对土地进行直接支配的理由，而集体自身的缺陷又使其无法真正承担起组织农民对土地进行支配与收益的职责，故直接越过集体所有权而给予集体土地上的用益物权以充分的法律保护，这意味着在不改变所有制基础的情况下，实现了“地权归农”的改革理想。给予农村土地使用权与所有权一样的保护还需要法律的修改完善以及细化权利存续时间、权利流转的限制、权利内容的限定等问题。

## 二、农村土地担保的担保权人

### （一）设置专门的担保权人——农村土地银行

#### 1. 国内各试点地区的担保权人

国内试点地区的实践中，担保权人最主要的群体是银行等金融组织，包括农业银行、农村商业银行和信用合作社等。目前金融机构缺乏推行农村土地担保的动力，政府多采取行政方式干预该担保业务的推行，然而村镇银行、小额贷款等新型农村金融机构并不能从根本上解决有效金融供给的问题。部分试点地区参与农村土地担保的金融机构见表 4－1。

**表 4-1 部分试点地区参与农村土地担保的金融机构**

| 试点地区 | 金融机构 |
| --- | --- |
| 浙江温岭市 | 农村合作银行 |
| 浙江宁波市 | 农村信用合作联社 |
| 浙江温州市 | 农村信用合作联社 |
| 湖北荆州市 | 中国邮政储蓄银行 |
| 湖北武汉市 | 农村商业银行 |
| 宁夏平罗县 | 农村信用合作联社 |
| 重庆江津区 | 国家开发银行 |
| 福建明溪县 | 农村信用合作联社 |
| 辽宁法库县 | 农村信用合作联社 |
| 山东寿光市 | 寿光村镇银行、农村商业银行、潍坊市商业银行寿光支行 |

**2. 我国土地银行的实践雏形**

20 世纪初，欧美的土地金融思想传入我国，南京国民政府和个别地方政府也进行过土地金融的实践探索，但由于战争和社会动荡等原因，虽取得一定成效，但皆没有成功。20 世纪 80 年代，贵州湄潭县借助农村改革试验区的契机开展过土地金融公司的尝试。试点改革以来，各地区设立各类“土地银行”，如浙江绍兴“土地股份合作社”、山东诸城“土地信托中心”、宁夏平罗“土地信用合作社”和河南光山县江湾村的土地信用合作社联合社等。

上述试点性的“土地银行”在性质上仍属于土地流转的中介组织或土地托管中心，或归属于自营型的土地股份公司或土地股份合作社，皆不属于正规的金融机构，远非独立的资本型的法人组织，缺乏资金融通功能的机构不能称其为真正意义上的银行。

**3. 担保权人的范围应具有封闭性——农村土地银行**

我国担保权人的主体范围应被限定为依照国务院批准设立，并接受中国银行保险监督管理委员会监管的“土地银行”，即随着社会的发展与进步，担保权人应被限定为唯一主体——农村土地银行。如果一般的自然人或普通企业法人成为担保权人容易产生两个问题：一是可能引发高利贷；二是可能引发以担保为名的私下土地买卖。故担保权人的范围应具有封闭性，对担保权人限定的主要出发点是，基于农村土地处置变现的困难与《中华人民共和国商业银行法》（以下简称《商业银行法》）所规定的商业银行不得自营不动产，同时也使得农村土地担保的金融风险更容易得到控制，并避免农民的基本生存权利受到威胁。

通过调研发现，有必要建立专门的金融机构——土地银行作为担保权人，构筑土地银行是破解农村土地融资担保难题的现实需要。当前新型农业经营主体融资程度不高，获得贷款的期限较短，大多数农业经营主体具有农村土地融资担保的强烈意愿，但实际获得农村土地担保贷款者不多，且农村土地担保贷款的平均年限高于普通贷款期限。农村土地银行是农业市场化、土地金融化的产物。

国外也成立了具有类似于政策性金融机构性质的农用地金融机构。世界范围内主要存在两类农村土地担保金融组织形式：**一种是**以德国为典型的自下而上的组织金融机构。农民以自愿的方式建立土地担保合作社，逐渐向上发展为联合社和联合银行，其优点为组织机构自发化、层次化和高效化，但缺点是自发形成过于漫长，且对合作社的经济实力要求高。**另一种是**以美国为典型的自上而下组织金融机构。政府建立或指定一家专门的金融机构承接担保业务和发行土地债券，其优点在于能高效地建立农村土地金融制度。美国建立联邦土地银行，以确保农村土地担保的运作。联邦土地银行下设的各个农业贷款合作社须向联邦土地银行缴纳一定数量股金，银行股权归下设的全体合作社所有。

印度也设立了土地银行担保贷款，其贷款时长多在 5 年以上，农民用土地做担保，通过各种方式赎回担保的土地或者清偿贷款等，譬如购买农业设备、对农用地土壤进行改良。越南的南方因土地市场成熟，故以农田设定担保较为普遍。① 可见，我国农村金融体系应考虑设立类似农村土地银行的政策性金融机构。②

建立我国农村土地银行是以农村土地权利为担保，向农业经营者发放中长期贷款，同时农村土地资产证券化也是其运转的关键环节，可以农村土地担保贷款设立质权，并发行债券募集所需资金，担保贷款债券发行的风险分担机制可贯通证券、银行和保险等行业，有利于乡村振兴和城乡一体化发展，更有利于社会资源（包括土地、资金、技术和劳动）的优化配置。②

### （二）农村土地银行的制度设计

实施乡村振兴战略，解决新型经营主体对土地担保的融资需求，亟须设置适合我国国情、符合农村实际的土地银行。

---

① 理查德·T. 伊利，爱德华·W. 莫尔豪斯．土地经济学原理［M］. 北京：商务印书馆，1982：97.

② 李剑阁．为什么中国需要发展农村土地银行［N］. 金融时报，2018－8－13（3）.

**1. 性质与定位**

构建中国特色的农村土地银行，可在性质与功能定位上将其界定为政策性金融机构。农村土地银行的准公益性决定其不适宜由民营企业经营，除英国外，绝大部分国家的土地银行为国营或准国营。[①]

**2. 业务范围**

业务范围上，农村土地银行应以土地担保贷款为核心业务，同时兼营土地债券、土地证券以及其他土地资本金融服务等业务，其资金筹措可通过政府财政出资入股和发行土地债券实现；同时，可以构建多元化投资融资体系，如开展农村土地权利担保、发行“土地债券”、以土地储备基金和发展基金为基础创建多元化投资融资体系，确保农民的融资路径畅通。

**3. 组织架构**

可以先设置全国性的农村土地银行，而后在运行成熟的地区再行设置土地银行分支机构，不必全国各地皆设置分支机构。美国自上而下设置联邦土地银行，先有全国性金融机构，再于各地设置土地银行分支；德国自下而上设置土地银行，先有土地信用合作社，而后再形成全国性的土地银行。由各试点地区的运行实践可以发现，各地在经济发展水平、城镇化水平、农村金融成熟程度、农民收入结构、农村土地的担保意愿和担保成功获得率等诸方面差异明显。具体而言，可以现有的农村金融组织架构为基础，以中国农业发展银行为主体，在省和地市一级设立农村土地银行，其主要负责制定土地担保相关规范性文件、发行土地债券和负责资金清算等，而在条件成熟的县或区级设立农村土地银行分支机构。

### （三）农村土地银行的运行

农村土地经营权、宅基地使用权和集体建设用地使用权可以由权利主体通过农村土地银行设定担保融资贷款。农村土地银行属于政策性金融机构，专门承接农村土地担保融资贷款业务，同时可以发行土地债券，并与土地权利收储与市场交易中心建立合作关系，该中心可将土地银行交付的土地权利予以市场流转，以确保担保权实现。政府投资入股组建农村土地银行，并对其业务开展提供政府担保。

土地收储与市场交易中心须是独立的非营利性机构，拥有独立的财务权和人事权。其资金来源上，可由地方政府直接拨款，同时对农村土地产权交易项目按照一定比例收取费用。在组织机构上，可以建立多级的土地权利收储与市

① 王震江．中国农村土地银行研究［M］．北京：中国金融出版社，2018：216.

场交易中心，即省-市-县三级的交易中心。

就农村土地融资担保违约后的担保物处置问题，欧洲国家和美国等发达国家的农民对土地享有完全产权，处置其违约后的担保物较为简单。美国土地银行主要以减免利息或借款期限延展等方式避免产生大量的不良融资担保。法国土地银行采取土地整治公司治理担保违约的农村土地。借鉴域外经验，可以发挥中国特色社会主义制度优势，依赖政府和集体经济组织协调处置担保债务违约的农村土地，如可以建立由国家特许经营的农村土地安置公司，其重要的职能在于处理债务违约的农村土地，具体可以采取转让、拍卖、整治开发利用等手段。此外，土地安置公司可以开展农村土地的价值评估及土地价格指数发布、农村土地产权登记和产权交易服务等。

农村土地权利担保贷款证券化是农村土地融资担保的高级阶段。当国家法律赋予农业经营主体土地权利担保贷款合法性后，农业经营主体与保险公司签订保险合同再直接将土地权利担保给农村土地银行，农村土地银行根据担保土地的市场价值发放贷款，其中担保土地的市场价值可由证券市场来衡量。农村土地银行将担保土地权利以产品形式出售给投资机构，投资机构评估市场价值后以证券形式在二级市场上向广大投资者出售，出售的价格可反映农村土地权利资本的价值。

农村土地权利担保贷款证券化的实现需要具备两个基本条件：其一为立法上肯定农村土地担保及交易的合法化，其二为较高程度的农村金融市场化。因此，在未完全满足上述基本条件之前，农村金融市场尚不发达，由地方政府以担保形式介入投资机构与土地证券化，以保证过渡阶段的顺利转换。证券化的农村土地权利担保贷款将增加农村土地产权的流动性，扩大融资的范围和增加资金的支持，即从原有的农村土地经营者对担保土地要素价格的投资扩大到城市中各类市场主体对农村土地资本价值的投资，最终实现资金在城市与农村之间的自由流动。

## 第二节　农村土地融资担保的类型

### 一、“三权分置”框架下的农村土地担保

#### （一）“三权分置”框架下的土地经营权担保

“三权分置”可以破解土地承包经营权担保的困局。在农村承包地“所有权”归属农民集体所有的前提下，土地承包经营权进一步分解为“承包权”和“经营权”，在此“三权分置”格局之下，经营权的担保并不会导致农民失去对

土地的承包权，即使承包地设定担保之后，到期无法偿还贷款，担保权人可通过“经营权”来实现其债权，当所担保的土地经营权行使期限届满，农民的承包权不受影响，而土地经营权复归农民本身。

**1. 土地所有权、承包权和经营权“三权分离”**

土地承包经营权担保的实质是对经营权的担保。一般情况下，农村土地的所有权和承包权分属农民集体和集体组织成员，承包权是所有权的分割，是所有权的让渡和实现形式。如果承包权也可以担保，担保失败将造成所有权的转让，跟现行法律是冲突的。而且从目前农村保障水平和户籍制度限制看，农业就业人口和农民工都需要保留土地承包权作为生存和生活的最终保障，不宜将承包权担保流转。

承包权乃农民基于其身份而取得，不得设定担保。农民土地承包经营权担保，唯能担保经营权，待债务不能清偿时所失去的也只是一定期限内的经营权。①

分离后，承包权仍为用益物权，而经营权属于次生性的用益物权，其具有稳定性和对抗性。② 立法上肯定土地经营权的物权属性，主要基于承包合同的债权属性难以保障经营权的权利主体，若赋予其物权效力，则可对抗发包人和承包人。③ 承包权和经营权分离源于农村土地流转实践，二者的剥离不是理论上的生造，其满足了社会公众的需求，具有深厚的社会基础，实乃农村土地流转实践经验的制度创举。④ 允许将分离后的经营权设立担保，承包地和承包权依然不许担保。⑤

**2. 农村承包地担保的客体——土地经营权**

关于“土地经营权”的法律性质，目前学术界存在三种观点，其一认为土地经营权乃基于农村土地的转包、出租合同而派生的债权性质的土地使用权；⑥ 其二认为土地经营权是经过权能剥离承包权之后的土地承包经营权；⑦

---

① 陈锡文．农村土地制度改革的重点与路径［N］．21世纪经济报道，2014-7-14（3）．

② 左平良，余光辉．土地承包经营权抵押与农村金融担保制度创新［J］．学术论坛，2005（8）：129-132．

③ 潘俊．新型农地产权权能构造——基于农村土地所有权、承包权和经营权的权利体系［J］．求实，2015（3）：88-96．

④ 潘俊．农村土地“三权分置”：权利内容与风险防范［J］．中州学刊，2014（11）：13．

⑤ 胡迎春．突破城乡二元结构体制机制是深化农村改革的重点——专访中央农村工作领导小组副组长、办公室主任陈锡文［J］．农业发展与金融，2014（5）：5-10．

⑥ 申惠文．债权物权二元财产权体系视角下的农村土地经营权［J］．云南大学学报（法学版），2015，28（3）：14-19．

⑦ 丁文．论土地承包权与土地承包经营权的分离［J］．中国法学，2015（3）：159-178．

其三认为土地经营权完全是在土地承包经营权之外①，所形成的一种独立的新型用益物权。② 若将土地经营权界定为债权性质存在巨大的缺陷。首先，债权性质的土地经营权具有不稳定性。农业生产投入大、周期长、风险大，需要长期稳定的农村土地流转关系与之相匹配，而债权关系下的土地经营权则维系于脆弱的租赁合同关系，一旦作为出租人的承包人解除合同，则土地经营权人的巨大投入将失去保障，担保权的实现亦必然落空。其次，对出租人的依附性致使土地经营权的合理行使受限。不仅受制于“按照约定用途或土地性质使用”，而且对土地的改良或增设农业设施等皆须经过出租人（承包人）同意，土地经营权人的经营自主性受到极大束缚。再次，债权性质的土地经营权容易引发权属不清晰的问题。债权的任意性导致当事人之间对于土地经营权内容的约定不明，而物权法规定可以明确其具体权利内容，且需要登记生效产生一定的公信力，债权性质的土地经营权成立自合同生效开始，缺乏物权公示的公信力。最后，债权性质的土地经营权将导致其流转动力不足、市场价值容易被低估，最终损害农民的土地财产权益。

而认为土地经营权是“承包权经过权能剥离之后的土地承包经营权”的“改良版土地承包经营权说”，在实践中从未发现全国人大及其常委会对土地承包经营权的重新解释，且该学说忽略了立法实践中一直将二者相区分的事实。③

法律上应将土地经营权界定为一种新型的用益物权，赋予土地经营权以物权性质，实现土地经营权的自由流转和担保融资功能。基于物权性的权利有助于实现“三权分置”政策的制度目标，有利于农村土地权利体系的科学构建，有利于增加实践中土地经营权融资的可操作性，将土地经营权定位为用益物权是妥当的。④ “债权说”认为，将土地经营权定性为用益物权，违背了我国现行物权法律制度规定的一物上不能设立同一属性的两个用益物权的基本规定，这是“物权说”最难以自圆其说的弱点。对于自身的缺陷，有学者对“物权说”进行了修正，认为土地经营权是土地承包经营权人行使其权利而设定的次

① 丁关良．农地“三权分置”政策之两次分离的异同研究［J］．天津商业大学学报，2018，38（1）：3－10.

② 蔡立东，姜楠．承包权与经营权分置的法构造［J］．法学研究，2015，37（3）：31－46.

③ 若同时检索“土地经营权”和“土地承包经营权”的行政法规，可以发现自2006年1月31日发布的国务院《关于解决农民工问题的若干意见》到2016年3月25日发布的《国务院批转国家发展改革委关于2016年深化经济体制改革重点工作意见的通知》，共有11篇国务院行政法规或文件，将“土地经营权”与“土地承包经营权”相互区分的事实。

④ 陈小君．土地经营权的性质及其法制实现途径［J］．政治与法律，2018（8）：11.

级用益物权，是一种权利用益物权。[①] 也有学者构建了双层“母权与子权”“基础权利与派生权利”的产权关系体系，并据此提出土地经营权产生的逻辑是土地所有权派生出土地承包经营权，土地承包经营权再派生出土地经营权。[②] 可见，“物权说”的学者创新性地提出“次级用益物权”“派生权利”“子权”等观点予以解释。

土地经营权必须通过合同方式取得，即土地承包权人与受让人必须订立合同。此外，土地经营权的获得还须进行登记，未经登记不产生效力。物权性质的土地经营权需要登记公示方能成立。国内的试点地区实践中已经开始颁发土地经营权证，如上海市依据《农村土地经营权担保贷款试点办法》，为当事人颁发《农村土地经营权担保登记证》。土地经营者可以安心投资、保障经营，防止承包经营权人任意撕毁合同。从法律机理上分析，土地承包经营权是在土地所有权上设立的用益物权，而在这一权能基础上又可以再次分离权利，设立新的用益物权——土地经营权。土地经营权人在占有、使用的债权性质之外还具有处分权，以致土地经营权具备物权属性。

承包权是农民基于其身份取得，不得让渡他人，但经营权却可让渡他人。农民土地承包经营权担保，承包权和农民集体的所有权皆不受影响。土地经营权作为一种新的权利，一方面要维护好承包人的承包利益，另一方面又要保护好经营权人的既得受益。这一举措可以使得经营权人安心进行农业投融资。相对于承包权，经营权主体范围具有开放性，有能力从事农业经营生产的民事主体皆可能成为土地经营权的权利主体。担保权实现时不会产生农用地所有权性质和主体种类的变更，不改变承包地的农业用途；该权利人经营承包地的期限届满后，由原承包方收回或发包方依法收回。

此外，在农村土地经营权担保基础之上，还可以拓展出土地经营收益评估贷款、土地租赁合同质押贷款和经营者信用贷款等多种融资担保方式。

### （二）“三权分置”框架下的宅基地担保

#### 1. 宅基地的所有权、资格权和使用权“三权分离”

农民集体将使用权能从“所有权”中分离，形成法定的用益物权——宅基地使用权，而今又将“资格权”从宅基地使用权中分离，最终形成“所有权”“资格权”和“使用权”三权分置的格局。在保障宅基地归农民集体所有的基

① 蔡立东，姜楠．农地“三权分置”的法实现［J］．中国社会科学，2017（5）：110.

② 肖卫东，梁春梅．农村土地“三权分置”的内涵、基本要义及权利关系［J］．中国农村经济，2016（11）：17－29.

础上，“资格权”体现土地的居住功能，“使用权”体现土地的价值功能。本质上而言，“三权分置”是对宅基地权利束的细化和分割。“三权分置”激活宅基地的权能，赋予农户通过转让、赠予、出租、担保、入股等方式流转宅基地“使用权”。“三权分置”分立所有权、资格权和使用权，不仅明晰了宅基地的产权归属，丰富了宅基地的收益和处分权能，而且保留了宅基地特有的福利性和身份性。清晰界定宅基地产权主体关系，将宅基地担保制度运行的外部效应内部化，可以提升制度效率。

**2. 宅基地担保的客体——使用权**

宅基地担保权的客体为“三权分置”中的使用权。“三权分置”将资格权从使用权中分离，资格权（若依据集体成员身份原始取得，具有专属性，不可担保转让）具有保障功能属性，使用权（可担保转让）体现了宅基地的价值属性。在对宅基地使用权进行担保时农户仍保留宅基地资格权，当实现担保权对担保物进行拍卖变卖后，农户的宅基地资格权并不当然丧失。农户仍有权通过其他方式从本集体经济组织中有偿取得宅基地使用权。

宅基地“使用权”设定担保应无须经过农村集体经济组织同意。国内试点地区往往要求须经集体经济组织书面同意宅基地使用权随农民住房一并担保和处置，但是该限定条件使得宅基地使用权权能不能充分发挥，与城市的房地担保相较，其土地使用权处置和收益受限，违反了民法的平等原则。同时，该限定条件将挫伤农户设定宅基地使用权担保的自主性，与宅基地担保的立法本意相悖。

### （三）集体建设用地担保的客体——经营性或存量的集体建设用地使用权

集体建设用地担保权的客体为经营性或者存量的集体建设用地使用权。先行立法仅限于因乡镇企业破产、兼并等情形，或者因乡镇企业厂房担保而随同担保两类被动担保的情形，客体范围过于狭窄。

以使用功能为标准，将其划分经营性和公益性两类。公益性集体建设用地使用权的设置在制度价值上是为了保障集体经济组织、农村社区的共同利益，具有公法属性；对比农民集体其他土地财产，其具有价值位阶的优先性。公益性建设用地使用权的存续期限依托于地上物的公共目的，其具有权利存续的长期性和取得的无偿性。通常认为，公益性建设用地（如村民委员会用地、小学校舍等）是为特定地域范围内集体经济组织成员的公共利益需要而使用的土地，故不得进入流转市场，其财产属性类似于公用物，不得由私人取得权利而蜕变为普通的民事客体。

集体建设用地以来源为标准，可分为存量的建设用地和增量的建设用地。前者可以设定担保，但后者不能设定担保。增量的建设用地主要来源于农用地或未用地，因其关系国家粮食安全和耕地保护的根本目标，国家立法应对其采取限制性规则，故将其排除出担保的客体范围。

## 二、农村土地担保的方式

就农村土地担保的方式，学术界有实物担保和权利担保之争，前者提出所担保之标的是土地；而后者认为是除土地所有权之外的农村土地权利。农村土地为不动产，其所有权仅可归属于农民集体或国家，农村土地在我国属于禁止流通物，除了发生国家征收之外，农村土地本身不具有可让与性，故而农村土地实物不能设定担保，仅可就农村土地和农村土地所有权之外的土地使用权设定担保。换言之，囿于我国农村土地权利体系的特殊结构，集体土地所有权人并不能将农村的土地所有权予以交易。而担保人若是非所有人，则其对土地只享有所有权的部分权能（如土地使用权），担保权实现后，其让渡的只能是这部分权利。在此种情形下，土地所有权与土地使用权相分离，用益物权的意义特别是土地使用权在民法中的地位凸显出来。

世界范围内典型国家或地区皆强化土地使用人的地位并扩张其所享权能。所有权权能（占有权、使用权、收益权和处分权）与所有权相分离是土地所有权制度发展的趋势与要求，域外相关国家就二者的分离程度较为成熟，诸多土地权能已经发展为一项独立的权利而可进入土地市场流转，如土地担保权、土地租赁权等。

我国农村土地所有权权能与所有权的分离并不充分，且已经成为制约农村土地担保的重要因素。"三权分置"的所有权权能分离，正是在此背景下农村土地权利制度改革的重要创举。

未来的法律制度设计应是担保人以农村土地权利（土地经营权、宅基地使用权和集体建设用地使用权）向国家专门设立的政策性金融机构——农村土地银行担保贷款融资，农村土地银行的设置可以依托现有中国农业发展银行的架构，在省和市级以上设立，县级根据实际需要设立分支机构。农村土地银行以办理农村土地权利担保贷款为核心业务，同时可兼营土地的债券化，并负责办理债券发行。债务人向农村土地银行贷款，可由农村土地权利收储与市场交易中心提供担保。

## 三、农村土地担保的设定与消灭

### （一）农村土地担保权的设定

就农村土地使用权担保的设定而言，担保人和担保权人应当签订书面担保合同，而后应当登记农村土地权利担保，并由登记机关予以公示。农村土地担保权因担保公示而发生效力，采用登记生效主义。

### （二）农村土地担保权的消灭

在农村土地权利担保法律关系中，担保权人对所担保的土地使用权享有优先受偿等相关权利。其一，农村土地担保权因债权得以清偿而消灭。其二，农村土地担保权因超过担保期限而消灭。其三，农村土地担保权因超过土地使用权期限而消灭。

### （三）农村土地担保合同

出台农村土地担保合同示范文本，一般应包括以下条款：①姓名、名称与住所；②债权的种类与数额；③贷款期限；④农村土地权利的性质及其使用地点、数量、期限、使用目的、使用状况、价值评估、登记等事项；⑤担保期限；⑥担保的范围；⑦违约责任；⑧解决争议的方法；⑨当事人认为需要约定的其他事项。此外，赋予担保人优先回赎权、征收和征用而获得补偿的权利以及基本社会保障的权利等内容。以土地经营权的贷款期限为例，贷款期限可以依据农村土地的使用期限、经营周期及预期收益等情况综合确定。流动资金贷款原则上最长不超过 3 年，消费贷款最长不超过 3 年，项目投资贷款最长不超过 5 年。

## 四、农村土地经营权担保

### （一）土地承包经营权的取得

农民集体成员基于其成员权资格自动取得。农村土地所有权、承包权和经营权实行“三权分立”，经营权可以有偿使用。在承包权与经营权分离的情况下，承包主体可以向其他民事主体让渡其经营权，该经营权作为土地使用权可以设定担保。非集体成员，期限届满后不当然享有承包权利。[①]

### （二）土地承包经营权期限

集体成员自身经营承包地，期限届满则自动延续。可以规定：耕地为 5～30 年、草地为 30～50 年、林地为 30～70 年。考虑到农业经营主体是自己利益的最佳判断者，同时适应农业经营的灵活性与稳定性，立法上应许可在上述期限内由农民集体经过民主议定程序决定。承包期限届满，可以继续承包。

土地经营权上设定担保，担保期限内以土地经营权收益优先受偿。土地承包经营权担保期限在承包期内由担保人与担保权人双方约定，担保期限不得超

① 唐烈英，童彬．论农村土地“三权分置”分离制度之构建［J］．社会科学，2018（8）：10.

过承包期的剩余期限。

### （三）土地经营权的担保模式

土地经营权设定担保无须经农村集体经济组织同意，仅需报农村集体经济组织备案。设定担保之后，土地承包权仍归承包人，承包地的所有权仍归农民集体所有，土地的农用地性质不得改变。

#### 1. 土地经营权直接担保

对于人均土地面积较多，或者农村土地适合种植较高收益经济作物的农村地区，因承包地的交换价值较高，可以采用直接担保土地经营权的方式。

#### 2. 土地经营权联合担保

对于具有乡村内部凝聚力、宗族与血缘关系较为浓厚的农村地区，可以采用该担保模式，是通过组建合作社的方式实现相互担保，以集中、统一的方式与农村土地银行设定担保权。首先，成立土地经营权担保合作社。农民或农村土地经营者自发成立土地经营权担保合作社，并选举出若干名经济条件好、担保及偿债能力强的主体负责合作社的运行。其次，签订土地经营权担保合同。合作社成员向农村土地银行借款，须由两人以上成员提供保证；而作为担保人的成员，须与农村土地银行、合作社和保证人签订土地经营权担保合同。合同中应明示，若到期不能清偿，土地经营权交由代为偿还债务的合作社或保证人流转处置，直至清偿完所有债务后，担保人方可收回；此外，土地担保合作社与农村土地银行签订担保协议。若债务人不能到期清偿，由合作社或合作社成员代偿，代偿之后土地经营权可由其处置。

#### 3. 第三方反担保的土地经营权担保

对于乡情关系淡薄、农民集体内部较为松散的农村地区，可以引入第三方提供反担保的方式为土地经营权设定担保。农民或农村土地经营者以土地经营权向农村土地银行担保贷款时，由第三方向农村土地银行提供担保，若到期不能还贷，则由第三方负责清偿，而第三方可将土地经营权在土地产权交易平台上流转，直至土地流转收益偿还所欠款项时，土地经营权回归农民或土地经营者。该第三方可以由地方政府成立专门农业担保公司，也可以由市场化的担保公司承担该职能。

#### 4. 土地经营权股份化担保

实行土地经营权股份化是土地经营权担保的有效形式。土地经营权入股便于土地集中连片，促进农户、家庭农场、龙头企业、农民专业合作社之间构建优势互补、利益共享、风险共担的联结机制。土地经营权入股期限不可超过土地承包剩余期限，入股的土地不能改变土地性质和用途，实行“保底收益＋按股分红”，让农民在土地经营权入股中有稳定收益。实践中具体可采用以下三种方式：①合作社模式。农民或其他农村土地经营主体可以将其“土地经营权”入股农业企业和作价出资农民专业合作社。土地经营权可以依法直接对公司和农民专业合作社出资，还可以先出资设立农民专业合作社，再由农民专业合作社以土地经营权出资设立公司。农业企业或农民专业合作社获得土地经营权，便于发展规模化经营，可将农户个体经营与规模化现代农业相衔接。②股份合作制模式。将本农民集体土地集中起来，折价并量化为股份，由农民集体组织统一经营并按股分红。③土地经营权入股设立公司模式。农民或其他经营主体以所持有的土地经营权入股设立公司，凭借其股份享有相应的权益。股权由土地经营者享有，可以发生继承、转让、赠予和担保。

农民或农村土地经营主体设定土地经营权担保，无须经过村民委员会或集体经济组织同意，仅需书面备案，即可对土地经营权设定担保。同时，可设置“入股履约保证保险”等土地经营权入股保险，为农民的“保底收益”和土地经营权回购提供保险保障。

## 五、宅基地使用权担保

### （一）宅基地使用权的取得与有偿使用

宅基地使用权可以原始取得和继受取得。前者乃每一集体成员自出生始，即可自动获得一定的宅基地指标，而后其在具备经济行为能力时（如年满 18 周岁）方可经申请而实际获批。宅基地使用权审批由县级下放至乡（镇）。①

后者乃受让人通过有偿使用与有期限使用制度，可以继受取得宅基地使用权。非农民集体成员可有偿获取宅基地，但需经过农村集体民主议定程序三分之二以上村民表决通过。

宅基地制度作为我国的一项福利性制度，设立之初在保障农民户有所居、维持农村社会稳定秩序方面作用斐然。中华人民共和国成立初期，农民因土地改革获得土地所有权。随后 1963 年中央下发《关于各地对社员宅基地问题作一些补充规定的通知》，指明宅基地归各户长期使用，但归集体所有。改革开放以来，农民扩建、新建住房以改善居住条件的需求愈来愈强烈，衍生出宅基地面积无序扩增这一问题。与此同时，1988 年通过的《城镇土地使用税暂行条例》，使 20 世纪 80 年代试行的有偿使用制度在法律上得以确立，且 1990 年颁布的《城镇土地使用权出让和转让暂行条例》进一步深化了国有土地使用制

① 朱宁宁．归纳试点经验为修法提供实践基础［N］．法制日报，2018－12－25（3）．

度的改革，这一实践探索强有力地提高了国有土地的资源配置效率。20 世纪 80 年代末农村各地纷纷开始尝试探索宅基地有偿使用，国家也通过确立试点的方法肯定此次实践，如 1990 年国务院批转《国家土地管理局关于加强农村宅基地管理工作请示的通知》，首次提出探索农村宅基地有偿使用。然而，正值宅基地有偿使用试点改革如火如荼开展之际，基于维护社会稳定的考量，1993 年中共中央下发《关于涉及农民负担项目审核处理意见的通知》，取消宅基地收费，至此宅基地有偿使用改革中道而止，国家为减轻农民负担取消了宅基地有偿使用费，但个别农村地区衍生出宅基地无序扩张、闲置浪费、非法交易和缺乏管理等一些负面效应。原国土资源部公布的数据表明，2006—2014 年，农村地区人减地增，宅基地大量闲置的现象日益加重。故而，2015 年中央办公厅、国务院办公厅发布《关于农村土地征收、集体经营性建设用地入市、宅基地制度改革试点工作的意见》和《深化农村宅基地制度改革试点方案》等一系列文件，在肯定农村宅基地有偿使用的基础上，正式提出推行宅基地有偿使用改革，但实行宅基地有偿使用毕竟涉及农民的切身利益，推行过程面临重重障碍。2018 年 2 月，国家提出宅基地所有权、资格权、使用权“三权分置”，探索对超标准占用宅基地、一户多宅、改变宅基地用途等情况实行有偿使用。然而，2019 年农村绿皮书调查报告指出，我国农村宅基地闲置程度仍高达 10.7%，农村宅基地有偿使用改革亟待开展更深层次的实践探索。

**1. 宅基地有偿使用的程序设计**

推行宅基地有偿使用是促进农村宅基地高效利用的有力推手，是显现宅基地财产属性的现实路径。首先，建立健全村民自治管理体系。村集体是基层自治组织，作出的决策都直接触及农民切身利益，理应建立并完善其中的议事会、监事会、村民代表大会等管理机构，对确定有偿使用适用范围、制定收费标准、确定收益用途等事项进行民主决议。其次，完善使用费收取管理政策。对于有偿使用费标准、实缴情况、使用情况等事项均采取一事一议，按照少数服从多数原则确定有关事项，但确定收费标准时，还要额外满足村民会议应到人员三分之二及以上人数表决通过，商议结果应及时向村民公示，接受村民监督，增强政策执行的透明度。再次，建立重要事项表决机制。村集体资金使用管理可以说是村民最关心的问题，而宅基地有偿使用费作为村集体的一大收入来源，决定其具体用途必须经过村民会议应到人员四分之三及以上人数举手表决通过。村委会也应完善财务管理制度，使用费的收取和使用由上级财政部门监督，使用费的审计由村委会审计部门负责。最后，完善宅基地有偿使用费监督制度。村集体应将各村民小组有偿使用费收取明细、有偿退出情况、使用费用途去向等问题及时向村民公示。此外，还应注意加强宅基地有偿使用和有偿退出间的衔接。推行宅基地有偿使用更改了以往无偿无期限占用宅基地的形式，一定程度上形成了宅基地退出的倒逼机制，与宅基地退出形成有效联动。

**2. 宅基地有偿使用的适用范围及收费标准**

推进宅基地有偿使用需要解决有偿使用费用由谁收取、向谁收取、收取多少等关键性问题。基于村民自治治理路径的内在要求，适宜以村民委员会作为实施主体来解决谁来收取费用的问题，通过划定有偿使用的适用范围，切实解决向谁收取费用的问题。推行农村宅基地有偿使用可以分为保有存量宅基地有偿使用和申请分配宅基地有偿取得两种路径。保有存量宅基地有偿使用范围可以划定为以下四种情形：一是实行一户一宅超面积、一户多宅有偿，针对本集体成员具体超占宅基地的面积划分档次，实行阶梯式计费；二是实行区段有偿，为了更好地显现宅基地的区位价值，根据宅基地的区位情况实行差别化收费；三是实行身份条件有偿，向主体资格不符合条件的宅基地使用者收取使用费，如针对非本集体成员因继承、嫁娶等取得宅基地使用权的情况实行有偿，激励其退回宅基地，或者通过缴纳使用费实现所有权主体对宅基地的管理；四是实行改变用途有偿，对改变宅基地用途用于租赁、经营的使用主体按照地理位置、权属来源等收取收益调节金，保证宅基地所有权主体参与到宅基地入市的收益分配中。在申请分配环节推行宅基地有偿取得，就是在集体成员取得本集体或跨集体的宅基地时，针对其取得的宅基地使用权收取使用费，从源头上遏止农户超占和多占宅基地的行为。

农村宅基地有偿使用的收费标准问题。一方面，可参照国有建设用地出让金收取方式，设定一次性收取和按年调整收取两种收费方式。由于房地一体的特殊性，一次性收取一户一宅超标准部分使用费，按年度调整标准向一户多宅、主体资格不符合条件的使用者收取使用费，激励其适时退出多占宅基地；按年分次向改变宅基地居住用途的使用者收取使用费，并规定使用期限和使用条件，对于未按规定条件使用宅基地的，无条件无偿收回。另一方面，应尽快建立农村宅基地基准地价体系作价格参考，村集体参考基准地价的同时参考当地农用地价格，结合资源禀赋、经济成本和代际公平等因素，按照超占越多、标准越高的累进制方式确定收费标准。地市一级的地方政府可以制定不同地区宅基地基准地价标准，供宅基地的权利主体参考。若受让者是非农民集体成员，须在基准地价以上合理确定宅基地使用费用；若受让者是农民集体成员，宅基地使用费用可以按照基准地价标准执行。

### （二）宅基地使用权期限

依申请原始取得的宅基地使用权一般为 70 年期限，期满后非基于社会公共利益征收且地上房屋存续则自动续展期限；地上房屋灭失或权利人死亡后无人继承的，宅基地使用权收归农民集体。继受取得的期限为 30 年，自初始取得之日起算，后手期限为 30 年减去前手期限，期满之后使用权收归农民集体。

### （三）宅基地使用权的收回

宅基地使用权收回是农村集体经济组织作为所有权主体依法定收回事由对其进行收回。在法律层面，对于宅基地使用权的收回规定在《民法典》和《土地管理法》当中，我国《民法典》物权编对宅基地使用权予以专章规定，但仅仅罗列了四个条文，并未对宅基地使用权的设立、期限、效力和收回等问题做出具体规定。对此立法者在《民法典》363 条采用委任性规则将宅基地使用权的取得、行使、转让等具体的制度构造指向《土地管理法》等其他与土地有关的法律或者国家规定。对于宅基地的收回，《土地管理法》第 66 条（原《土地管理法》65 条）进行了规制，相较于《民法典》而言，《土地管理法》第 66 条第 1 款规定的收回事由更为明确具体，但该条文属于收回土地使用权的情形，而不是宅基地使用权收回的情形。从类别上看，宅基地使用权属于农村土地使用权的一部分，对于宅基地的收回事由理应适用本条之规定。除此两部法律外，并没有其他法律予以规制。

（1）宅基地使用权收回法律规范缺失。

宅基地收回作为一项重要的民事法律制度，因缺乏直接的法律规定，只能从效力位阶低于法律的行政规章、部门规范性法律文件中去分析，国务院也相继出台一些规范性文件来规范宅基地的收回，比如原国家土地管理局 1995 就早已经明确“空闲或房屋坍塌、拆除两年以上未恢复使用的宅基地，不确定土地使用权。已经确定土地使用权的，由集体报经县级人民政府批准，注销其土地登记，土地由集体收回”。但是因该部门规章年代久远，在实践中并未被实际执行。2022 年农业农村部印发了关于《农村宅基地管理暂行办法（征求意见稿）》（以下简称为征求意见稿）首次在该征求意见稿中对于宅基地收回的事由以及程序予以明确，对于宅基地收回制度的规范化和制度化具有重要意义，同时对比《土地管理法》的收回事由，该征求意见稿第 31 条将收回事由进行了细化和丰富，具体比较见表 4－2。虽然该征求意见稿首次将宅基地的收回条件予以明确，但缺憾的是该征求意见稿对宅基地使用权收回制度的规定相对较少，仅仅规定了宅基地的收回事由，以及收回之后的注销，对于其他收回相关的配套程序均没有明确，在宅基地实际运转中可能存在收回不规范等情形，因此建立一套完整的宅基地收回制度，推动宅基地资源的回流，对未来宅基地改革、乡村振兴具有重要意义。

**表 4-2 收回事由的对比**

| 法律、部门规章文件名称 | 法条 | 收回事由 |
|---|---|---|
| 《土地管理法》 | 第 66 条 | 1. 公共设施、公益事业<br>2. 违反用途<br>3. 撤销、迁移停止使用 |
| 《农村宅基地管理暂行办法（征求意见稿）》 | 第 31 条 | 1. 公共设施、公益事业<br>2. 异址新建、集中安置后需收回原宅基地的<br>3. 农户消亡且无人继承<br>4. 被继承人住宅倒塌、依法拆除、鉴定为 D 级危房，继承人不符合条件的<br>5. 有历史文化价值的建筑依规定<br>6. 批准后两年未开工建设，特殊情况除外<br>7. 不按照批准使用宅基地<br>8. 法律法规规定的其他情形 |

（2）宅地基使用权收回的司法困境。

与宅基地使用权收回的相关纠纷中蕴含着繁杂的利益纠葛。同时深入分析宅基地使用权收回的问题，也必须依托于大量的司法实践，以 2019 年修行后的《土地管理法》为时间起点，以《土地管理法》（2019 年修订）第 66 条第 1 款为法律依据，以“收回土地使用权”和“宅基地”为关键词进行检索。截至 2023 年 10 月 1 日，共检索到了 161 件裁判案件，其中民事案件 48 件，占总数的 29%，行政案件 113 件，占总数的 70%。一审案件 78 件，二审案件 66 件，再审案件 17 件，以此来作为分析样本。样本中部分案件宅基地收回事由及法院支持率如表 4-3 所示。

**表 4-3 样本中部分案件宅基地收回事由及其法院支持率**

| 收回事由 | 数量（件） | 类型 | 支持（件） | 支持率（%） |
|---|---|---|---|---|
| 为公共设施公益事业（旧村改造、城中村改造、示范小城镇建设、集中安置） | 94 | 公益性收回 | 79 | 84 |
| 不按照批准的用途使用宅基地（非法占用）因闲置收回宅基地 | 5 | 惩罚性收回 | 3 | 60 |
| 因迁移停止使用宅基地的，因非集体经济组织成员收回的 | 4 | 身份性收回 | 2 | 50 |
| 违反一户一宅收回的 | 1 | 其他 | 0 | — |

其一，宅基地使用权的地域分布上存在明显差异。宅基地使用权收回的案件分布在全国的15个省、自治区、直辖市。而且地域之间的案件数量存在明显的差异，主要集中在天津、山东、河南、北京、山西几大区域。结合这些地区的裁判案例，与其当地的城镇化推进存在密切关联。根据纠纷案件的统计，在天津市，涉及的案件远高于其他地区，天津主要是为了开展示范小城镇农民安置用房建设，在收回宅基地使用权的过程中引发大量讼争，焦点就主要集中在收回程序的合法性和妥当性上。同时宅基地使用权的收回是增加城市土地供应的主要方式。但缺憾的是，收回制度本身存在的不足导致在实践中并没有极高的适用率。间接导致法律对宅基地使用权收回制度的规定相对较为笼统不够细化，使得纠纷主体很难对法院的裁判信服，因此，大量的宅基地使用权纠纷案件都经过了二审、再审诉讼程序。宅基地使用权收回司法样本的地域情况见表4-4。

**表4-4 宅基地使用权收回司法样本的地域分布情况**

| 省份 | 天津 | 山东 | 河南 | 北京 | 山西 | 河北 | 安徽 | 湖北 | 广西 | 江西 | 四川 | 重庆 | 辽宁 | 新疆 | 浙江 |
|---|---|---|---|---|---|---|---|---|---|---|---|---|---|---|---|
| 案件数（件） | 29 | 27 | 24 | 21 | 16 | 12 | 11 | 10 | 3 | 2 | 2 | 1 | 1 | 1 | 1 |

其二，不同法院对于收回纠纷案件性质认定不一致。在案件性质上，司法实践中对于宅基地使用权收回的性质并没有予以明确，从而导致在实践中出现涉及宅基地使用权收回纠纷时出现民事和行政分流的情形。在裁判样本中，民事裁判相对较少，案件多为村委会作为原告请求村集体经济组织成员依法归还其决定收回的宅基地，大部分法院也以原告收回宅基地使用权的行为符合集体组织成员利益及法律规定，并报请了原批准用地的人民政府批准，程序合法，故对其诉求予以支持。但是，部分法院在审理相关案件时，以本案并非平等主体间民事纠纷，不属于人民法院民事案件受案范围，裁定驳回了原告的诉讼请求。在样本较多的行政案件中，对于收回纠纷性质的认定仍存在差异，比如山东省高级人民法院（以下简称高院）、北京市高院认为，报经原批准用地的人民政府批准是农村集体经济组织收回土地使用权的法定义务和前置程序，被诉批复属于行政机关作出的不产生外部法律效力的行为，对被告合法权益明显不产生实际影响，不属于行政诉讼受案范围。但是同样的批复，天津市高院在裁判中认为，原审法院认定现有情形下被诉《批复》已经直接对上诉人的权利义务产生了实际影响，上诉人对该《批复》提起诉讼，应当属于人民法院行政诉讼的受案范围并无不当。再比如，有的法院依据“当事人对村民委员会依据法律的授权履行行政管理职责的行为不服提起诉讼的，以村民委员会为被告”该

解释之规定，认为村民委员会经法律的授权具有收回集体土地使用权的行政管理职责，可以作为行政诉讼适格的被告。由此可以看出，对于案件性质的认定上，不同法院的认定存在差异，甚至相互矛盾。

其三，样本中公益性收回占比较高，《土地管理法》第 66 条第 1 款中，宅基地使用权收回可分为公益性收回、惩罚性收回和身份丧失性收回。实践中存在公益性收回比重较高，根据梳理的相关判例，对于出现的旧村改造，异址新建、集中安置后需收回原宅基地的，法院的裁判依据是《土地管理法》第 66 条第 1 款第 1 项的规定“为乡（镇）公共设施和公益事业建设……”。根据文义解释，上述显然不属于公共设施，那是否属于公益事业呢？山西省高院对此认为，旧村改造关涉村民集体福祉，较公共设施与公益事业的建设而言，公共利益属性更强，故本案中旧村改造行为应属上述规定本旨涵涉范围。按照此解释路径，我们就要明晰何为公共利益。但是我国目前缺乏对“公共利益”的明确界定和决定“公共利益”的规范程序。因此，就可能导致实践中，宅基地使用权的收回呈现扩张之势。出现某些地方政府或者村民收回委员会滥用收回权，借实现集体经济组织成员“公共利益”之名，实则混淆收回和征收所代表的边界。比如在某地区法院的判决文书中就出现：“涉案土地所在地地块正在进行征迁，被上诉人与征迁部门因征迁补偿存在争议，尚未达成征迁补偿协议。上诉人某区镇政府超越职权于此时作出收回土地使用权决定”，该法院对此也对该镇政府的行为做出否定评价，认为其有失行政处罚的正当性、合理性。同时对于新出现的情形，如“一户多宅”是否要纳入宅基地强制性收回的事由值得商榷。部分学者认为，若强制性收回“超标”部分，不符合情理，具体实施的可能性也非常渺茫。对于此种情形纳入自愿退出则更具有实际操作的可能性。

土地是人类生存权的基础，对土地的合理规划和使用关系最基本的民生。在全面实现乡村振兴的背景下，就必然要对大量的闲置土地进行整合。宅基地作为土地的重要一部分，我们在进行资源的整合的过程中，必然要提高宅基地的利用率。我国的常住人口城镇化率在 1978 年还为 17.92%，截至 2022 年末，我国的城镇化率已经增长至 65.22%。城镇化激增的背景下，无疑会带来宅基地闲置和废弃，因此提高闲置宅基地的利用效率成为深化宅基地改革、促进乡村振兴的重要一环。其中，有关学者对全国宅基地的现状进行了详细的调查和统计，得出全国的闲置宅基地高达 1 253.8 万宗，其中闲置废弃就有 442.4 万宗，而且在我国的不同地区，宅基地的闲置情况存在差异，特别是中部地区，空闲宅基地占有率尤为突出。有学者通过对临近郊区的村庄、普通村庄以及偏远的村庄进行调查，归纳出宅基地闲置主要是城镇有其他住房、损毁无法居住、村内有其他住房、家庭成员的长期外出务工等原因。宅基地具有无偿性和保障性，同时也具有一定的财产属性，长期闲置则会导致与这些价值背道而驰，使宅基地的生活保障功能和财产价值弱化，使土地资源浪费，违背《土地管理法》节约利用土地的基本原则。在大量宅基地闲置的背景下，宅基地的收回机制就变得尤为重要，通过对闲置的宅基地进行收回，以最大程度唤醒沉睡的土地价值，盘活土地的利用效率，同时对收回的宅基地进行重新的开发和分配使用，更好地配合乡村振兴战略。宅基地的利用制度是集体所有权和农户使用权利用的一部分，其收回方式直接体现了集体所有权对农户使用权的干涉，合理的收回可以弥补个人使用权的滥用而造成集体所有权的虚化，以达到矫正土地权益分配的不足，实现土地资源的集约利用。同时，大量闲置宅基地的荒废会直接影响一个村的村容、村貌。现如今，大部分传统村落都存在以老年人口为主，年轻人口流失严重，村庄整体萧条、冷清等现状。这些现状显然已经成为阻碍乡村振兴的关键因素，特别是我国目前宅基地虽然正在进行三权分置改革，但是并没有突破自由流转的限制。在宅基地自由流转市场尚未建立之前，宅基地的收回制度对于盘活闲置宅基地具有重要的制度价值，既可以平衡社会保障功能与财产功能，又能兼顾稳定与效率的价值追求。

当前，面对我国宅基地闲置的现状，宅基地使用权的收回无疑是盘活宅基地的前置条件，合法有效的收回才能保障闲置宅基地的后续开发利用。《民法典》采用转介性条款将宅基地流转交由其他法律规制。新《土地管理法》对宅基地使用权的收回亦未进行更改。唯有征求意见稿第 31 条中对于宅基地的收回情形将《土地管理条例》的三条扩充到七条，丰富了收回制度的类型，但对此立法回应有限。因此，为深入推进宅基地制度改革，应以《农村宅基地管理暂行办法》的制定为契机，对于宅基地使用权收回的性质、主体、程序、补偿，以及在宅基地收回后如何实现盘活之间的一个有效衔接进行细化和完善，以期为司法实践中的纠纷提供制度上的支持，进一步推动乡村振兴。

（3）宅基地使用权收回的法律性质亟须明确。

对于“收回”性质如何进行界定，无论是《土地管理法》第 66 条还是征求意见稿第 31 条中均明确规定“为乡（镇）村公共设施和公益事业建设，需要使用土地的”可予以收回，并且同时都规定了依据该条款收回土地的，享有相应的补偿机制——予以适当补偿。该规定与土地征收极为相似。因此，在宅基地使用权的收回在解释上存在分歧，主要存在行政行为说和民事行为说。对于行政行为说，一种观点认为，宅基地使用权的“收回”本质上是一种征收，国有土地和集体所有土地应当在制度上保持协调一致，国家和国有土地使用权人与集体和集体土地使用权人同样为土地所有权人和使用权人，既然国家对于国有土地上房屋的拆除明确为拆除，作为与之相对应的集体所有房屋的拆除，没有理由不是征收。照此种观点，将宅基地使用权的收回认定为行政征收，则应当按照法定的宅基地征收程序来收回宅基地使用权，并按规定给予补偿。其本质还是一种行政行为，不属于村民自治的范畴，发生纠纷时归属于行政诉讼的受案范围。另一种观点认为，政府对于宅基地的收回认定为一种行政许可，也就意味着宅基地使用权流转的实际权力并不是在农村集体手中，而在于批准用地的人民政府，宅基地的收回此时在法律性质上属于行政许可的撤销。对于民事行为说，有学者认为宅基地的收回本质上属于一种私法上的收回，当发生宅基地使用权的纠纷时，我们可以按照《民法典》合同编等法律规定请求违约责任并解除合同。对于上述情形，村民在发生宅基地使用权收回纠纷时，采用何种救济路径至关重要。

（4）宅基地使用权收回的主体存在虚置。

《土地管理法》第 66 条和征求意见稿第 31 条中均规定："经过批准，农村集体经济组织可以收回宅基地"。基于文义解释，宅基地使用权收回的主体应该是集体经济组织，但是在实际中存在"解释和运转上的难度"。在新颁布的征求意见稿中虽然将宅基地收回权的主体进行了补充，即"农村集体经济组织不健全的，由村民委员会或者村民小组依法代表集体行使宅基地所有权"。该条规定回应了部分学者指出的宅基地收回权主体不明确的问题，虽然征求意见稿予以了补充，但是对于农村集体经济组织的界定问题仍没有落实，对于农村集体经济组织中的哪些人组成哪种机构和依照何种程序、标准而决定收回宅基地使用权，也并没有明确的规定。也就是说虽然对宅基地使用权的收回主体进行了规定，但是在细化问题上还需不断完善。至少还存在以下问题：其一，地方法规或地方规范性文件中对于宅基地的收回主体规定不尽相同（部分地区列举参见表 4－5）。结合图表，我们可知，在我国的不同省份，市辖区、县对于宅基地收回权的主体并非一致，在适用上还是存在很大的争议。其二，对于收回主体并没有完全按照《土地管理法》中的由集体经济组织来进行收回，收回主体呈现多元化趋势，包括集体经济组织、村股份经济合作社、村民委员会、村民小组、土地所有者、村理事会等几类。其三，实践中集体经济组织能否担此重任值得商榷，根据农业农村部的数据，截至 2020 年底，我国的村集体经济组织已经达到 53.2 万个，所占比例高达 79%，但是，年收益超过 50 万的村集体不到 9%，甚至仍有 45%的村集体经济组织收益为 0 或者小于 5 万元。这表明我国的农村集体经济发展存在着严重的不平衡，虽然我国在乡村振兴的大背景下，村集体经济组织实现了大幅提升，但仅仅是数量上的提升，而忽略了村集体经济组织的真实效用。

**表 4-5　不同地区对宅基地收回主体的规定**

| 地区 | 地方规章 | 法条 | 收回主体 |
| --- | --- | --- | --- |
| 河北省 | 《河北省农村宅基地管理办法》（2022 修订） | 第 12 条第 1 款 | 村民委员会 |
| 四川省 | 四川省《中华人民共和国土地管理法》实施办法（2012 修订） | 第 53 条第 2 款 | 土地所有者 |
| 贵州省 | 《贵州省乡村振兴促进条例》（2022.10.14） | 第 62 条 | 农村集体经济 |
| 湖南省株洲市 | 《株洲市农村村庄规划建设管理条例》（2022 修订） | 第 23 条 | 村民委员会或者村民小组 |
| 广西壮族自治区贵港市覃塘区 | 《覃塘区人民政府关于印发覃塘区“一组两会”参与农村宅基地管理办法（试行）的通知》（2022.10.19） | 第 9 条 | 理事会制定本集体经济组织农村集体经济组织宅基地无偿收回办法，户主（代）会议决、村（居）委会审核，报乡政府备案理事会实施 |
| 浙江省湖州市德清县 | 《德清县人民政府关于印发德清县农村宅基地管理办法（试行）的通知》（2018.6.28） | 第 13 条 | 村股份经济合作社 |

（5）宅基地使用权收回的程序缺乏强制性规范。

缺乏对宅基地使用权收回程序的规制可能会导致该收回制度的滥用，从而损害农民的利益。农民与宅基地使用权的收回最为密切相关，《土地管理法》第 66 条只是对于宅基地使用权收回的程序规定了需报经原批准用地的人民政府批准。地方法规、规章和政策对于宅基地的收回也是仅仅停留在报批环节，没有进一步的细化，宅基地的收回对于收回主体来说具有规范和指引作用，宅基地收回需要一系列的流程来规范操作。因为规定过于简单和牵扯村民的切身利益，村集体经济组织并不会贸然行使收回权，而且对于宅基地使用权纠纷的案例中存在的问题也较为明确，大多为村集体收回其宅基地程序违法，未充分听取其陈述与申辩，没有有效地进行告知义务，没有进行听证，相关的手续不齐全就将房屋进行非法拆迁，有的未上报乡（镇）政府批准就擅自收回宅基地使用权等。法院在受理此类案件时，审查的重点也集中在是否属于本院的受理范围和是否违反《土地管理法》第 66 条之是否违反本条第一款之规定。收回程序的缺失给收回的运行留下权力扩张空间，极易导致该制度走向虚置或滥用，收回主体也更易侵犯使用权人的合法权益。

（6）宅基地使用权收回的补偿机制欠缺。

对于立法中宅基地使用权收回的补偿，无论是《土地管理法》还是征求意见稿 31 条均将补偿的范围限缩为“为乡（镇）村公共设施和公益事业建设，需要收回宅基地使用权的”，对于宅基地使用权应当予以适当的补偿，但是法律对于补偿的情形、补偿主体、补偿方式等方面均没有详细规定，立法上对此也是空白。在司法实践中，因补偿带来的纠纷不为少见。补偿方案一般由集体讨论决定，安置补偿的办法多为楼房安置、货币安置、货币补偿相结合。但是对于该补偿方案的制定是否符合法定的通过方式，是否经过县级以上政府的审批，这些都需要明确。特别是对于宅基地使用权的收回过程中，农村集体经济组织是否有足够的补偿资金来进行收回也是影响收回的重要因素。同时，如果在进行宅基地使用权收回中，补偿条件模糊、补偿程序空白等现状会导致不少地方滥用宅基地收回权的现象。比如个别地方政府会非法强行无偿收回农村宅基地使用权或者迫使农民置换宅基地，某些地区的农民“被上楼”和“负债上楼”等现象时有发生。

（7）宅基地使用权收回的制度重构。

首先，改变宅基地使用权收回的管理模式。宅基地使用权收回的权利主体是宅基地所有人——农村集体经济组织。长期以来，在“批准”模式下的收回制度，往往带有行政行为的错觉。对此要明晰政府的“批准权”和农村集体经济组织的“收回权”。明确原批准用地的人民政府的批准权只是收回权行使的生效或者程序要件，回归国家对具有土地管理职能的农村集体经济组织行使自治权能的监管和约束本位。我国的农村集体经济组织发展良莠不齐，而且部分地区的农村集体经济组织名存实亡，虽然农村集体经济组织享有收回权能，但是为保证该权利不被滥用，此时就需要发挥政府批准权的阀门作用，可以一定程度上避免收回权的滥用，但这并不意味着政府将其农村集体经济组织的收回权予以剥夺。对此，可以考虑将“批准”改为“备案”来更好地发挥真正的权利主体地位。以更好地保障村集体经济组织的“自治性”，弱化其政府机关的“行政性”。其次，应当将集体经济组织作为宅基地使用权收回的法定主体。重塑农村集体经济组织收回主体的地位。农村集体经济组织对于激活农村的经济活力发挥着不可替代的作用，特别是中西部地区，更要充分利用当地的位置优势，因地制宜，国家应当加强对农村集体经济组织的扶持力度，提升农村集体经济组织的管理水平，以盘活农村集体经济组织的资源和潜力。同时，要明确对于没有农村集体组织的地区行使收回权的一个衔接，规范村民委员会和村民小组作为宅基地使用权收回的权限，做到以农村集体经济组织为主，村民委员会和村民小组为补充，保证农民充分参与收回的全过程，重视农民的意见，赋予其寻求司法救济的权利。再者，统筹推进宅基地收回的规范管理。第一，表决程序。农村宅基地不同于城镇建设用地，农村是基于“熟人社会”下运转的产物，乡土社会的这种人口流动性缓慢的特点使乡村生活很富于“地方性”特点，所以乡土社会是个熟人之间的社会。农民依法取得宅基地使用权，对其收回必须慎重。第二，公示程序。对于涉及农民重大利益的事项进行公示，是预防权利滥用的防腐剂，法律应当对宅基地使用权收回的流程进行公开，优化农民治理。第三，异议程序。农民作为利害关系人，其必然有相应的权利来表达意见看法，其中对于村集体经济组织或者村委会做出的决定不服，可以依法向上级政府机关进行申诉和依法提起诉讼来维护自身合法的权益。同时，对于在宅基地使用权的行政监管程序上，应坚持形式审查原则。在政府进行批准决定时要重点对集体经济组织所申报材料的真实性、完整性和合法性予以核实，重点审查宅基地的收回是否符合法律规定的情形，是否按照相应的比例进行表决，是否进行公示，是否进行签章等。同时，应当赋予当事人要求集体经济组织组织听证的权利，防止权力恣意而为。最后，完善宅基地使用权收回的补偿机制，实现宅基地收回与重新分配之间的有效衔接。补偿机制是收回制度不可或缺的一部分，其通过财产给付的方式对农民的居住权益进行救济。宅基地收回之后的再利用与分配，其本质是一种资源的分配再利用，不同的地区要根据实际情况实现收回与分配的有效衔接。

### （四）宅基地“使用权”的担保模式

#### 1. 对宅基地“使用权”设定担保

宅基地“所有权”归农民集体所有，“资格权”归取得宅基地的农民集体成员享有，但是集体成员与非农民集体成员皆可获得“使用权”。权利主体在获取宅基地“使用权”之后，可以对其进行独立的处分。所担保的房屋和土地必须具备不动产权证书，不具有权利瑕疵。

#### 2. 对居住权益的基本保障

以农村住房及宅基地担保，担保人须具有一处（含）以上的住所或提供具备其他住所的书面证明，以此保障担保人的基本居住权益。

#### 3. 宅基地的区分担保原则与有限担保制度

对于存量宅基地的“使用权”，实行宅基地“使用权”的有限担保制度。对于存量宅基地“使用权”，在赋予其一定处分权能基础上持谨慎的改革态度，对其流转范围予以必要的管控，待条件具备时再完全放开。即对存量宅基地采取“无偿取得、有偿使用、有限担保”的方式，仅针对其余而不用、有偿取得或者随地上建筑物担保的方可设定担保权。理由在于“使用权”虽然已经与“所有权”和“资格权”相分离，具备一定的权利独立性，但在经济上房地一体投资开发或使用，二者已经具有相互依存的性质，唯有房地一体设定担保才能真正激发房地的财产价值。

对于增量宅基地（宗地、宅基地指标）的“使用权”，可以自由设定担保。因为增量宅基地并不关涉复杂的房地关系处理，故应使之具有完备的担保权能。

**4. 宅基地与地上房屋的处理**

农房作为担保财产被处置，同一农民集体成员成为受让人时，“使用权”的转让不存在法律阻碍，即买受人是本集体成员的，宅基地可以同房屋一同转让，买受人成为新的宅基地使用权人。若受让人为非农民集体成员（如城市户口的居民）或农房与宅基地“使用权”一同变价时，受让人仅取得房屋所有权而不含括宅基地“使用权”，以上两种情形皆可能发生“房地分离”现象。

宅基地“使用权”是在集体土地所有的基础上为保障农民居住权益而设定的一项用益物权，在房地分离时房屋价值被贬抑。若农民不能主张和取得“使用权”的收益，则意味着农民宅基地使用权无任何市场价值。因设定担保权导致房地权利主体不一致（房地分离）时，视为存在租赁法律关系。租赁权属于债权性权利，在“房地分离”主义下，应赋予宅基地使用权人向受让人（新的房屋所有权人）收取法定孳息性质租金的权利，农民集体凭借宅基地所有权的身份可以参与对土地收益的分配。

上述宅基地“使用权”的担保模式充分彰显了效率优先兼顾公平的价值取向。首先，保障宅基地“使用权”的初始取得方式体现公平价值，以此保障农民的基本土地权利和生存权。其次，改变既往立法过于突出宅基地使用权的静态归属和高度统一的做法，保持宅基地“所有权”和“资格权”不变，但允许宅基地“使用权”在农民集体内外合理流转或设定担保，实现宅基地土地资源的高效合理利用。最后，就债权人来讲，宅基地“使用权”设定担保之目的乃保障债权，不在于占有或使用宅基地。但对债务人来说，宅基地“使用权”设定担保乃实现资本融通的重要方式，以对宅基地“使用权”的有效利用激发宅基地的财产价值。

### （五）宅基地使用权入股后设定担保融资

宅基地使用权入股是实现农民农村共同富裕的必由之路，但《民法典》

《中华人民共和国公司法》（以下简称《公司法》）和《中华人民共和国农民专业合作社法》（以下简称《农民专业合作社法》）等相关立法对宅基地使用权入股问题缺乏规制。理应从入股、运行和退出等环节将宅基地使用权入股纳入法治轨道，在入股阶段建立登记确权制度和规范入股评估机制，在运行阶段健全利润分配体系和强化风险防范系统，在退出阶段合理赋予农民退股权利和发展入股保险制度，以补苴目前相关立法罅漏。

**1. 现行立法对宅基地使用权入股问题缺乏规制**

一是《民法典》层面的缺陷。根据《民法典》第 323 条，用益物权具有“占有、使用、收益”三方面的权能，但《民法典》第 362 条却将宅基地使用权的权能限制在“占有和使用”两方面之内。在宅基地财产功能日益凸显的背景下，农村宅基地闲置问题的涌现侧面反映出当前对使用权收益权能的限制已不具妥当性，不能涵盖和适应不断变化的社会需求，与进一步扩大宅基地使用权权能的改革方向相背离，也无法为宅基地使用权的特别法规定提供基本遵循。

二是《公司法》层面的障碍。①以宅基地入股设立的公司无法享有法人财产权。根据《公司法》第 3 条第 1 款的表述，公司作为法人财产独立，享有法人财产权。同时第 28 条和 83 条又明确“股东以非货币财产出资，应当办理转移财产权的手续”。因此，股东将入股财产权转移至公司名下，公司理应对该笔入股财产享有所有权和支配权。但囿于宅基地归农民集体所有，故即使宅基地使用权入股公司，宅基地的财产权依旧为村集体所保留，公司的法人财产权缺位。②现行的股权分配制度难以保障农民的权益。根据《公司法》第 3 条第 2 款的规定，公司股东根据其认缴的出资额享有相应股权并承担有限责任。作为小股东的农民相较于大股东处于弱势地位，以宅基地入股的出资额相对较小，所持有的股权也相应少且分散，在决定公司重大事项时欠缺话语权。③宅基地使用权的限制流转与公司的自主经营权相背离。公司的自主经营权是指其一经成立就得以取得独立法人资格并享有在经营范围内自主经营的权利。而宅基地使用权作为农村土地的特殊形态之一，流转受到各个方面的限制：a. 在流转对象上，不得将宅基地使用权转让给非农业户口的公民；b. 在流转程序上，宅基地使用权的流转需经多部门审批，手续烦琐复杂；c. 在流转范围上，《民法典》第 399 条明确“宅基地等集体所有土地的使用权不得抵押”，但第 410 条转而指出抵押权的实现方式为折价、拍卖、变卖等，这些均以转移标的物为前提的实现方式与宅基地使用权的限制流转相抵触，无法就公司的对外融资作出回应。

三是《农民专业合作社法》层面的不足。《农民专业合作社法》第 4 条与第 25 条允许合作社成员自由退社，还一并载明了退社方式与流程。但根据第 15 条，合作社章程应载明的事项却只提及合作社成员出资的转让，没有关于转让出资的具体规定。虽有观点认为转让出资理应包含于成员退社之中，但多数观点支持转让出资与退社并不能轻易画上等号。因此，《农民专业合作社法》中关于成员转让出资方面细化规定的缺漏导致股东无从获取处分股权的完整权利，不利于宅基地使用权入股制度的重构。

**2. 宅基地使用权入股操作的现实困境**

入股环节：入股程序与价格评估体系匮乏。其一，宅基地使用权入股的程序缺失。实践中并未对宅基地使用权入股的流程进行明确，导致各地区在操作宅基地使用权入股时缺乏程序指引，入股流程混乱，欲以宅基地使用权入股的农民无从得知正确可行的入股步骤，也无法明晰其自身的权利义务。其二，宅基地使用权入股的价格评估体系欠缺。由于我国现行法律将农村宅基地困于“限制流转”之囹圄，虽当前市场上存在较为完备的土地价值评估体系，但其评估对象为国有建设用地，作为农村集体土地的宅基地被隔绝在外，实践中缺乏对宅基地价值的规范化评估体系与客观化评估标准，宅基地使用权的价值难以被真实反映。此外，基于宅基地的社会福利属性，现实中农民往往无偿获取宅基地，因而其无从知晓宅基地的价格，也因欠缺专业评估能力而无法准确判断宅基地使用权的经济价值，反观出资一方则极有可能在利益的驱使下奋力压低宅基地价格，导致宅基地使用权的价值易被低估、农民的权益难获保障。

运行环节：利益分配与股份转让存在争议。其一，入股后利益分配制度不够健全。实践中，在收益分配上主要有综合分配和单一分配两种模式。前者是指按照“保底＋分红”的形式分配利润，即使公司或合作社的经营没有获取利润，其仍需要按照约定向入股农民支付保底收益，若有盈余则需在保底收益的基础上再按照持股比例分红。后者是指仅按照“分红”的形式分配利润，公司或合作社不给予农民保底的收益，只有在盈余时才根据持股比例进行分红。若采取综合模式，虽能对农民的权益进行倾斜性保护，但与《公司法》中规定的“没有利润不分红”的效力性强制规定相悖；若采取单一模式，虽符合法律的规定，但因经营存在风险，无法对农民权益进行完整保障。其二，对于农民股东能否进行股份转让存在争议。若允许转让，是否应当限制其受让对象？少数反对意见认为，应禁止农民转让股份，理由在于股份转让不仅会丧失宅基地的保障功能、威胁农民的居住安全，而且若允许农户向村集体外部成员转让股权将会引入异质主体，危及村集体经济组织的稳定性。而多数支持意见认为，应当允许农民转让自身股份，且不应当有对象限制。理由在于：第一，股权具有天然的可流通性，只有通过流通才能发挥其最大的价值，允许股权转让能够充分激发宅基地的财产属性；第二，农民转让股份并不当然丧失宅基地，从本质上来说，以宅基地使用权入股具有一定期限，期限届满后权利复归农民手中，不会消散宅基地的保障功能，也不会影响农民的居住安全；第三，宅基地“三权分置”改革中宅基地的资格权与使用权相分离，为农民向外部人员转让股份提供法理支撑，受让人在获得股份份额时并未获取农村集体成员的资格，当然就能够维持村集体经济组织的稳定性。

退出环节：对自由退股与权利处置的规范不清晰。其一，对于农民股东能否自由退股尚未明确。若否认农民股东的自由退股权，将与《农民专业合作社法》第 4 条规定的“入社自愿、退社自由”条文相悖，无法尊重农民权益，削弱其入股积极性。反之，若准许农民股东自由退股，虽能保障农民的财产权和自由选择权，但可能对公司或农民专业合作社的稳定性造成不利影响，还会损害交易相对人的信赖利益。其二，入股经营失败后如何处置宅基地使用权存在争议。宅基地使用权折价入股公司、农民专业合作社时，入股的土地成为公司或合作社的登记财产。在公司或合作社经营不善、资不抵债时，宅基地使用权将被纳入破产财产用于债务清偿，此时农民将面临丧失股权与宅基地使用权的双重风险。若农民失去宅基地使用权，将同宅基地的社会保障功能相抵牾；债权人若为非村集体人员时，让其享有宅基地使用权为法律所不允，易导致大量城市经济组织和民众涌向农村开展圈地运动，造成社会混乱。因此，当公司或合作社经营失败后，实践中对于宅基地使用权的处置会出现两难的境地——若让入股土地参与破产清算会给农民带来极大的失地风险，若将入股土地退还给农民又难以保障债权人的利益。

**3. 宅基地使用权入股的制度重构**

补苴宅基地使用权入股相关立法的罅漏。首先，应修改《民法典》第 362 条中关于宅基地使用权的界定，增加宅基地使用权人的收益权能，为农民通过宅基地使用权入股增加收入提供法律依据。其次，健全《公司法》中的相关法律制度。一是明确规定入股的出资机制。须在《公司法》中明确以宅基地使用权入股公司的出资方式，并规定当农民以宅基地入股时，应一次性缴纳出资并依法办理将使用权移转至公司名下的登记程序。二是设置保护农民股东权益的条款。由于农民作为小股东处于弱势地位，应明确规定“必须经代表三分之二以上表决权的农民股东同意，才能够决定公司的重大事项”。三是建立妥当的股权流转规则。在我国限制宅基地使用权流转的背景下，若农民以宅基地使用权入股公司，公司将无法对宅基地使用权进行二次流转，如此不利于公司的对外融资。故可以明确规定必须经过村集体和农民本人的同意，并以书面形式订立合同，才能够进行宅基地使用权的二次流转。最后，细化《农民专业合作社法》中的相关规定。《农民专业合作社法》应在成员转让出资方面设置细化规定，明确转让出资应符合的形式要件、转让的对象和范围、本农民专业合作社的其他成员具有优先购买权等，以便完善农民的处分权利，建构完整的合作社产权制度。

建立宅基地使用权入股的登记确权制度。政府须优化自身管理服务体系，因地制宜、与时俱进地建立一套完整统一的宅基地使用权入股交易流程，并为农民设置办理宅基地使用权入股事项的专门窗口，充分发挥宅基地登记确权工作在入股中的保障作用，避免形式主义泛滥、增加成本与交易风险。建立宅基地使用权入股的登记确权制度不仅能够赋予农民真正具有法律效力的权利证书，明确农民以宅基地使用权入股的相关程序及权利，而且能够通过严格的公示方式产生公信力，切实保障宅基地使用权受让方和第三人的利益，为后续宅基地使用权入股的良好运行创造前提条件。

规范宅基地使用权入股的评估作价机制。构建客观合理的宅基地使用权评估作价机制能够为后续的入股运作奠定良好基础。一方面，应建立独立、规范、权威的第三方宅基地使用权评估机构。宅基地使用权的评估作价具有高度技术性，应当在机构中设立评估团队或评估小组，招聘专业知识丰富的人才，以保证评估结果的客观公正。政府也要加强对该第三方机构的监督与管理，制定评估报告归档制度供当事人双方在争议时调取查阅，在一定程度上对评估机构形成约束。另一方面，制定科学性的宅基地使用权评估办法。目前各地区间标准迥异，各种评估方式利弊并存，无法反映出宅基地的真实价值。通过建立起规范统一的评估标准，在评估程序、评估时效和评估等级等方面形成具体的技术规范，引导各地评估机构开展科学规范的评估工作。

健全宅基地使用权入股的利润分配体系。在现行的两种利益分配模式中，按照“保底＋分红”形式分配利润的综合模式虽然对于农民进行倾斜性保护，但是与“分红以盈利为前提”的基本原理相悖，对公司、合作社及债权人的利益造成不利影响，且“保底条款”是出于鼓励农民流转宅基地使用权、减少其顾虑而产生的不规范做法，并不可取。因此，仅按照“分红”形式分配利润的单一模式既符合入股的基本原理，又能够平衡农民股东、公司或合作社及债权人多方的利益，相较之下更具可取性。但是，若统一采取单一分配模式，意味着只有当公司或合作社盈利并保有剩余利润时才会向股东分红，无法对作为弱势群体的农民的非农收入进行全方位保护。因而，在采取单一分配模式的基础之上，可以建立弥补与垫付的配套制度来寻求利益平衡点。具体而言，当公司或合作社没有剩余利润不能以金钱来分红时，弥补制度指其可以用实物来作价补偿农民股东的红利，而垫付制度指由非农民股东提前对农民股东的“保底收益”进行垫付，待公司或合作社取得利润时再进行返还。因此，将主体上的单一分配模式与上述配套制度相结合，既创新了分配方式，也避免了法理冲突，还能够有效保障农民的权益。

强化宅基地使用权入股的风险防范系统。其一，控制宅基地使用权的入股期限。入股期限若过长，将会使宅基地长时间脱离农民的管控，不利于农民对宅基地使用权的实质性控制。若入股意在利用其地上房屋开办农家乐或度假村等，由于前期投入不高，回收期也相应较短，使用权入股期限应不超过 20 年；若入股意在开展灾区重建项目，由于村集体须与社会第三方共同建设，资金投入庞大且回收期漫长，使用权入股期限参照集体建设用地使用权规定为 20～70 年为宜。其二，限制宅基地的实际流转。宅基地入股后就成为公司或合作社财产，但由于其维系村集体稳定的功能与社会保障属性，应限制公司或合作社对其的自由处分权。为了防止对宅基地进行炒卖，公司或合作社不得随意出售宅基地；为了保证农民股东的居住安全，在公司破产或合作社解散清算时，赋予农民股东享有对其出资的宅基地使用权的优先购买权；若农民股东没有意愿或没有能力行使优先购买权，则也可以赋予村集体其他成员优先购买权，限制宅基地使用权的外流。

加强退出阶段的权利保障。一方面，合理赋予农民退股权利，可区分为约定与法定两种模式。若当事人之间有约定农民行使退股权的事由，一旦约定的事由出现，允许农民行使退股权；若当事人之间没有约定，则遵从法定规范来确定农民股东是否符合退出条件。法定规则应在实体与程序层面明确设定退股的条件。在实体层面，退股应满足“公司或合作社存在重大经营问题或排挤农民股东，农民股东主观上不愿意继续参加公司的运营与决策”的条件；在程序层面，应设立内部程序与诉讼程序，退股需经三分之二以上表决权的股东通过，而当无法利用内部程序退股时，允许农民股东通过诉讼方式退股。对于退股的形式，不能是直接将此前入股的宅基地使用权退回，而应是退回与之相对应的对价。另一方面，可建立宅基地使用权入股保险制度。就入股经营失败后对于宅基地使用权的处置问题，焦点在于当公司或合作社符合破产条件或达成解散事由而进入清算时，农民股东的宅基地使用权能否作为清算财产清偿公司或合作社的债务。若要兼顾多方主体的权益保障，应先遵照现行相关法律的规定与破产法原理，将宅基地使用权归入公司或合作社的责任财产对债务进行清偿，而对于清偿给农民造成的损失，可以建立以宅基地使用权入股的保险制度来保障农民的权益。入股保险的保费应当由村集体与入股公司或合作社共同负担，保证在公司或合作社陷入经营困境需要农民行使优先购买权时，对参保农民予以资金援助或损害赔偿。在入股保险制度暂时缺失的情况下，各地政府也可以建立宅基地使用权入股的风险补偿基金，对农民股东的合法权益予以补救。

## 六、集体建设用地使用权担保

### （一）集体建设用地使用权的取得

获取集体建设用地使用权必须经过集体民主议定程序三分之二以上表决通过。经过民主议定程序之后，获得集体建设用地使用权的民事主体必须向农民集体缴纳使用费用（出让金、租金等形式）。集体建设用地使用权人再次流转土地使用权，其转让的收益在缴纳使用费用（出让金、租金等形式）和相关税费后，剩下的全部归使用权人。

### （二）集体建设用地使用权期限

根据城乡两类建设用地的同质性，以用途为标准，集体建设用地使用权期限不得超过同类用途国有建设用地，在此最高期限范围内可以意思自治予以确定。采取物权法定的缓和主义，可以消除僵化的物权法定主义带来的负效应，使得土地利用更具效率性。集体建设用地使用权担保的期限不得超过原土地使用期限减去已使用年限的剩余期限。

### （三）集体建设用地使用权的担保模式

#### 1. 集体建设用地使用权的担保形式

集体建设用地的所有权人和使用权人皆可为土地使用权设定担保。所有权人对其设定担保，可解释为以转让使用权而可获得的预期收益设立担保，或者所有权人可处分使用权，当然亦可处分使用权之上的担保权。为拓宽融资渠道，世界范围内各个国家在逐步改变《担保法》固有的理论与制度，如德国建立了突破担保物权从属性的土地债务制度，土地所有权人可以设立无明确收益人的土地债务。在2006年《法国民法典》修订时不再局限于担保权的从属性。在确保土地公有制的条件下，我国应准许集体土地所有权人自由设定该集体土地使用权的担保，以获取土地融资，而不应拘泥于传统和旧法。

所有权人设定担保须经过所有权人的民主议定程序同意，可以经过集体民主议定程序三分之二以上表决通过。使用权人设定担保无须经过所有权人同意，理由在于所设定担保的客体为用益物权，其权利主体可以自由予以处分。

公益性集体建设用地使用权一般不得担保。但经营性集体建设用地使用权可以自由设定担保。

**2. 集体建设用地使用权担保的禁止性情形**

集体建设用地不得设定担保的情形包括：权属有争议的集体建设用地，不符合土地利用总体规划或城乡规划的集体建设用地，公益性集体建设用地等。

**3. 符合土地用途与规划**

在城乡一体化发展的背景下，经营性集体建设用地入市后，对土地利用总体规划确定为工业、商业等经营性用途，对其可以担保、出租或转让等形式流转其他民事权利主体；① 经营性集体建设用地使用权的最高年限、登记等参照同类用途的国有建设用地执行。目前，国内各地区的实践中经营性集体建设用地的建设用途再获突破，上海允许集体建设用地用于租赁住宅建设、工业或商业用途；北京则允许建设共有产权房，地块与国有建设用地同责同权。

**4. 对农民集体成员的基本保障**

农村集体取得的集体建设用地使用权出让金、租金或者其他融资收益，优先投入本农民集体成员的各项社会保障基金。

**5. 优先回赎权**

担保权实现时，所有权人和集体成员享有同等条件下优先回赎的权利，但受让或回赎后的集体建设用地使用权不得用于商品房开发。经营性集体建设用地转让时，所有权人和集体成员享有同等条件下优先回赎的权利。所有人的优先回赎权优先于集体成员的优先回赎权。故经营性集体建设用地使用权人若转让其使用权，应先通知所有权人并在集体内公告，若所有权人和集体成员表示不购买或者在公告（通知）之日起 10 日内未作表示，其优先权视为放弃。反之，如经营性建设用地使用权人未通知所有权人和集体成员而与第三人订立买卖合同，其合同不得对抗所有权人和集体成员，即所有权人和集体成员可主张依该合同所为所有权移转行为无效，可以请求注销权利移转登记。

**6. 集体建设用地与地上建筑物的处理**

集体建设用地使用权担保，其地上建筑物随之一并担保。权利主体相异时，推定存在租赁合同法律关系。

---

① 朱宁宁．归纳试点经验为修法提供实践基础［N］．法制日报，2018－12－25（3）．

## 第三节　农村土地融资担保的价值评估

### 一、农村土地的价值评估

农村土地权利作为一种财产性权利可以被量化。农村土地资本化的关键在于创设农村土地资产评估机构和体系，使包括土地经营权等土地权利资产能纳入规范的价值表述体系。在农村土地权利融资担保过程中，若土地权利价值由谁评估、如何评估、参照标准、公正监督等事项欠缺，土地权利价值评估差异明显，其公允性难以为农村土地权利人和第三方所接受，势必影响农村土地银行开展土地担保贷款业务。故而，应逐步完善农村土地权利的价值评估机构、培育专门的农村土地价值评估人员、提高评估人员专业水平、确立科学完善的农村土地评估技术准则，制定具有法律效力的评估规范。

#### （一）评估机构分级制度

农村信贷之所以困难，除了法律障碍和缺少农村土地权利市场平台等原因外，缺乏专业的农村土地评估机构是一个重要原因。可考虑设立独立的农村土地权利价值评估中介组织，专业评估组织的资质由政府主管部门会同金融机构予以严格把关，以确保其权威性和公信力。对农村土地权利价格的评估机构划分为 A 级、B 级和 C 级，对于不同类型的评估机构的设立标准和从业范围予以严格限定，制定独立的市场准入标准，规范评估资质和评估行为。

#### （二）评估人员的资格认证制度

对农村土地权利价值评估实行专家责任制，评估人员须通过资格考试，合格后经注册方可从事评估工作。

#### （三）土地分等定级估价

我国已经形成比较成熟的城镇土地价格评估的理论与规范体系，如《城镇土地估价规程》。该规程对于城镇土地分类、基准地价、宗地地价评估等皆作出详细规定，但是目前尚缺失各项农村土地的分等、等级和评估规程，仅存在针对农用地的分等定级和评估规程。[①] 评定土地的自然属性与经济属性，且将结果等级化。[②] 在此基础之上，按照地产质量、等级及其收益状况、土地利用方式与政策、土地预期收益等，综合评定出某一块土地在某一种权利状态下某

① 郭洁．集体建设用地使用权流转市场法律规制的实证研究［M］．北京：法律出版社，2013：189.

② 纳日麦．基于 GIS 技术的农用地质量评价［D］．呼和浩特：内蒙古师范大学，2013：66.

一时点的价值。如韩国颁布了《价格法》和《关于公示地价与土地等级的评价法律》，并在其《国土利用管理法》中规定了基准地价的实施领域。[①]

### （四）基准地价和最低保护价

基准地价是政府对于一定时期各级别土地或均质地域分别评估确定的法定最高使用年限土地使用权的平均价格，基准地价的确定有利于开展农村土地的转让、出租和融资担保等有偿使用制度。[②] 农村土地融资担保的基准地价有别于农村土地征收、征用的补偿标准，更有别于国有土地使用权出让的基准地价。农村土地征收、征用的补偿标准均采用非市场化的适当补偿标准，而农村土地融资担保的等价有偿的民事行为性质区别于强制性的公共征收或征用行为。就后者而言，农村土地使用权的流转尚处在探索发展阶段，各地的市场发展条件、权利的法律保护程度不同，使得权利蕴涵的价格亦存在一定差异，农村土地权利的价值不能简单地比照国有土地使用权。此外，基准地价应建立周期性更新制度。对基准地价周期性公示，随着经济发展和土地利用政策的变动，基准地价须对农村土地融资担保的价值评估产生价格信号的引导作用。

最低保护价制度乃政府根据正常市场情况下地块应当达到的地价水平而确定的某一宗地土地权利流转时的最低控制价格。最低保护价可以避免部分土地权利主体为了短期或个别利益采取不正当竞争方式任意压低土地权利价格，损害农民或其他农业经营主体的利益。

## 二、农村土地权利担保评估的价值类型

目前我国担保融资评估对于所作出的资产评估究竟评估为何类价值，并未取得共识。各国的担保法等法律、法规及金融监管机构通常对于担保服务的资产评估业务及其结果予以必要的约束。有的国家规定，为担保服务的资产评估业务的评估结果只能选择担保价值；而有的国家则要求，为担保服务的资产评估业务的评估结果可以选择担保价值，也可以选择市场价值。如果所在国家或地区的法律制度，对于担保服务的资产评估业务及其评估结果存在具体规定或约束，以担保为目的的评估结果只能按照相关规定选择价值类型。然而国内各试点地区的评估实践对价值类型的选择存在不确定性。同一目的的评估，选择的价值类型不同，所得评估结果必然存在差异。

---

① 汪秀莲．韩国土地管理法律制度［J］．中国土地科学，2003，17（3）：57－62．

② 曹笑辉，曹克奇．告别“权利的贫困”——农村集体建设用地流转法律问题研究［M］．北京：法律出版社，2012：251．

### （一）美国评估体系采用市场价值衡量

我国农村土地的价值评估尚处于起步阶段，国外的农村土地评估制度已经成熟。以美国为例，采用市场价值衡量方法，且形成专门的农村土地价值评估方案。如《香港评估准则》和《国际评估准则》等皆采用市场价值的方法。[①]美国农村土地价值评估的理论基础是新古典经济学[②]、资源环境经济学[③]、效用价值[④]、外部性理论[⑤]。农村土地价值分为非市场价值和市场价值。对于非市场价值的评估，主要分为陈述性偏好价值评估法和揭示性偏好价值评估法；对于市场价值的评估，采取土地生产潜力法、收益还原法和基于农地市场供求关系的评估方法。[⑥]

### （二）欧洲国家以担保价值作为评估价值

担保价值一词为德国首先提出，并在欧洲大部分国家得以推广，目前已经被《欧洲评估准则》吸收，新的巴塞尔资本协议（BaselⅡ，2004）亦强调了担保价值的运用。[⑦]

一般而言，担保价值的评估标准是被评估资产的收益价值，担保价值不能超过资产的收益价值。在进行担保价值评估时，应将其担保贷款的资产收益价值和其成本价值分别进行评估，担保价值应在考虑上述两种价值的基础上进行实地考察和价值评估。根据《欧洲评估准则》，市场价值包含了评估资产全部可能的未来收益，而担保价值更为关注该资产的用途、当时的市场条件，以及资产的长期存续性，并对资产的未来可出售性予以谨慎评估，并不考虑市场投机等因素。[⑧]

### （三）我国可采取市场价值和担保价值并用的评估体系

在现行的担保融资中，我国通常使用的是市场价值类型，而非担保价值类型。金融机构对担保价值的实现，即可贷款额度，一般是对评估的市场价值打

---

① 崔宏．抵押资产：市场价值抑或抵押贷款价值？［J］．农村金融研究，2008（4）：28-34.

② 福利经济学认为，社会经济生活的目的是为增加个人福利，将个人福利视为个人消费的市场物品以及从资源环境中得到的非市场物品的函数。

③ 资源环境经济学将经济系统和资源环境作为研究客体，从更广泛的视野研究人类经济活动与资源环境间的相互作用与规律。

④ 效用价值论认为，效用乃物品满足人类需要的能力，效用量是衡量价值的尺度。

⑤ 外部性理论认为，个体的效用函数不仅依靠能受其支配因素的作用，还决定于那些不受支配因素的影响。

⑥ 刘云生．中国农村土地银行法律问题研究［M］．北京：法律出版社，2017：208.

⑦ 崔宏．基于银行贷款安全目的的担保资产评估理论与方法创新［J］．金融论坛，2007（1）：10.

⑧ 王宏伟，赵建平．森林资源资产担保与评估［M］．北京：中国林业出版社，2014：108.

折后予以实现的，并以此作为贷款金额的最高限额，担保贷款额度＝评估机构的评估价值（市场价值）×担保率。

目前我国评估中的价值类型缺乏针对性，可能造成担保物在变现时发生价值贬损的风险。若担保物的市场价值下降，金融机构的贷款安全性必将受到严重威胁。随着评估技术理论的完善，担保融资资产（如农村土地权利）的多样化，金融机构对该土地权利的监管要求评估机构在进行以担保为目的之评估中，其评估价值类型不仅仅只选取市场价值类型，尚需考虑选取担保价值类型，从而有效地支持市场经济主体和金融机构的担保融资行为。

在进行农村土地权利担保物评估时，在选取担保价值类型出具评估结果时，至少需考虑以下诸方面因素对评估值的影响：拟担保物可以确定的未来担保期限；拟担保物于评估基准日已存在的担保事项对估值的影响；拟担保物于评估基准日已存在的优先受偿对估值的影响；在农业经营中，拟担保物未来担保期间内可实现价值的影响；在未来确定的担保期限内，拟担保物所在地区的农业政策、土地经营费用等对担保物估值潜在的影响等。

## 三、我国农村土地权利价值评估的体系

### （一）评估的基准日

实际评估工作中，为使得评估具有可操作性，同时保证评估结果可验证，必须假设市场条件、资产状况固定在某一时点，即评估基准日。评估基准日是确定农村土地权利价值的一个特定时点，为评估提供时间基准。评估基准日一般采用下面的方式予以确定：其一为委托第三方独立评估机构的时间为评估基准日，其二为农村土地担保合同生效的时间为评估基准日，其三为土地资产核查或调查之前的某一时间点，或者土地资产核查或调查期间的某一时间点。为确保法律关系的稳定，以及减少市场波动对土地资产价值的影响，建议以农村土地担保合同生效的时间为评估基准日。

与评估基准日密切相关的另一个时间点为“评估报告日”，即评估工作结束之后，需要时间编制评估报告，且书面的评估报告需要一定的审核机制，经审核后最终形成评估报告的时点。一般评估报告日距离评估基准日的时间不宜过长。

### （二）评估方法

#### 1. 市场法

市场法亦称比较法，通过比较被评估农村土地权利资产与最近出售类似资产的异同，并通过土地地租、物价系数对类似农村土地权利资产价格予以调

整，从而最终确定被评估资产的价值。运用市场法进行评估需要一个充分发育的农村土地产权交易市场。在市场经济条件下，市场交易越频繁，与被评估农村土地产权资产类似的资产价格越容易获得，对于农村土地产权交易较为成熟的地区适宜采用市场法进行评估。

**2. 收益法**

收益法为通过评估农村土地权利资产未来预期收益并折算成现值，借以确定被评估农村土地产权价值的一种资产评估方法。运用该种评估方法之前提在于农村土地权利资产可以带来连续性的可预测收益。若无预期收益或预期收益很少且不稳定，则不能采用收益法。采用收益法的评估方法实际是对被评估农村土地权利资产未来预期收益进行折现或本金化的过程，故而，收益法适用于具备生产性特点的农村土地经营权的担保融资评估，宅基地使用权和集体建设用地使用权一般不采取此种方法。

**3. 成本法**

成本法为在农村土地权利资产评估时按被评估资产的现时重置成本加减各项损耗价值，最终确定其价值的评估方法。重置成本是按照现行市场条件下重新营造与被评估对象资产相类似的资产所需的成本费用。由于农村土地权利附着于土地，加之土地的稀缺性和不可再生性，土地作为一种特殊的不动产较难确定其重置成本，实务中可以考虑以下因素以确定土地权利本身的价值：土地的区位、面积和形状，土地使用权的权利类型和使用期限，道路通行的类型及其特点，后续的开发费用，现有的基准地价和比较价格，土地使用权的价值应以土地的平方米为单位去测算。[①]

综上所述，市场法侧重于对被评估农村土地权利资产现实市场可实现价值的体现，成本法侧重于资产历史成本角度的考量，而收益法则更多建立在以现有条件为起点，对评估资产未来预测的基础之上。农村土地权利作为一项担保资产，担保权人最为关注该资产在担保处置时的处置变现价值与评估价值之间的关系，以及担保贷款资金的安全性，故而，欲实现担保资产与市场价值的最佳统一，一般采取市场法的评估方法最为合适，但对于市场条件不够成熟地区的农村土地经营权担保融资，则可以考虑采取收益法进行评估。

### （三）评估流程

农村土地权利担保贷款的评估程序乃农村土地银行对于担保物进行审核和

① 沃尔夫冈·克利曼，康拉德·吕西哈特．德国房地产担保价值评估理论与实践［M］．北京：中国大百科全书出版社，2010：113.

权属认定之后、签订担保合同和借款合同之前所进行的程序。一般而言，应包括委托主体与评估机构签订资产评估业务书、编制评估计划、现场土地权利资产核查或调查、评估估算、出具评估报告和存档备份等程序。

### （四）评估标准

对土地经营权的价值评估是农村土地担保贷款的重要基础。评估方法上，须考量取得方式、地理区位、土地级别、经营期限以及所种植的作物等。[①] 一般按土地经营权担保价值＝年租地平均收益×经营期限＋地上附着物价值的公式来测算，并辅之以成本法和市场法。成本法之缺点是对于以较低价格通过拍卖或协商方式取得的土地经营权无法反映出土地升值的部分。[①] 例如对于 10 年前承包的“四荒”地或集体留存土地，当初一次性支付的租金较低，但随着近年来种植收益提高，类似土地的当前价值已经远高于当初支付的租金，用成本法容易低估担保物的价值。市场法则运用类似地区土地经营权的市场交易价格，对于避免低估价值具有一定的参考意义。[①]

建立宅基地使用权价值评估体系。除了建立独立的第三方评估组织，还须制定科学的评估标准。宅基地使用权评估应根据其开发潜力、位置、期限、地上建筑物、成本等方面综合判断。鉴于我国城市房地产评估制度业已成熟，其具体操作经验可以借鉴。

集体建设用地使用权的价值评估，目前在实践中主要存在两种方式：其一为参照国有土地建设用地使用权出让的基准地价；其二为参照政府征用、征收补偿的价格。两种评估时的定价方式均将集体建设用地使用权价格作为一种附属。首先，集体建设用地与国有建设用地在规划条件、开发程度、权利状况、市场环境等诸多方面存在差异，故不能简单地比照国有建设用地。其次，参照政府征用、征收补偿的价格，由于其标准过低和地方政府自由裁量的空间较大，故不利于保护交易相对人的交易安全和形成公开的交易价格。再者，立法上为应对集体建设用地的基准地价而设定独立的法律内涵和技术标准，使其具有独立的法律地位。基于上述原因，集体建设用地使用权的价值评估中，应建立农村集体经营性建设用地基准地价体系，可对本区域内的集体建设用地进行地价评估，核定基准地价，而后公开基准地价并实时更新，同时细化地价等级和价格，并建立区域最低限价制度，以保护集体建设用地使用权人的合法土地权益。

---

① 庞琳，杜怡蒙．“三权分置”中承包经营权分离的权能构造及制度保障 [J]．中国不动产法研究，2016（1）：8.

# 第四节　农村土地融资担保的实现

## 一、农村土地担保权实现的现状与困境

### （一）农村土地担保权实现的运行现状

根据国内各试点地区的运行现状，农村土地权利担保权实现的途径主要通过以下四种路径：其一为私下协商处置。债权未实现的担保权人可与担保人达成协议，将担保物予以处置并就价款优先受偿。其二为诉讼方式。根据《民法典》之规定，当事人达不成处置协议时，可通过诉讼实现担保权。其三为申请实现担保权。《中华人民共和国民事诉讼法》（以下简称《民事诉讼法》）第196条，在协议不成时，担保权人可以向担保物所在地法院申请实现担保权。其四为农村土地权利纠纷仲裁。涉及农村土地权利的流转纠纷，一般无法提起民商事仲裁，但可以在和解或调解不成时，由农村土地仲裁委员会仲裁。

在农村土地担保权的实现方式上，通常采用担保物折价、拍卖、变卖等。此外，根据相关规定，还可以协议转让、贷款重组、交易平台挂牌再流转等方式予以处置。

在买受人的条件上，基本限于农民集体成员的身份，且不得改变土地所有权性质，以及土地的性质与用途。

为完善对农村土地权利的处置机制，各试点地区尝试探索一些新措施来实现担保权，如通过反担保和组合担保转嫁风险，建立农村土地产权交易平台流转担保的土地使用权，或者设立专门机构进行土地权利收储，对金融机构贷款所产生的不良担保物进行收购，并通过整合出租、再流转等方式予以处置。

担保权的实现是担保权最重要的效力，也是担保权人最主要的权利，由于农村土地权利担保物的特殊性，传统担保权实现方式不能解决农村土地担保融资的实现问题。基于此，需建构便捷高效、公平有序的农村土地融资担保权实现机制，以保障债权人能够以较低交易成本实现担保权，激励金融机构进入农村土地担保融资市场，解决农村产权担保融资难问题。

国内不少试点地区已经根据本地区的实际情况，进行了多种形式的农村土地融资担保实践探索，分别在产权制度改革指导意见、担保融资总体方案设计、土地权利确权登记和担保登记、担保物价值评估、担保贷款风险防范机制、担保物处置、担保权实现等方面出台了具体办法。以土地经营权抵押融资

为例，各试点地区根据自身情况因地制宜出台了相关实施意见和管理办法，该改革探索无疑为从立法层面规范土地经营权抵押融资提供了可贵经验。

故选取了具有代表性的省级规范和部分列入国务院试点的地方规范，进行分层次对比分析，归纳出各地方规范的共性内容与问题，梳理与总结成熟的做法与经验，以期为在全国范围内制定农村土地融资担保规范提供借鉴和实践参考。部分试点地区土地经营权担保权实现的相关规定见表 4－6。

**表 4－6　部分试点地区土地经营权担保权实现的相关规定**

| 序号 | 担保融资试点规范 | 抵押要求 | 抵押物处置及风险防范 |
|---|---|---|---|
| 1 | 2014 年中国农业银行《农村土地承包经营权抵押贷款管理办法（试行）》 | 面向专业大户、家庭农场、农民合作社、农业企业及家庭承包经营农户。申请人从事种植业不低于 2 年、养殖业不低于 3 年。自有资金不低于 30%。用途为支付承包租金的，视经营收入的现金流确定，最长不超过 5 年。土地经营权价值评估以内部评估为主，当地已建立规范评估机制的，可采取外部评估方式。外部评估机构由一级分行准入，实施动态名单制管理 | 在当地农村产权交易中心挂牌交易，或与村委会、中介组织协商，由当地村集体经济组织或其他具有资质的中介组织按基准价格收购。建立风险预警、重大风险报告制度。出现土地经营权抵押权实现困难案例，或法院不支持银行抵押权效力判例时，在该省域范围内停止产品试点和推广 |
| 2 | 2015 年安徽省《关于开展农村承包土地的经营权和农民住房财产权抵押贷款试点的实施意见》 | 建立价值评估制度，一次评估、3 年有效。成立价值评估机构，引入独立的第三方评价机制。农业、国土、房管部门规范评估机构资质准入、评估方式 | 处置抵押物。挂牌流转、专设机构收储等方式，确保承贷银行能顺利实现抵押权 |
| 3 | 2015 年山东省《关于贯彻国发〔2015〕45 号文件做好农村承包土地经营权和农民住房财产权抵押贷款试点工作的实施意见》 | 不超过承包剩余期限，或承包土地经营权流转剩余期限。建立涉农资产评估体系，引入专业评估机构，或依托现有资源提供简易免费评估，评估机构可吸纳村“两委”成员和专业评估人员参加 | 通过农村产权流转交易市场、协议转让。建立政府牵头、社会资本参与的农村土地资产管理公司或农业收储公司，确保抵押权的实现。建立风险补偿基金、农业融资担保公司和抵押贷款工作协调机制 |
| 4 | 2016 年广东省《农村承包土地的经营权和农民住房财产权抵押贷款试点实施方案》 | 价值评估要以县为单位，乡镇、村集体经济组织参加。发展农村产权价值评估、法律咨询等中介机构 | 平台挂牌流转。政府部分出资、吸收金融机构和社会资本，设立农村产权抵押贷款风险补偿基金 |

（续）

| 序号 | 担保融资试点规范 | 抵押要求 | 抵押物处置及风险防范 |
|---|---|---|---|
| 5 | 2016年湖南省《关于开展农村承包土地的经营权和农民住房财产权抵押贷款试点的实施意见》 | 政府出资设立农村产权流转交易市场应以提供公益性服务为主。以评估机构评估、银行自行评估或者借贷双方协商等方式确定价值 | 采取贷款重组、按序清偿、协议转让、交易平台挂牌再流转。政府牵头、社会资本参与的农村资产管理公司、农村物权公司和农村产权收储中心，统一收购和处置无法流转或流转不成功的抵押物。建立风险缓释及补偿机制。每个试点县市应建立100万元以上的农村产权抵押贷款风险补偿专项资金 |
| 6 | 2016年宁夏回族自治区《"两权"抵押贷款试点工作实施方案》 | 以评估机构评估、贷款人自评估或双方协商等方式，确定抵押物价值 | 贷款重组、按序清偿、协议转让、交易平台挂牌再流转等方式处置抵押物。设立"两权"抵押贷款风险补偿基金，发展政府支持的担保公司 |
| 7 | 2016年重庆市《关于印发重庆市农村承包土地的经营权和农民住房财产权抵押贷款试点工作方案的通知》 | 建立政策性评估为主体、商业性评估为补充的农村产权价值评估体系 | 采取整合出租、挂牌转让、再流转等方式，实现"两权"处置净值最大化。支持民间资本以收购、承租、再流转、综合经营等形式参与土地经营权处置业务。重庆兴农资产经营管理有限公司、农村产权流转交易平台开展面向金融机构"两权"抵押贷款和担保机构"两权"抵押贷款代偿债权的收购处置业务 |
| 8 | 2016年陕西省《关于开展农村承包土地的经营权和农民住房财产权抵押贷款试点的实施意见》 | 完善评估机制，建立有各方参与、公信力强的评估委员会。建立"两权"价值评估机构 | 采取多种方式处置抵押物。利息补贴、发展政策性融资担保公司、设立风险补偿基金 |
| 9 | 2016年四川省《农村承包土地的经营权和农民住房财产权抵押贷款试点实施方案》 | 采用评估机构评估、银行自行评估、委托有关专家测算或者借贷双方协商等方式。建立农村产权联合评估机构和专家库，成立评估专家组，制定农村产权价值参考表，定期更新，对借贷双方的价格协商提供指导 | 再流转、第三方托管、收储机构收储方式。由收储中心先对不良信贷资产进行债权回购。建立农村产权资产管理公司或收储中心，用于收储、托管、经营"两权"不良抵押资产。建立由贷款主体、金融机构和当地政府共担损失的风险分担体系。健全政策性融资担保机制，为农村"两权"抵押融资提供信用增进。鼓励省级再担保公司对试点县提供再担保服务 |

（续）

| 序号 | 担保融资试点规范 | 抵押要求 | 抵押物处置及风险防范 |
| --- | --- | --- | --- |
| 10 | 2017年北京市平谷区《农村承包土地经营权抵押贷款暂行实施办法》 | 申请人须持有北京农村产权交易所交易鉴证。评估机构、贷款人自评估或者双方协商确定价值 | 贷款重组、按序清偿、协议转让、交易平台挂牌再流转 |
| 11 | 2020年莒南县《关于开展土地承包经营权等农村产权抵押融资工作意见（试行）》 | 面向农户、专业大户、家庭农场、农民合作社、农业产业化联合体及其他经济组织。融资用于农业产业化项目、新型农村社区住房建设、农民购置和装修新型农村社区住房以及现代农业园区建设等。抵押率为80% | 县财政出资1 000万元设立农村产权抵押融资风险补偿专项资金，承担未清偿部分的1/3［县财政承担70%，镇（街道）承担30%］，剩余部分由担保、保险公司或贷款银行承担。通过村企、镇企等社会资金设立区域性担保公司，提供再担保、反担保、保险。鼓励有条件的镇（街道）、村成立新型农业经营主体联合会，为贷款人提供担保 |
| 12 | 2021年北京市《农村承包土地经营权抵押贷款实施办法（试行）》 | 评估机构评估、金融机构自评估或者借贷双方协商等方式认定价值 | 推出交易场所价值发现的功能，北京农交所开展抵押登记、流转、评估和处置服务。涉农区与本市政策性担保机构建立风险补偿机制，提供信贷担保增信 |
| 13 | 2021年岫岩满族自治县《农村土地经营权及农业设施（附属物）抵押融资管理办法（试行）》 | 抵押物价值由当事人协商确定、评估机构评估确定。不低于同期、同地、同类土地经营权基准价格 | 抵押期内抵押人必须参加农业保险的，财政部门和农业行政主管部门给予政策扶持，保险条款中明确金融机构为第一受益人。抵押期内，抵押人不得以任何理由中断或撤销保险。抵押权人接受已经参加保险的土地经营权抵押后，应书面告知承保机构。抵押期内，抵押人擅自处置抵押物的，以诈骗罪论处 |
| 14 | 2021年黎平县《农村土地承包经营权抵押贷款实施方案》 | 抵押率不超过50%。土地经营权评估价值＝年租地每亩平均净收益×面积×经营期限＋地上（地下）附着物价值或水域滩涂内养殖品价值。评估可以双方协商，也可由县专家评估小组或委托社会第三方评估，评估费由贷款方承担 | 贷款重组、按序清偿、协议转让、再流转等方式进行处置 |

## （二）农村土地担保权实现的制度困境

### 1. 担保权实现机制存在缺陷

国内部分试点地区为保障农民集体成员的优先权，要求担保权人应优先在本农民集体内处置该农村土地权利，若不能处置，方可交付土地权利收储与市场交易平台流转。此先行处置程序的设定与《农村土地承包法》对本集体成员优先权行使的前提条件"同等条件下"相悖，且不合理地限制了农村土地权利的竞价人群。对于非农民集体成员被剥夺了竞价的资格，被担保农村土地权利的价值易被降低，最终损害担保权人和担保人的利益。

### 2. 担保权实现的救济渠道不畅

当事人在农村土地权利担保上发生争议，协商解决，若协商不成则救济途径的畅通尤为关键。目前，国内各试点地区所提供的救济渠道不畅，阻碍着担保权的顺利实现。

（1）仲裁救济不充分。

各类纠纷解决方式中，仲裁具有成本的经济性、程序上的便捷性、审理的私密性和效力的权威性等优点。农村土地权利融资担保纠纷的仲裁事项归于土地仲裁机关处理，排斥一般的民商事仲裁。然而，现实情况是土地仲裁机关并未在全国各地区普遍设立，最终导致部分试点地区仅能提供诉讼方式作为救济渠道，使得当事人的仲裁救济权利受到不当限制。换言之，绝对排斥一般的民商事仲裁亦值得商榷。各地存在的土地仲裁机关行政色彩颇浓，具有半行政化的属性，在仲裁员的选任、不需要事先约定仲裁或事后同意仲裁、不具有一裁终局的效力等诸多方面相较于商事仲裁不具备优势，加之其裁决的权威性偏低。随着城乡一体化的推进，大量的农村土地权利担保争议在范围上已经超出传统农村土地纠纷所局限的农民内部，而进一步向市场化方向发展，其在性质上与一般的民商事争议并无差异。故当事人选择民商事仲裁救济比选择土地仲裁机构仲裁更具有优势，应赋予当事人民商事仲裁纠纷救济的权利。①

（2）确保担保权实现的非讼制度缺位。

各试点地区担保权实现的路径基本上局限于"向人民法院提起诉讼"或"向仲裁机构申请仲裁后再向法院提起诉讼"，司法裁决之后向人民法院申请执行拍卖。忽视了非诉的担保权实现方式，如农民集体成员的回赎、农民集体的优先购买以及"申请实现担保物权的非诉方式"。按照现行《物权法》第195

① 王佳森．承包土地经营权之担保权实现的制度困境及出路［C］//卢代富．农村土地"三权分置"法治保障研究［M］．北京：法律出版社，2018：88.

条规定，实现担保权可以不经过诉讼程序直接申请法院强制执行拍卖变卖担保财产。立法本意乃尽力鼓励当事人达成协议，如果一方不执行协议，可据该协议申请法院强制执行；若当事人未达成，但存在担保登记，亦可申请法院直接执行担保权，而无须就是否存在主债权，以及债权具体金额等问题进行诉讼审理，除非一方当事人提出不存在债权、超过诉讼时效或债权金额有异议等合理抗辩。

**3. 担保权实现的配套基础设施不健全**

农村土地权利融资担保的各项配套措施主要包括土地权利收储与市场交易平台、政策性金融担保机构及担保物价值评估机制等。如在部分试点地区尚未形成土地权利收储与市场交易平台，即使已经形成但涵盖半径有限，且存在业务量较少、行政色彩浓厚、程序烦琐、排斥小规模的农村土地权利流转等诟病。此外，收储机构在实践中效率过低、仅局限于风险分担的层面；政策性金融担保机构过于依赖政府经费投入，且无法最终处置担保物；担保物价值评估方法简单，通过行政手段制定估值公式以确定担保价值，存在损害农民及担保权人利益的风险。

## 二、农村土地担保权的实现

### （一）农村土地担保权实现的方式

担保权的实现主要采取流转交易和协商收购两种方式。前者为将担保物在土地交易平台流转交易，所得收益由债权人优先受偿。拍卖、变卖农村土地使用权时，在同等条件下集体成员或农民集体享有优先回赎的权利。后者乃在无人购买时，当地集体经济组织可以按基准价格收购担保的农村土地权利，所得价款用于偿还债权人本息。

作为辅助担保权实现的措施，担保人可以购买农村土地权利担保的强制保险，保险条款中应载明受益人为担保人。农村土地权利担保权实现时，应从担保物拍卖所得款项中提取融资担保风险基金，按5%的比例以税收方式缴纳，解决失地农户的社会保障费用；为鼓励农村土地银行等金融机构开展土地融资担保业务，降低其运行风险，地市一级地方政府设置风险补偿金，该补偿控制在损失金额的30%以内。在实现担保权后，未经法定程序不得改变土地的规划与用途。

### （二）畅通农村土地担保权实现的救济渠道

赋予当事人选择一般民商事仲裁的权利。农村土地融资担保的纠纷中，当事人的主体范围已经超出农民集体之外，不仅局限于农村集体组织内部，主体之间属于民事法律关系中的平等主体，该纠纷具有典型的民商事纠纷属性。法律上允许当事人之间约定一般民商事仲裁条款，并赋予该条款排除免仲裁强制管制的效力；对于未选择民商事仲裁的当事人，仍可以因一方申请而启动土地仲裁。原有的土地仲裁机构可以保留作为必要补充，但应提升仲裁员的法律素养、完善相关仲裁程序，提升土地仲裁案件的处理质量和仲裁机构的公信力。此外，在诉讼和仲裁之外，增加“向法院申请实现担保权”的非诉机制，依法保障当事人选择救济方式的自由，畅通农村土地担保权实现的救济渠道。

### （三）农村土地担保物的处置

明确担保品处置方式是实现农村土地担保权的关键。目前主要包括四种处置方式：其一，构筑农村土地权利实现担保的市场平台，为担保权人实现债权畅通渠道。其二，协议收购。金融机构可与村委会、中介机构进行磋商，由当地村集体经济组织或其他具有资质的合法中介组织收购担保的农村土地权利不能过低，应保持一个基础价格进行收购，然后将所得价款用于偿还贷款本息。其三，法律诉讼。以土地经营权为例，强制拍卖、变卖涉案土地经营权后，担保人丧失其土地经营权，但土地承包经营权仍由农户享有，执行程序中的受让人仅获取剩余使用期限内的土地经营权。其四，强制管理。区别于法院的强制拍卖或变卖，强制管理的方式通过委托他人管理担保财产，并以其收益优先受偿。

金融机构可考量通过以下措施保障农村土地权利的处置：其一，以债务人的责任能力作为防范担保风险的重要措施。农村承包土地经营权担保贷款应挑选经营实力较强、农业种养经验丰富的债务人，具体而言可以从经营规模和经营期限两方面设置准入条件。农业生产者的经营规模可以通过耕种的土地面积来体现。其二，通过确定合理的担保率减小农村土地权利处置的难度。根据土地性质确定担保率。

### （四）农民集体对担保物的优先回赎

优先回赎乃法律赋予处于弱势担保人群体的一项重要权利，其产生于农村土地担保权设定之时，无须双方当事人约定；法院等担保物处置机关或担保权人应在一定期限内予以公示或通知；优先权的行使以同等条件为前提，价格相同应是确定同等条件的主要标准。土地承包经营权之担保权实现时，本农民集体其他成员享有优先权，因为该土地本属于农民集体所有，优先考量其成员利益属应有之义。

### （五）低于市场基准价格时农民集体的优先购买权

担保权实现时，当农村土地权利的交易价格低于基准地价，农民集体可以行使优先购买权，按照新的价格条件替代原主体受让农村土地使用权，使市场交易机会强制性地移转于农民集体。该制度乃公权力强制性介入担保物实现时的市场交易行为，故为防止农民集体过度干涉交易自由，必须设置优先购买权行使的具体条件，使农民集体的介入保持在合理限度以内。农民集体的优先购买权适用于以下条件：其一，所拍卖的土地属于农民集体所有。其二，农民集体介入的环节是农村土地使用权流转的二级市场，即土地使用权人之间的权利转移。其三，土地使用权流转的价格明显低于市场基准价格。该制度的目的在于维护市场竞争的效率与秩序，并防止农民集体财产权益受损，保持农村土地使用权交易的价格稳定，优化农村土地使用权定价。为保证该制度的运行，可公布优先购买权行使的价格标准、强制实行交易申报制度和建立地价监控制度。①

## 三、农村土地融资担保的限制

为实现改革过程当中的平稳过渡，应确保农民的基本生存权益。主张在坚持集体土地所有制的前提下，进行适度市场化的农村土地制度改革，以“有限担保”的制度设计发挥农村土地用益物权的经济效益，待条件成熟后逐步推向土地的市场化与资本化，故应对农村土地融资担保予以必要的合理限制。

### （一）对担保人与担保权人的限制

#### 1. 对担保人经济能力的要求

农村土地的社会保障功能虽已不断弱化，但在许多经济欠发达地区，农民对土地的依赖性依然存在。② 担保人必须具有非农职业或具备稳定的收入来源，方能以其土地权利设定担保。以农村住房及宅基地担保，担保人须具有一处（含）以上的住所或提供具备其他住所的书面证明。

#### 2. 担保权人限定为土地银行

农村土地成为有效的担保物后，贷款农民一旦出现经营风险而无法还贷，其农村土地使用权将随之转移到相关金融机构，而此种经营权利的取得对于该金融机构无疑是一个棘手的问题。农村土地融资担保的运行实践中一个至关重要的问题在于由何种主体来承接担保。从世界范围内的农村土地金融实践观察，主要通过设置土地银行等类似的政策性金融组织予以纾解。故我国可以考

---

① 郭洁．集体建设用地使用权流转市场法律规制的实证研究［M］．北京：法律出版社，2013：195.

② 宋才发，彭振．农村土地、房屋不动产统一登记的法治问题探讨［J］．河北法学，2017，35（2）：10.

虑由国家设立专门的农村土地银行以承接类似的农村土地担保业务。其一，由政府背景的金融机构管控对担保物的处理容易实现对担保物的变现，也便于对金融风险的防控。其二，保障农民的土地财产权益，防止在担保物变现后出现土地兼并或私自买卖土地等负面效应。其三，担保物变现后并未转换农村土地产权的公有属性，若发生农村土地担保风险尚可借助性质相同的产权调节机制予以解决。

构建中国特色的农村土地银行，可在性质与功能定位上将其界定为政策性金融机构，农村土地银行在性质上被定位于政策性金融机构，由政府出资组建，其主要功能是农村土地权利抵押融资和发行土地债券。农村土地经营权、宅基地使用权和集体建设用地使用权可以由权利主体通过农村土地银行设定担保融资贷款。可以先设置全国性的农村土地银行，而后在运行成熟的地区再行设置土地银行分支机构，不必整齐划一全国各地皆设置分支机构。具体而言，可以现有的农村金融组织架构为基础，以中国农业发展银行为主体，设置总行、省级分行和地级市支行的三级机构，并在市场较为成熟的县或区设立分支机构，以确保土地银行的组织架构涵盖广大的农村地区。①

### （二）对担保客体的限制

按照宅基地的现实使用状况划分为存量或增量两类使用权。增量宅基地（宗地、宅基地指标）的使用权具有完备的担保权能。存量宅基地的使用权实行有限担保，其余而不用、有偿取得或者随地上建筑物担保的方可设定担保权。

按照取得方式之不同可将农村土地经营权区分为家庭承包方式取得和非家庭承包方式取得的土地经营权。对于家庭承包方式，其设定担保报发包方备案，而非家庭承包方式可自由设定担保。“四荒”地的土地经营权担保须经集体民主议定程序多数表决通过。

按照土地用途，可将集体建设用地使用权区分为公益性和经营性两类。②经营性集体建设用地可以设定担保，但公益性集体建设用地、城镇规划区内的集体建设用地、不符合城乡规划或土地利用总体规划用地皆不可担保。

### （三）对土地权利期限的限制

首先，集体成员自身经营承包地，期限届满则自动延续。耕地为 5～30

---

① 胡建．乡村振兴视阈下土地抵押融资亟待构建中国特色的土地银行［J］．未来与发展，2023，47（6）：101-106.

② 高富平．建设用地使用权制度创新及其立法选择［J］．上海财经大学学报（哲学社会科学版），2013，15（2）：24-31.

年、草地为30～50年、林地为30～70年，在上述期限内可由农民集体经过民主议定程序具体确定。其次，原始取得的宅基地使用权一般为70年期限，期满后非基于社会公共利益征收且地上房屋存续则自动续展期限；地上房屋灭失或权利人死亡后无人继承，宅基地使用权收归农民集体。继受取得的期限为30年，自初始取得之日起算，后手期限为30年减去前手期限，期满之后使用权收归农民集体。最后，以用途为标准，集体建设用地使用权期限不得超过同类用途国有建设用地，在此最高期限范围内可以意思自治予以确定。在城乡统一建设用地市场构建的背景下，集体建设用地使用权的期限化将改变行政性配置土地资源的方式，真正地促进城乡建设用地市场的一体化，从而更好地维护土地资源和发挥农村土地的效益，集体土地财产权益真正惠及每位集体成员。

### （四）用途管制

土地用途管制是土地法律制度的基本原则。农村土地是稀缺资源，具有不可再生性，在农村土地融资担保的运行过程中应当遵循用途管制的要求。就农村承包地而言，《土地管理法》规定：国家实行土地用途管制制度，严格限制农用地转为建设用地，控制建设用地总量。基于维系国家粮食安全的需要，我国对耕地实行特殊保护。根据用途管制的要求，我国法律对于土地规划的用途确定为耕地的土地，基于公共利益的需要，相较于其他类型的土地，对耕地采取“特殊保护”措施。具体表现为对耕地的发展权采取更为严格的限制甚至禁止的措施；对于永久性基本农田，原则上是禁止土地发展权和转为其他用途；对于普通耕地则是采取比其他土地更为严格的限制土地发展权的措施。上述特殊保护措施在法律性质上应认定为行政保护，它是基于耕地保护这一国家义务。实践中，对于农村土地非农用途的管制较为严格，但对于将粮食用地用来种植更高经济价值的经济作物则缺乏有效的管控，这也不利于粮食生产安全。因此，作为特定的义务人，农村土地经营权人应更多地以积极的行为方式履行特定的义务，即使法律或合同没有明确规定，农村土地实际经营者也应根据农村土地本身的性质具体确定农村土地用途。农村土地经营主体支配特定的农村土地行为，必须具有正当性和合法性，且依法合理使用农村土地，不存在损害农村土地所有权人的利益的行为。

就集体建设用地和宅基地而言，其融资担保的行使亦不得违反建设用地总量控制和用途管制。根据使用目的与土地用途，其使用权的权利期限不得超过同类用途国有建设用地使用权的规定，不得违反土地用途管制和土地利用规划。促进集体建设用地和宅基地流转的根本目的在于盘活农村集体资产，但保护耕地的基本国策不可撼动。因此，农村集体土地必须在符合土地利用规划且用途不变的前提下依法有序融资担保。

农民集体组织既然把农村土地交给农民，或者农户将土地以有偿方式流转至其他经营主体占有利用，土地实际经营主体当然应尽充分的注意义务以管好、用好农村土地。衡量经营主体是否尽到充分注意义务的标准应该是民法上的善良管理人标准。土地经营主体既要防止本人在利用农村土地时对其造成毁损破坏，避免对农村土地的破坏性利用，也要积极采取措施阻止他人对农村土地的侵害。如果农村土地受到损害（如农地土壤肥力明显下降、盐碱化加重等情形），农地经营权人可能要承担相应的责任，由于其直接支配使用农村土地，因此应适用举证责任倒置的归责原则，除非其能证明采取了合理的耕作方式，否则要承担农村土地生态修复等责任。

### （五）公法义务

农村土地融资担保权行使过程中应遵循基本的公法义务，这主要体现为权利主体对农村土地的合理使用和维护，维护农村土地在保障国家粮食安全和农村社会稳定的重要作用。权利人在经营农村土地获得收益的同时，必须肩负对国家和社会的责任。以土地经营权为例，农村土地经营权最重要的特征就是从事农业生产经营活动。农民在承包土地上或其他主体在受让的农地上直接进行农业生产，而不是加工生产或者其他非农业生产。

土地经营权作为一种用益物权，具备作为一般物权所应有的特征，即农村土地经营权是权利与义务的统一体。农村土地经营权不仅是权利，而且包括对农村土地所有权的特定义务及相关的附随义务。占有农业用地的经营主体依法享有农业生产经营的自主权。但是，农村土地的自身特殊性决定了经营主体不得弃耕撂荒，农地经营权人要维持农业用地的现有用途，还负有维持地力、培肥地力的义务。农村土地经营权的上述特殊义务皆可归结为社会公共利益的需要这一公法因素。农业用地上的一些问题诸如经营主体资格、农地流转、农地用途、弃耕撂荒、地力维持等，单靠民事法律法规无法有效规制，需要国家以公法的形式介入。农村土地的严重稀缺性意味着长期恶意闲置是对村集体和国家利益的损害，违反了农村土地经营权负有的公法义务，损害了社会公共利益。

### （六）生态环境限制

长期以来，由于农村土地受到耕作不合理、过度利用以及消极利用等因素的影响，直接导致了农村土地生态环境严重恶化。实践证明，法治是有效治理环境问题的长久之策。《土地管理法》第 36 条明确规定，引导因地制宜轮作休耕，改良土壤，提高地力，维护排灌工程设施，防止土地荒漠化、盐渍化、水土流失和土壤污染。其一，明确生态环境保护优先。以土地经营权为例，在农村土地经营权流转到龙头企业、农业公司、种粮大户后，这类经营主体往往对原有的土地经营范围作出调整，追逐效益最大化，导致出现违背土地利用规律的现象，并造成土地的污染。对这类主体的农村土地经营行为应加强监管，因其经营成本要高于传统农户家庭，违法用地发生概率相对较高。其二，坚持无害化利用原则。无害化利用原则主要表现在两方面：一是农产品生态安全。农村土地利用的价值就是能够为人类提供农产品，若生产的产品有毒有害，则毫无意义且会危及人的健康和生命。这就要求农业经营主体在耕作的过程中，坚持无害化原则。例如，严禁使用超标农药，严格按照规范流程使用农药，并保证在度过安全期之后出售农产品，尽可能减少农药残留对人体的损害。二是避免或减少对农村土地的损害。农村土地生态十分脆弱，需要精心加以保护，农村土地的酸碱度、土壤微量元素等指标可以反映农村土地的肥力，应定期监控，并科学使用化肥，切勿为了提高产量，将耕地的容量逼近生态极限。其三，用养结合，实行休耕轮作制度。目前部分农村土地的用养结合出现两种极端，粮食主产区农村土地超负荷使用，部分地区农村土地抛荒撂荒现象大量存在。农村土地的过度开发使用问题应予以有效遏制，使宝贵的土地资源得以休养生息。例如，近年来东北黑土地流失退化问题引发社会广泛关注，其所引发的土地变薄、土壤肥力大幅下降等问题从某种意义上而言属于重大生态事件，必须实行严格的休耕制度，恢复土壤肥力。在休耕期间，农村土地经营权转让方应免收或减少转让金，且政府应对农业经营主体休耕期间给予适当补贴，尽可能减少农村土地直接经营者损失。

## 四、农村土地融资担保的风险管控

### （一）农村土地融资担保的风险类型

#### 1. 影响社会稳定的风险

自古以来，作为基本的生产资料，土地是农民的生存之本，农民依赖土地而获取财富。我国是一个农业大国，绝大部分的人口皆生活在广袤的农村地区，将近 9 亿的人口将土地视为保障基本生存的重要财产。目前，我国农村尚未建立完备的农民社会保障制度，假设农民失去赖以生存的土地，且类似情况的农民人数达到一定规模，则势必成为一个影响农村社会稳定的严峻问题。

#### 2. 突破耕地保护红线的风险

国以农为本，民以食为天。我国人多地少，因此针对耕地沙漠化、抛荒等现象，国家坚持 18 亿亩耕地红线不动摇，遵循农村土地规划与土地用途管制正是考虑到农民的土地可能流转到第三方却未用于粮食生产，最终危及粮食安全。在当前错综复杂的国际形势之下，粮食的自我供给是我国人民的根本生存之道，我国耕地总量不足，且质量堪忧，必须守住耕地保护红线。在准许工商资本进入农业领域后，在缺乏约束机制和监管机制条件下，为了获得更多的利润，工商资本很容易以农业的名义“圈地”，一方面，直接从事非农生产，另一方面，绝大多数工商资本投资非粮作物生产和服务。甚至个别地方出现了“工商资本替代小农”而不是“工商资本带动小农”的问题。因此，应当在坚持农村土地用途管制前提下，坚持耕地红线不突破，禁止“非农化”，控制“非粮化”。

**3. 贷款无法偿还的风险**

农业是高风险且周期长的行业，若基于自然灾害、生产成本增高或农场品价格低廉等原因，农民在贷款期限届满时无法偿还，则担保权人存在贷款无法收回的风险。此外，基于担保标的的特殊性，若担保物一时无法变现或处置，亦增加了担保权人利益遭受损害的风险。对于银行等金融机构而言，其并不具备农业生产资格，也不具有农业经营能力，作为担保物的农村土地权利如何变现或处置，是一个相当棘手的难题。

### （二）构筑多元化的风险分散机制

**1. 多渠道的资金来源以分散风险**

作为担保权人的金融机构，其资金来源主要是政府出资、发行土地债券和吸收农民社员的存款。以美国联邦土地银行为例，其获取资金的主要途径包括合作社向土地银行缴纳的股金、发行的土地债券，以及提取盈余公积金。作为担保权人的金融机构，其从融资担保经营收益中留存一定比例公积金，剩余部分则由合作社用于业务发展和社员分红。

**2. 政府适当予以贴息补偿**

农村土地权利融资担保的市场化运行必然会发生市场失灵的情形，因此国家公权力为弥补市场缺陷可以适当干预。具体而言，政府可以采用贴息补偿的方法分散农村土地融资担保的市场化风险。如重庆市由市、区（县）两级政府分别出资 20%和 15%作为风险补偿基金，用于补偿因办理农村土地担保贷款而产生的市场损失。

**3. 建立政策性担保机构**

通过设立政府背景的政策性担保公司，可以降低农村土地融资担保的金融风险，担保公司可与担保人共同承担还款义务。如作为全国农村改革试验区的成都市温江区，深入推进农村资源资本化改革，在农村土地融资担保中设立政府背景的政策性担保企业，增强担保人的信用与还贷能力，由其作为共同担保人向金融机构承担法律责任。

**4. 建立强制保险制度**

强制保险制度不仅仅适用于交通领域，在农村土地权利融资担保时可要求购买强制保险，其目的在于通过强制保险分散担保人的风险，一旦农民因担保融资而失去相应土地权利，可以从保险公司获得一定的经济赔偿。农村土地权利担保贷款强制保险的资金来源可以通过担保贷款金额的一定比例提取，同时地方政府可给予一定比例资金配套作为支持和鼓励。

**5. 采取为农民减轻还贷压力的合理措施**

通过减轻农民的还贷压力进而促进农村土地融资担保制度的有效运行，为农业和农村的发展提供实质性支持。贷款利率的设置不适宜过高，并建立多种还贷方式以供农民自主选择，还贷方式需贴近农业生产规律，与农民的还贷能力相匹配。农村土地担保融资可在国家贷款利率基础上实行适当优惠政策。世界各国对于农村土地担保利率的规定一般皆予以适当优惠，如德国为4%～5%，日本为3.98%，美国为5%～7%。我国应综合考虑借款人的实际情况，合理确定农村土地担保贷款的利率，在同等条件下优惠5%～10%。办理担保融资业务的相关机构应适当降低担保贷款利息及担保、评估、担保登记等有关费用，切实降低融资成本。

## 五、农村土地担保与地上附着物的关系

### （一）农村土地经营权担保与地上农作物

农村土地经营权担保的效力不能及于农作物。按照传统民法理论，尚未与土地分离的农作物属于土地的组成部分。可见，在传统的担保理论框架下，以土地承包经营权担保会导致担保的实现及于农作物的法律效力。然而，基于担保人权利保护为中心的角度考量，不能简单地作出诸如“土地承包经营权担保权的效力及于土地上的一切附着物”的逻辑推理，根本原因仍在于承包地上的农作物是维系农民生存的基本生活资料，若将其作为担保标的物，则可能致使农民的生存难以维系。土地经营权担保的效力不当然地及于地上附着农作物。若担保土地承包经营权而未担保附着的农作物，担保权实现时，可将二者一同变价，分割价金后，由土地承包经营权担保部分的价金清偿所担保债务。

### （二）宅基地使用权担保与地上之房屋

农村房屋与宅基地之间“房地关系”的处理是设计宅基地使用权流转规则以及释放农房金融潜力的前置性命题。农房和宅基地在物理意义上不可分离，

在法律意义上却是两个独立的物。农户拥有农房的所有权，对农房享有处分权；同时，农户拥有宅基地使用权，其权利性质为用益物权。学界对于宅基地使用权流转制度的设计应遵循“房地一体”原则，抑或适用“房地分离”原则，存在重大分歧。而对于“房地分离”原则下如何处理房屋与土地的权利主体冲突问题，学界主流观点提出法定租赁权的解决路径，但对于该权利的具体制度设计却语焉不详。法定租赁权的主体与客体、法定租赁期限、租金，以及其设立、效力、变更与消灭等内容亟待明确与释明。法定租赁权的主体与客体、法定租赁期限、租金，以及其设立、效力、变更与消灭等内容均需规定与释明。在“房地关系”模糊与法定租赁权制度缺失的背景下，宅基地使用权流转制度改革存在试点成果推广困难和司法实践判决混乱的痛点，与实践中农民对于宅基地使用权流转的现实需求不相匹配。在市场经济条件下，农房以及宅基地使用权是否可以顺畅流转直接关涉到农民是否可以真实获得农村土地财产收益，将直接助益于实现城乡共同富裕。当前模糊的“房地关系”与缺失的法定租赁权制度构造严重妨碍了宅基地财产价值的显化，延缓了农村城镇化与农民市民化的进程，应尽快厘清两者的关系并进行相应制度改革。

对于宅基地使用权担保而言，既往的司法实践中，大部分仍按照禁止担保的思路处理案件，直接适用房地一体原则以宅基地使用权担保缺乏制度规范为由，连带确认农房担保合同无效。试点中理论探讨与改革实践的新尝试并未被法官纳入案件裁决的考量范围。仅少数案件中，法院支持担保合同有效，最终实现了宅基地使用权的担保权。农村房屋担保合同纠纷同案不同判现象的存在，究其根由是对房地一体原则的盲目适用。法律的缄默与矛盾严重困扰着司法裁判，导致人民法院只能自行探索与“造法”，此司法现象无疑侵害了农民的合法权益。在房地关系的处理上应秉持“房随地走”原则，还是“地随房走”原则，抑或采纳地上权或法定租赁权？试点实践中针对上述问题处理混乱，欠缺统一规范的做法。

对于宅基地使用权转让而言，城镇居民购买宅基地上房屋所引发的农房买卖合同效力认定是司法实践中的重大疑难问题。随着城镇化进程中农村土地经济价值攀升，农房买卖合同效力认定纠纷日益增多。针对此类诉讼，法理上主要存在三种处理路径：其一，基于该合同违反法律、行政法规的强制性规定而认定买卖合同无效；其二，基于意思自治以及诚实信用原则认定该合同有效；其三，基于合同履行现状承认购房人对房屋享有继续占有、居住和使用的权利，对合同效力暂不表态。目前司法实践中较为常见的处理方式是第一种方式，典型案件如“北京画家村李玉兰案”。宋庄是北京郊区名声中外的画家村，

2002 年画家李玉兰以 45 000 元价格购买了农民马海涛的房屋，并对房屋重新进行修缮。2007 年宋庄被北京市列入整体规划而随之土地升值 5 倍，马海涛之妻董秀梅起诉画家李玉兰，以法律规定宅基地不能自由流转，农民不能出售宅基地给城市居民为由，要求法院确认原来房屋买卖合同无效，收回自家的宅子。这种处理方式最大问题在于以城镇居民对农村宅基地无合法权利来源来否认其对地上房屋的合法权利。农房买卖合同被认定无效后，在经济利益驱动下产生多米诺骨牌效应，诚实信用原则与契约精神被摒弃，类似农房买卖合同纠纷集中爆发，大量画家败诉失房，艺术人才集体流失，对当地的经济社会发展造成一定的负面效应。假设不采用“一刀切”方式直接认定合同无效，而在房地关系的处理中采取房地分离原则，地上房屋及地下宅基地使用权分别进行法律评价，并在法律上推定权利冲突时购房者享有对宅基地的长期租赁法律关系，亦能在维护现行法律秩序和尊重合同自由之间实现衡平。此外，改革实践中宅基地使用权的转让范围被严格限制，其中一个主因在于避免受让范围过大所带来的房地权利主体相异之僵局。大部分试点地区将宅基地使用权和农房的转让范围限定为本集体经济组织。如根据贵州省遵义市《湄潭县农村宅基地及农房使用权流转管理办法（试行）》，转让人和受让人必须是同一集体经济组织内的农村集体经济组织成员。浙江省《义乌市农村宅基地使用权转让细则（试行）》在县域范围内取得突破，允许同一县域范围内的农户通过竞拍、有偿选位等方式获得划定区域的宅基地。依据《绍兴市人民政府办公室关于加强农村宅基地管理工作的若干意见》，2022 年浙江省绍兴市柯桥区在此基础上更进一步尝试宅基地跨县有偿选位，绍兴市越城区等多地农户通过竞拍跨区取得柯桥区峡山村的宅基地，实现了绍兴市全域内农村用地资源调配。无论是农房买卖合同效力纠纷，还是宅基地使用权转让范围的模糊皆反映出宅基地使用权与农房关系的混乱，若两者之间互相掣肘，宅基地使用权转让难以形成繁荣发展之势。

对于宅基地使用权继承而言，宅基地上所建房屋作为法律保护的私有财产可以继承，但对于宅基地使用权是否属于可以继承的财产以及继承人的身份问题，《民法典》与《土地管理法》均未回应。司法实践中，宅基地使用权是否可单独继承、非本集体成员能否继承宅基地使用权等问题均未形成统一裁判规则，且相对立的判决结果同时存在。为盘活农村闲置宅基地，消除进城农民的后顾之忧，2020 年自然资源部《对十三届全国人大三次会议第 3226 号建议的答复》第 6 条明确规定，农民的宅基地使用权可以依法由城镇户籍的子女继承并办理不动产登记。被继承人的房屋作为其遗产由继承人继承，按照房地一体原则，继承人继承取得房屋所有权和宅基地使用权，农村宅基地不能被单独继承。换言之，单独的宅基地使用权不可继承，建有房屋的宅基地使用权因房屋所有权的可继承性带动宅基地使用权的继承，二者联动的枢纽为房地一体原则。从学理上分析，该做法实乃宅基地使用权改革市场化程度不高现状下的权宜之策。宅基地使用权改革仍未行进至完全适用市场化规则的程度，用秉持市场流转取向的民法制度来阐释一个非市场取向的权利是一种体系错位，并未真正厘清宅基地使用权与农房的关系。若依照该思路处理宅基地使用权继承问题，必将衍生出再继承政策模糊、继承后房屋修缮程度不明和一宅多继等现实疑难问题。

综上所述，宅基地使用权流转制度的改革方向与适用“房地一体”原则抑或“房地分离”原则间存在密切相关性。应以界定房地关系为切入点构建宅基地上私权流动制度，在解决此前置性问题后再从试点实践中汲取经验，为后续改造法律规范以及宅基地使用权的现代化提供养分。

**1. 结合主义与分离主义的立法例**

大陆法系关于土地使用权和建筑物之间的关系，存在“结合主义”与“分离主义”两种立法例。① 结合主义（亦称一元主义）认为地上建筑物是土地的重要组成部分，建筑物本身并非独立的物，乃依照添附的原则成为土地地表的重要成分，而不是一个单独的所有权客体，此为罗马法的立法模式，并为德国民法所采用。② 依据《德国民法典》规定，附着于土地之物，包括建筑物及与土地尚未分离之出产物，均属于土地重要成分，该重要成分不得独立作为权利客体。然而，随着工业化的发展，德国法律也对建筑物及土地的关系进行了修改，1919 年公布的《地上权条例》使地上权人在他人土地上的建筑物的所有权得到保护，从此建筑物成为独立之物；土地与建筑物可以独立转让或设定担保，打破了既往土地吸收建筑物的原则。③

至于分离主义（亦称二元主义）则为日本所采用。日本《民法》规定建筑物与其基地是两个独立的不动产，并将建筑物的所有权与基地的所有权严格予以区分。④ 在主体同一的情形下，同一主体是分别对两个权利客体享有所有

① 谢在全．民法物权论（上）[M]. 北京：中国政法大学出版社，1999：64.

② 曾大鹏．论民法上土地与建筑物的关系—以一元推定主义为中心的理论探索 [J]. 南京大学法律评论，2008（Z1）：80－97.

③ 哈里·韦斯特曼．德国民法基本概念（第 16 版）[M]. 张定军，葛平亮，唐晓琳，译．北京：中国人民大学出版社，2013：81.

④ 我妻荣．新订物权法（民法讲义Ⅱ）[M]. 有泉亨補，修订．东京：岩波书店，1997：4.

权，而在主体不同一的情形下，拥有建筑物所有权不一定拥有土地使用权。[①]我国台湾地区民法也认为土地及土地上建筑物等定着物在法律结构上是两个独立的不动产，各得为不动产物权的客体，可以分别处分或设定担保。[②]至于在分别处分之后，建筑物及土地所有人为不同主体时，两者之间的利用关系则据实际情形，分别作出应对的制度安排。[③]

我国《民法典》将土地与建筑物均视为独立的不动产客体。法律上承认建筑物所有权与土地所有权相区分的分离主义。又因为我国对土地权利采取所有权与使用权分离的原则，从严格意义上而言，我国的分离主义就土地而言，乃指土地使用权与房屋所有权的分离。从既往的立法政策上考量，立法者认为若房屋与土地分离处分，则可能导致相互之间的权利冲突，也可能影响到社会秩序的稳定。因此，立法者便发展出“房地一体”原则，包括担保或转让，房屋所有权和土地使用权视为一个整体同时处分。因房屋与土地之间的一体性，便衍生出“地随房走”和“房随地走”两个原则。[④]从静态的角度分析，“房地一体”原则确实保证了权利主体的一致性；从动态的角度分析，“房地一体”原则亦保障了权利处分的一体性。自《中华人民共和国宪法》（以下简称《宪法》）第10条增订土地的使用权可以依法转让之后，权利主体取得国有土地使用权后，可以将其作为一个财产标的而为担保或转让，故“房随地走”渐为显露。我国对土地与建筑物之法律关系采用主体一致性、处分一体化的原则，有其立法政策或法律上的考量。强制一体主义的规定条文过于僵硬，且抑制了投资和不利于社会经济的发展，更束缚了权利人为民事行为的自主性，不利于保护土地权利相关人的利益。基于此，对“房地一体”原则应该有所修正及放宽。

综上，通过区分闲置土地、正使用的土地和将来新增的土地，分别作出差异化的制度安排，增量宅基地（宗地、宅基地指标）的使用权具有完备的担保权能，不存在宅基地与地上附着物的关系处理问题。存量宅基地的使用权实行有限担保，其余而不用、有偿取得或者随地上建筑物担保的方可设定担保权；因担保权的实现导致房地权利主体不一致时，视为存在租赁法律关系。立法并

---

① 藤井俊一．土地与建筑物的法律关系——两者是一个物还是两个独立的物［C］//渠涛．中日民商法研究（第4卷）［M］．申政武，译．北京：法律出版社，2006：122.

② 陈立夫．土地法研究［M］．台北：新学林出版股份有限公司，2013：86.

③ 黄志伟．地上权、不动产役权、担保权之物权法律解析［M］．台北：五南图书出版股份有限公司，2013：169.

④ 高富平．土地使用权和用益物权——我国不动产物权体系研究［M］．北京：法律出版社，2001：74.

不禁止农民房屋担保，因房屋担保权实现而导致房屋所有权与宅基地使用权主体不一致时，可考虑新房屋所有人使用宅基地的权利可通过法律推定租赁合同的存在而予解决，该租赁权具有长期性并具有物权化性质，这也契合当下长期租赁合同的物权化趋势。

**2. 我国“房地一体”原则的修正**

“房地一体”原则是指当处分房屋等建筑物的所有权时，其占用范围内的土地使用权也一并处分，俗称“地随房走”；当处分土地使用权时，其地上房屋等建筑物所有权也一并处分，俗称“房随地走”。我国法律对于“房地一体”原则有明确的立法规定，如《城市房地产管理法》第 32 条，以及《中华人民共和国城镇国有土地使用权出让和转让暂行条例》第 23、24 和 28 条等。考察上述宅基地使用权流转现状不难发现，房地一体原则长期占据主流地位，其立论理由较为一致，第一，房屋、土地权利的归属虽具有相对独立性，但离开土地的房屋不具备法律上的独立性，在处分时坚持“房地一体”原则可以避免“房地异主”时房屋土地权源消失的尴尬局面。第二，在房地分离处分时，出现房地的权利主体不一致的情形极易引发双方的权利冲突，不利于构建和谐稳定的社会秩序。第三，“房地一体”原则可以简化房地关系，避免土地权利和房屋所有权相分离导致纠纷，节省司法成本。

但也有少数观点认为宅基地使用权流转反受其害，具体理由在于，第一，精确意义上“房随地走”的前提是房屋属于地权构成，同属于一人的地权与房权被允许分离处分则是“地随房走”的条件。而我国房屋和土地是独立的物体，房屋并非土地的附属；农房所有权和宅基地所有权分属农户与农村集体。要求农民住房权和地权捆绑转让的做法意味着宅基地和农房之间的房地关系从私权层面向事实层面的蜕化，其后果是限缩了宅基地上私法自治的空间。第二，混淆了“空中楼阁”问题与“房地一体”原则的关系。尽管在分离原则下需要解决“房地异主”时房屋土地权源问题，但并不等同于离开了“房地一体”原则就穷尽了诠释路径。第三，“房地一体”原则实际上提高了房地交易的成本，限制房地产的融资功能，阻滞我国房地产市场的良性发展。

宅基地使用权上所承载的管理属性与农房所有权上所承载的私权属性存在内在的矛盾，“房地一体”原则将本该泾渭分明的二者强行捆绑，阻滞了当下宅基地使用权流转的改革进程。从制度演进的历史观之，宅基地使用权的特殊之处在于社会保障属性，同时宅基地使用权上存在更为本质的管理属性，“户有定居”为其制度目的。

集体经济组织的成员资格即“资格权”是取得宅基地的本质条件，申请者是否可以无偿获得宅基地系于其是否拥有集体成员资格，与有无居住地无关，这与基于一定标准为没有居住地的人提供城市经济适用房使用权的标准大相径庭。既往的宅基地制度并非真正指向“户有所居”，而是指向“户有定居”，其核心在于以户籍为标准对村民的居住进行管理与规范，而非赋予当事人一项可供建房和居住的财产权。而今，宅基地使用权流转制度的改革仍处于“深处摸水”阶段，宅基地使用权市场化的客观条件尚未成就，宅基地“三权分置”的政策性话语尚未转化为法律规范，直接适用市场规则构建宅基地制度势必水土不服。在现行法律体系下，将“房地一体”原则适用于宅基地领域则意味着两种选择，要么下位法直接突破上位法，但是法律制度修改难度以及现实阻力过大；要么宅基地房屋的流转范围受限于宅基地使用权，这又与政策上“盘活利用闲置宅基地和农房”的基本思路相违背。如果摒弃“房地一体”原则，宅基地使用权与农房所有权可以分别设立两套独立的权利路径。在宅基地流转阶段，农房的所有权与宅基地使用权应分而划之，农房的自由流转加上宅基地使用权由一定范围内农民保有的制度设计将在最大限度上与现阶段的市场有机契合，这既有利于盘活闲置宅基地和农房，又能达成保障农户“资格权”之目的。

**3.“房地分离”原则在农村宅基地领域的适用性分析**

首先，“房地一体”原则有其特定的适用场景。我国现行法律中，“房地一体”原则的适用范围为建设用地及其地上建筑物的物权利用关系，而对于宅基地及其上农房的关系并未做出明确规定。首先，《民法典》在“建设用地使用权”一章中，第 356 条与第 357 条两个条文详述了关于“房地一体”原则的规定，而在“宅基地使用权”一章中并未见类似规定。《民法典》第 363 条规定：“宅基地使用权的取得、行使和转让，适用土地管理的法律和国家有关规定。”显然，《民法典》直接将宅基地使用权流转的相关规定转引至其他法律规定，直接适用《民法典》中“建设用地使用权”一章所规定的“房地一体”原则欠缺法律依据。其次，《物权法》作为《民法典》物权编的前身，其修订过程可以看出立法者对于将“房地一体”原则适用于宅基地领域持否定态度。2004 年审议的《物权法》草案第 163 条曾规定，建造在宅基地上房屋转让的，宅基地使用权一并转让。但在《物权法》最后审议的过程中上述规定被删除了。最后，建设用地使用权与宅基地使用权迥异，不能类推适用“房地一体”原则。我国城乡二元结构之下，农村土地与城镇土地分别适用不同的土地法律规范。在取得方式上，城镇建设用地使用权有偿取得，而宅基地使用权则属于无偿获得；在使用期限上，城镇建设用地根据用途的不同划分为阶梯式的具体年限，而对于宅基地的使用期限则缺少明确规定；宅基地使用权与建设用地使用权的另一不同之处在于其身份性和福利性，宅基地使用权的特殊性意味着不应当然地将“房地一体”原则适用于宅基地使用权流转领域。

其次，适用“房地一体”原则与分离主义模式的法理相悖。我国采取房地分离的二元主义立法模式，房地各为独立的权利客体。根据《民法典》规定，农村房屋是农民合法的私有财产，农民可以自由处分农房，转让、抵押和继承等流转形式自是应有之义。但是鉴于农房附着于宅基地，事实上具有不可剥离性，两者在流转过程中必然互相牵连。我国宅基地使用权因其福利性，在运行实践中实行有限流转。从简单化房地关系和节约司法资源的角度考量，若按照“房地一体”原则的逻辑处理房地关系，则会使得看似严密的法律规定与改革实践相抵牾：一方面法律限制宅基地使用权流转，另一方面又可以变相流转，对于宅基地使用权流转开禁与否的态度扑朔迷离。

再者，适用“房地一体”原则将阻滞农民宅基地财产价值显化。城市土地的市场化已经呈现繁荣局面，但是农村尚未构建起完善严密的土地金融制度。在城市中，由于房屋具有较大的经济价值，依据“房地一体”原则房屋所有权人可以实现其预期的经济价值。但直接将“房地一体”原则适用于农村土地领域则否定了宅基地使用权和农村房屋各有经济价值的事实，这不仅无视了农民希望处分自己所有财产的朴素愿望，而且还阻碍了房地交换价值的实现，限制了房屋的融资功能。适用“房地一体”原则的代价是牺牲私主体财产权和市场交易自由，实乃法律技术上的简单化操作，并不值得推崇。而采用房地分离原则可以规避宅基地使用权与其上农房流转范围不一致的窘境，当涉及非集体组织成员参与到宅基地使用权流转中时容易形成相对灵活的应对方案。在农村土地市场化转型尚未完成的当下，房地分离原则允许农房与宅基地使用权分别处分，能最大限度地激发农房和宅基地的经济价值。

最后，适用房地分离原则不会必然导致权利混乱。以抵押为例，由于抵押并不要求转移占有，农房的权属在抵押权实现之前并未改变，何谈权利混乱与纠纷；在抵押权实现之时，可借鉴德、日民法制度引入“强制管理”等抵押权实现方式；在抵押权实现之后，“房地异主”问题可以通过法定租赁制度或者设定地上权等多种途径解决，分离原则的适用并不会必然导致权力混乱，完全可以通过精巧的制度设计使各方当事人各得其所。

**4. 宅基地上设定法定租赁权**

按照现行国家政策，欲推进农民住房财产权担保和抵押，只有对宅基使用权和地上所建房屋分别单独处分，为协调二者的矛盾冲突，可考虑设定法定租赁权制度。

直接规定土地法定租赁权的立法例见于我国台湾地区的民法典，其法理依据在于土地及房屋为个别的不动产，各得单独为交易之标的，但房屋在自然性质上不能与土地分离，除有特别约定之外应推定土地受让人默许房屋受让人继续使用土地，但应支付相应对价，故其法律关系之性质属于租赁。[①] 将房地一体主义和房地分离主义两相比较，不难看出房地一体主义的合理性，能有效避免各种权属纠纷，不失为最有效率的立法选择和最具有可操作性的司法途径；房地分离主义允许房屋所有权与土地使用权分离，会导致土地上权利状态的多层次化和复杂化，且房地分离的处分原则实际上并不能保障土地使用权人的居住利益，这与实行房地分离主义的日本、我国台湾地区并无须解决土地使用权人居住保障的立法例存在很大不同。[②] “房地同属于一人所有”而分别转让，为解决房地使用矛盾，法律方作此推定。

设定宅基地上的法定租赁权乃现行法律不允许宅基地自由流转的前提下设计的权宜之计。买受人获取房屋所有权，但尚未获得地下宅基地的“使用权”，相反形成债权性质的“租赁权”，上述法律后果不是各方的意思表示，乃基于法律的推定。[①]买受人可以在不享有宅基地使用权的情况下通过法定租赁权直接取得租赁使用权，这既保证了宅基地的农民集体性质，也解决了房屋买受人的用地障碍。[③] 该法定租赁权在宅基地使用权期限内，不受最长 20 年租期之限制，但是房屋产权人不能以改建、重建等方式变相延长租期，期限届满而不同意续展，可以对房屋予以赎回。[④]

按照法定租赁权理论，当宅基地上房屋担保权实现时，任何民事主体皆可作为受让人拍得农户房屋的所有权，同时与该房屋宅基地所有权人的集体之间产生法定租赁权关系。[⑤] 法定租赁权的性质为债权，其制度构造也应遵循债权的特性。租赁作为债的关系之一，存在两种形态：意定租赁与法定租赁。两者之间的区别主要在于设立方式的不同，意定租赁基于当事人直接的自由意志而

---

① 刘凯湘．法定租赁权对农村宅基地制度改革的意义与构想［J］．法学论坛，2010（1）：36－41.

② 陈小君．我国农村土地法律制度变革的思路与框架——十八届三中全会《决定》相关内容解读［J］．法学研究，2014，36（4）：23.

③ 邱雪梅，金锦城．农村私房买卖合同效力之认定［J］．法律适用，2010（1）：32.

④ 张坚．农村土地承包经营权、宅基地使用权流转的实证分析与法律构造［M］．北京：法律出版社，2017：99.

⑤ 张坚．农村土地承包经营权、宅基地使用权流转的实证分析与法律构造［M］．北京：法律出版社，2017：100.

发生，法定租赁则基于法律的直接规定而发生，其租赁主体客体、租赁期限、成立条件、变更与消灭情形等均应由法律进行明确规定。

法定租赁权性质为债权，农房买受人对于房屋的宅基地取得的是作为债权的法定租赁权。因此，法定租赁权既不涉及“物权法定”原则，又不违背《民法典》物权编的相关规定，制度修改阻力较小。同时，法定的前提使其具有一定的物权效力，从而可以保障农房所有权人对于宅基地的长期利用。通过债权的方式在宅基地使用权上设置法定租赁权来回避宅基地使用权流转中的身份限制，为宅基地制度的改革提供过渡期，是目前符合宅基地使用权流转实际情况的创新模式。实现农民土地与房屋财产价值的显化是法定租赁权之设计目的。财产价值显化的重要途径就是将宅基地从福利属性的束缚中挣脱出来，使得宅基地在市场流转中实现增值，促进土地完成由土地资产向土地资本转化的进程。

（1）法定租赁权的成立。

宅基地法定租赁权的成立条件如下：其一，在宅基地使用权有限流转的背景下，因转让、抵押、继承等方式转移农房所有权造成本属于同一人的农房所有权与宅基地使用权发生分离。其二，宅基地之上的农房需具备一定价值。若农房有相当价值，则有通过法定租赁权制度来实现农房经济价值的必要；若农房的经济价值寥寥无几，不能拆除所且造成土地所有人的基地利用价值受限时，无须设定法定租赁权。

（2）法定租赁权的主客体。

法定租赁权中房屋买受人作为承租人毫无疑问，但是在法定租赁权的出租人到底为农村集体还是为宅基地使用权人的争论中，学界尚未形成统一的认识。前者的观点为在法律规定下，法定租赁权是在宅基地所有人（即集体经济组织）与房屋买受人之间形成租赁关系，理由如下：其一，法定租赁权的标的物并非宅基地使用权而是宅基地，原房屋所有权人的宅基地使用权可以通过“继续存在但是不可以主张”或者“同时归于消灭”来解决，宅基地使用权人在法定租赁权中的地位类似于第三人的地位，可以适当享有租金收益。其二，宅基地使用权是农民基于成员身份，用以保障其基本居住而无偿获得的，当其转让宅基地之上房屋时宅基地使用权即刻消灭，由享有宅基地所有权的集体经济组织回收宅基地，保障集体土地的合理利用。后者则认为宅基地使用权人是宅基地的出租人，理由如下：其一，将出租人设定为宅基地使用权人能够使农民充分享有土地收益，保障宅基地上房屋的处分自由。而且土地租赁关系结束后，农民尚可对宅基地恢复占有，较好地保护了宅基地使用权人的个体利益。其二，在宅基地法定租赁权到期时，宅基地使用权可以由休眠状态转为复苏状态，由此看来其成为出租人理所应当。

宅基地出租人应设定为宅基地使用权人，除上述理由外还存在以下两个原因。首先，推定出租人为集体经济组织时，宅基地使用权人在此法律关系中的地位和权利难以解释和处理，无异于将宅基地使用权人从法定租赁关系中排除。这有违宅基地使用权的权能设计和土地租赁权的设置目的。其次，农村集体经济组织作为出租人极易诱发集体经济组织管理层的逐利行为。对于农村集体经济组织来说，无偿分配宅基地使用权远不如在宅基地上设立宅基地租赁权来获取租金收益有经济吸引力。最后，农民相较于农村集体经济组织处于弱势地位。这不仅会导致集体经济组织决策层的权力寻租问题层出不穷，而且可能会复杂化宅基地上房屋交易中的利益博弈。例外情形是非本集体成员通过继承、遗赠方式获得农房所有权时，宅基地使用权由于宅基地使用权人死亡已经消灭回归至农村集体经济组织，此时法定出租人应为农村集体经济组织，并不存在宅基地使用权人，宅基地上农房的继承人对宅基地享有债权性质的法定租赁权。

法律关系的客体是法律关系主体发生权利义务联系的中介，是法律关系的权利和义务所指向、影响和作用的对象。宅基地法定租赁制度构建的直接目的是解决“房地异主”时农房的土地权源问题，其权利与义务所指向的是该房屋之下的宅基地。但是宅基地有其特殊性，宅基地使用权人与和宅基地所有权人并非同一主体，进而出现了宅基地本身和宅基地使用权究竟何者为法定租赁关系客体的争论。较为主流的观点认为从租赁权性质、宅基地法定租赁制度的设计目的以及宅基地自身特性来看，宜将法定租赁关系的客体理解为宅基地本身。首先，宅基地使用权作为宅基地法定租赁关系的客体将会与非本集体成员通过继承、遗赠方式获得农房所有权的情形相掣肘。此情形下宅基地使用权由于宅基地使用权人死亡已经消灭，回归至农村集体经济组织，宅基地法定租赁关系发生于农房继承人、被遗赠人与宅基地所有权人（即农村集体经济组织）双方之间，并无宅基地使用权人的参与，更无宅基地使用权的存在。其次，作为用益物权的宅基地使用权具有占有、使用、收益的排他性权能，但房屋买受人作为法定租赁权人既不享有该宅基地的收益权，也无法永久占有、使用该宅基地，宅基地使用权作为法定租赁权的客体无法自圆其说。鉴此，宅基地法定租赁的客体应为宅基地本身。

（3）法定租赁的期限。

《民法典》合同编规定，租赁合同期限不得超过 20 年，但是对于法定租赁权的法定期限问题能否突破这一明确规定，学界一直存有争议，目前存在三种设计思路。第一，法定租赁权期限为 20 年。首先，法定租赁期限设定为 20

年，在到期之时依据实际情况和租赁合同相关条款进行续租，可以与《民法典》合同编的相关规定保持一致，有助于法律的统一与稳定。其次，我国商品房有 70 年产权之限制，而农村房屋产权却是永久性的，如果对法定租赁的期限再不限定难免有失公平。最后，我国租赁期限的设定有关立法政策和立法技术问题，考虑到在市场条件上农民处于弱势且谈判能力有限，期限应以法定 20 年为宜。第二，法定租赁期间以房屋存续期间为限，但是房屋受让人不得通过改建或者增强质量的方式延长建筑物寿命，这其实是借鉴了我国台湾地区的相关规定。第三，法定租赁权无期限限制，房屋买受人获得农房所有权，自可通过法定租赁权永久地占有、使用该农房之下的宅基地以保障其享有的农房所有权。

可考量推定法定租赁期限为 20 年，之后依据租赁合同相关条款进行续租。主要原因在于，若对于法定期限不做任何限制，加之农村房屋也并无城镇房屋 70 年之产权限制，房屋买受人实质上同时享有永久性的房屋所有权与宅基地租赁权。不仅法定租赁权的债权性质发生异变，宅基地所有权实质上被架空，而且可能导致宅基地使用权的退出机制形同虚设；若以房屋存续期间为限，不允许对房屋进行任何改建或者改善以增强其质量，不仅与买受人购买房屋的目的背道而驰，而且会压低房屋售价或降低农村住房的融资能力与金融机构的放贷意愿。除此之外，房屋存续期间在实践中不易把握，房屋何时毁损灭失难以预估会带来执行中的技术难题，这使得各方法律关系将长期处于不确定的状态之中。

（4）租金的确定与分配。

在宅基地“三权分置”政策下，法定租赁的租金属于宅基地使用权经营性利用与流转的增值收益。各改革试点地区已经陆续出台有关宅基地增值收益的规则，如浙江省安吉县规定，由农户和承租人自行约定租金，其中包括农房和宅基地两部分的对价；浙江省德清市则规定，宅基地使用权转让时，受让人要向县政府缴纳与契税相当的调节金，缴纳比例为合同价款的 1%。可见，各试点地区的宅基地增值收益规则差异较大，且反映出分配主体模糊、分配比例与程序不清、集体收益管理混乱等问题。租金的确定应在不低于宅基地及地上房屋租赁基准价格的前提下，奉行意思自治原则，由当事人自由协商确定。租赁基准价格应考虑宅基地的开发潜力、位置、期限、地上建筑物、成本等方面综合判断。各地的租赁基准价格应上报政府部门进行审核和平衡，并适时根据市场行情定期修订，以确保其基础参考价值。

关于租金的分配比例。我国农村发展差距较大，城郊农村与深山农村的经济发展水平不可同日而语，这意味着根据各种数据来计算全国各地试点地区中集体与农民分享宅基地增值收益的具体分配比例难以涵盖各地的实际情况与利益诉求。法律应该避免法律父爱主义，法定租赁其权利来源的法定性并不当然否认本身的市场性，作为市场经济行为离不开市场调节，市场经济活动中的个体都是“理性经济人”，自身利益最大化是“理性经济人”的追求。故具体分配比例应由农村集体经济组织与宅基地使用权人协商决定，但这并不意味着两者享有同等比例的收益权，原则上分配比例应向宅基地使用权人倾斜，以期达到增加农民财产性收入和促进农村共同富裕之目的，若协商不成则应提请法院裁判。此外，程序设计上可以参照《村民委员会组织法》《土地管理法》规定，宅基地租金分配和使用方案须经村民会议的三分之二以上成员或者村民代表同意，并报乡（镇）人民政府和县级人民政府农业农村主管部门备案；在集体部分的收取程序中，规定租金收益纳入集体资产统一管理，实行专账管理，由乡（区）政府严格落实日常审计和定期专项审计制度。

（5）法定租赁权的效力。

法定租赁权的典型形态为三方权利义务关系即依法形成法定租赁关系，即房屋买受人、宅基地使用权人以及农村集体经济组织三个主体之间的权利义务关系。各主体的权利义务有所不同，法定出租人即宅基地使用权人的权利为法定收益权，其义务为提供宅基地。宅基地使用权在法定租赁权存续期间处于休眠期间，不得无故向买受人主张宅基地使用权，宅基地使用权人在法定租赁期间届满后或可选择向法定承租人主张宅基地使用权，或可依据《民法典》之合同编相关规定与法定承租人续租。法定承租人的权利包括占有、使用宅基地，其义务为支付租金以及不得擅自变更土地用途。宅基地所有权人的权利为收取一定比例的租金，其义务为监督管控宅基地的使用用途以及在农房产权变动时予以配合。非本集体成员通过遗赠、继承等途径获得农房所有权时，由于宅基地使用权已经灭失，宅基地所有权人（即农村集体经济组织）成为法定出租人，双方的权利义务关系可参照适用上述典型形态的规定。

（6）法定租赁的变更。

法定租赁权的内容由于多数为法律直接规定，并不会发生重大变化，但法定租赁权的主体可能因为房屋买受人将农房再次转让给第三人而发生变更。根据第三人身份的不同，应分为两种情形，若该第三人为城镇居民等主体，因其不能依法获得宅基地使用权而代替原房屋买受人成为新的法定租赁人。值得注意的是，新房屋买受人并非继承原法定租赁合同，而是成立新的法定租赁合同，其中的法定期限也应重新计算。若该第三人是本集体组织的成员，则宅基地可以同房屋一同转让，但应遵循意思自治原则，该第三人并无意愿购买宅基地时法律不应作强行性规定。身为本集体经济组织成员的第三人向原宅基地使用权人支付相应费用后则成为新的宅基地使用权人，原法定租赁关系归于消灭，新宅基地使用权人与集体经济组织之间形成宅基地使用关系。

（7）法定租赁权的消灭。

出现下列情形时，法定租赁权归于消灭。其一，农房自然灭失；其二，宅基地灭失或被国家征收、征用；其三，宅基地使用权人再次取得农房所有权；其四，农房买受人抛弃房屋所有权；其五，合同因无效或被撤销或解除而归于消灭。若发生情形第二项事由，则宅基地上原各项法律关系归于消灭；除此之外，若发生上述事项任一，则原三方法定租赁权人之间的权利义务关系归于消灭，宅基地使用权复苏。

### （三）集体建设用地使用权担保与地上之建筑物

集体建设用地使用权可以单独担保。[①] 地上建筑物与已担保的集体建设用地权利主体不同时，法律可推定二者存在租赁合同法律关系。地上建筑物与集体建设用地一体时，以集体建设用地使用权担保的，其地上建筑物随之一并担保，反之亦然。

综上所述，原则上应坚持农村土地使用权与其建筑物或其他工作物的担保权设定一体性原则。以土地承包经营权、集体建设用地使用权和宅基地使用权设定担保权者，一般该土地使用权与其建筑物或其他工作物不得各自分离而为让与或其他处分。[②] 如此可避免因建筑物与土地使用权人之不同造成法律关系复杂之困扰问题。至于以建筑物设定担保者，法院拍卖担保物时，其担保物存在所必要之权利得让与者，应并付拍卖。但该担保之建筑物存在上所必要的权利，如宅基地使用权或集体建设用地使用权等，原非担保权之标的物，立法上作出并付拍卖之规定乃系为避免担保物与该权利分离，而有害于社会经济利益，故而所为之技术上考量，担保权人对其卖得的价金，自不得主张优先受偿。

① 钟和曦．农村房地结构视角下的“三权分置”实现形式［J］．中国土地，2018（9）：15.

② 张军连．财产所有权与土地财产法发展趋势［J］．中国农业大学学报（社会科学版），2001（9）：30.

# 参 考 文 献


白洋，胡锋，2021. 农村土地融资担保的法律制度完善［J］. 中州学刊（8）：63.

鲍杰，2019. 中国农村土地证券化问题研究［M］. 北京：经济管理出版社：75.

柴振国，潘静，2018. “三权分置”下农地金融创新的制度研究［M］. 北京：法律出版社：65.

陈丹，2022. 宅基地“三权分置”下农民权益的法治保障研究［M］. 重庆：西南大学出版社：73.

陈胜祥，2018. 制度嵌入的逻辑：农村宅基地制度试点改革“余江模式”解析［M］. 北京：经济管理出版社：64.

陈小君，韩松，房绍坤，2014. 深化农村土地制度改革的法律解读［J］. 法学家（2）：30.

陈小君，肖楚钢，2020. 农村土地经营权的法律性质及其客体之辨——兼评《民法典》物权编的土地经营权规则［J］. 中州学刊（12）：52.

陈勇，2011. 住房担保贷款及其金融创新产品［M］. 长沙：湖南大学出版社：27.

党亚飞，姜胜辉，邓佼，2018. 天长突破：让土地活起来的农村产权改革［M］. 北京：社会科学文献出版社：143.

德国民法典［M］. 陈卫佐，译. 北京：法律出版社，2006：52.

丁亮华，2013. 论担保权之非诉执行实现［J］. 法学家（4）：30.

杜金向，2021. 农村产权抵押融资创新研究［M］. 北京：经济科学出版社：97.

法国民法典［M］. 罗结珍，译. 北京：北京大学出版社，2010：72.

甘藏春，2021. 土地正义：从传统土地法到现代土地法［M］. 北京：商务印书馆：105.

高飞，2018. 土地承包权与土地经营权分设的法律反思及立法回应——兼评《农村土地承包法修正案（草案）》［J］. 法商研究（5）：12.

高圣平，2018. 论农村土地权利结构的重构——以《农村土地承包法》的修改为中心［J］. 法学（2）：15.

高圣平，李子乐，2022. 论集体建设用地二级市场的法律构造［J］. 广西大学学报（哲学社会科学版）（5）：146.

耿卓，2017. 农地三权分置改革中土地经营权的法理反思与制度回应［J］. 法学家（5）：17.

耿卓，2022. 集体建设用地向宅基地的地性转换［J］. 法学研究（1）：58.

郭静利，李思经，2017. “一带一路”六国农村土地制度概论［M］. 北京：中国农业科学技术出版社：54.

国家法官学院案例开发研究中心，2018. 中国法院2018年度案例·借款担保纠纷［M］. 北京：法律出版社：88.
韩立达，王艳西，韩冬，2018. 农村宅基地三权分置：内在要求、权利性质与实现形式［J］. 农业经济问题（8）：38.
韩松，2012. 新农村建设中土地流转的现实问题及其对策［J］. 中国法学（1）：30.
何宝玉，2013. 地产法原理与判例［M］. 北京：中国法制出版社：36.
贺雪峰，2010. 地权的逻辑：中国农村土地制度向何处去［M］. 北京：中国政法大学出版社：231.
胡建，汪小燕，2022. 构建城乡统一建设用地市场的法律制度研究［M］. 北京：法律出版社：96.
黄忠，2022. 集体建设用地制度改革的征税与征收模式辨析［J］. 中外法学（1）：125.
焦富民，2016. 三权分置视域下承包土地的经营权担保制度之构建［J］. 政法论坛（5）：35.
金振朝，2015. 融资担保法律实务［M］. 北京：法律出版社：132.
近江幸治，2004. 担保物权法［M］. 祝娅等，译. 北京：法律出版社：53.
魁北克民法典［M］. 孙建江，郭站红，朱亚芬，译. 北京：中国人民大学出版社，2005：63.
黎毅，2016. 宁夏平罗农村土地产权担保融资模式研究［M］. 北京：中国金融出版社：136.
李凤章，2018. 集体建设用地使用权出让法律制度研究［M］. 上海：上海三联书店：324.
李红娟，2021. 农村土地承包经营权流转制度改革与实践研究［M］. 北京：中国社会科学出版社：78.
李忠夏，2015. 农村土地流转的合宪性分析［J］. 中国法学（8）：126.
廖宏斌，2015. 农村土地流转风险控制研究［M］. 北京：社会科学文献出版社：74.
林乐芬，2019. 农村土地经营权抵押贷款金融创新机制与绩效研究［M］. 北京：中国农业大学出版社：34.
刘广明，2016. 农地担保融资功能实现法律制度研究［M］. 北京：人民出版社：210.
刘国栋，2019. 论宅基地三权分置政策中农户资格权的法律表达［J］. 法律科学（1）：195.
刘恒科，2018. 承包地三权分置的权利结构和法律表达研究［M］. 北京：中国政法大学出版社：87.
刘锐，2019. 土地、财产与治理：农村宅基地制度变迁研究［M］. 武汉：华中科技大学出版社：112.
刘润秋，姜力月，2022. 变与不变：中国共产党领导农村土地制度百年变革的向度探析［J］. 福建论坛（人文社会科学版）（5）：21.
刘云生，2016. 农村土地股权制改革：现实表达与法律应对［M］. 北京：中国法制出版社：79.
卢代富，2018. 农村土地“三权分置”法治保障研究［M］. 北京：法律出版社：34.
孟繁瑜，2019. 中国土地金融的理论与实践研究［M］. 北京：知识产权出版社：97.
彭錞，2016. 土地发展权与土地增值收益分配——中国问题与英国经验［J］. 中外法学（6）：1537.
彭小霞，2022. 我国农村土地流转制度的功能检视及其改革路径［J］. 理论探索（1）：127.
饶永辉，2017. 浙江典型地区农村集体建设用地流转研究［M］. 北京：中国社会科学出版社：64.
瑞士民法典［M］. 殷生根，译. 北京：中国政法大学出版社，1999：47.
沈思言，2022. 农村承包土地经营权抵押制度研究［M］. 北京：对外经济贸易大学出版社：112.
宋志红，2017. 中国农村土地制度改革研究：思路、难点与制度建设［M］. 北京：中国人民大学出版社：25.
宋志红，2020. 集体建设用地使用权设立的难点问题探讨——兼析《民法典》和《土地管理法》有关规则的理解与适用［J］. 中外法学（4）：1045.
孙建伟，2017. 城乡统筹视野下的城乡建设用地置换法律问题研究——以我国宅基地置换中的新型权利为视角［M］. 北京：法律出版社：31.
孙宪忠，2018. 推进我国农村土地权利制度改革若干问题的思考［J］. 比较法研究（1）：175.
唐德祥，2019. 家庭农场土地承包经营权抵押融资的动力机制及其路径支持［M］. 北京：经济管理出版社：65.
田世野，李萍，2021. 发展视域下中国农村土地产权制度的变迁——基于两种产权理论的比较［J］. 学术月刊（12）：76.
万安黎，2013. 抵押论：全球金融市场中的法律推理［M］. 江照信，译. 北京：中国民主法制出版社：65.
万广军，2022. 土地经营权抵押融资中抵押权实现机制研究［M］. 北京：法律出版社：97.
汪洋，2015. 土地物权规范体系的历史基础［J］. 环球法律评论（6）：32.
汪洋，2022. “三块地”改革背景下集体建设用地使用权的再体系化［J］. 云南社会科学（3）：139.
王常伟，顾海英，2023. 基于政府与市场角色厘定的农村土地承包经营权自愿有偿退出机制研究［J］. 中国农村经济（4）：27.
王利明，2014. 担保财产转让的法律规制［J］. 法学（1）：30.
王利明，周友军，2012. 论我国农村土地权利制度的完善［J］. 中国法学（1）：30.
王曙光，2013. 普惠金融：中国农村金融重建中的制度创新与法律框架［M］. 北京：北京大学出版社：63.
王艳西，2022. 基于阿马蒂亚·森可行能力理论的农村宅基地“三权分置”研究［M］. 北京：经济科学出版社：42.
王震江，2018. 中国农村土地银行研究［M］. 北京：中国金融出版社：87.
王志锋，高兵，梁鹤年，2022. 农村土地制度改革三项试点政策评估：地方实践与影响评价［M］. 北京：科学出版社：65.
吴一恒，徐砾，马贤磊，2018. 农地三权分置制度实施潜在风险与完善措施——基于产权配置与产权公共域视角［J］. 中国农村经济（4）：48.
夏沁，2023. 农户有偿退出宅基地的私法规范路径——以 2015 年以来宅基地有偿退出改革试点为对象［J］. 南京农业大学学报（社会科学版）（4）：153.
徐海燕，冯建生，2016. 农村土地经营权信托流转的法律构造［J］. 法学论坛（5）：78.
严金明，蔡大伟，夏方舟，2022. 党的十八大以来农村土地制度改革的进展、成效与展望［J］. 改革（8）：14.
杨一介，2018. 论三权分置背景下的家庭承包经营制度［J］. 中国农村观察（4）：94.
意大利民法典［M］. 陈国柱，译．北京：中国人民法学出版社，2010：39.
于霄，2015. 中国农村土地信托法律问题研究［M］. 上海：上海人民出版社：95.
张安录，2022. 中国农村土地制度改革的逻辑——评《农村土地制度改革的中国故事：地方政府行为的逻辑》［J］. 中国土地科学（11）：136.
张兰，冯淑怡，2021. 建党百年农村土地制度改革的基本历程与历史经验［J］. 农业经济问题（12）：14.
张千帆，2012. 农村土地集体所有的困惑与消解［J］. 法学研究（5）：30.
张淞纶，2022. “房地分离”：宅基地流转之钥——以宅基地使用权继承之困局为切入点［J］. 浙江大学学报（人文社会科学版）（1）：83.
张先贵，2018. 我国土地用途管制改革的法理求解［J］. 法学家（7）：99.
赵树枫，李延佑，张强，黄序，等，2015. 农村宅基地制度与城乡一体化［M］. 北京：中国经济出版社：85.
郑冠宇，2013. 民法物权［M］. 台北：新学林出版股份有限公司：53.
郑尚元，2014. 宅基地使用权性质及农民居住权利之保障［J］. 中国法学（2）：30.
朱庆，汪莉，尤佳，等，2019. 承包土地经营权与农房抵押登记问题研究［M］. 北京：法律出版社：189.
庄开明，任平，等，2017. 农村闲置宅基地有偿退出与优化利用——基于四川省农地改革与探索的实践［M］. 北京：人民出版社：109.
最新日本民法：日本民法典［M］. 渠涛，译．北京：法律出版社，2006：118.
BUBB R，2013. The evolution of property rights［J］. Minnesota：Journal of Law and Economics，18：59.
FERGUSSON L，2013. The political economy of rural property rights and the persistence of

the dual economy [J]. Journal of Development Economics, 50: 27.

GHATAK M, MOOKHERJEE D, 2010. Land acquisition for industrialization and compensation of displaced farmers [J]. Journal of Development Economics 32: 15.

KOROSO N, MOLEN P, 2011. The Chinese market for urban land use rights meet good governance principles: Land Use Policy [M]. Oxford: Oxford University Press.

MENON N, RODGERS Y, 2003. Women's land rights and children's human capital in Vietnam [M]. Cambridge: Cambridge University Press.

TOFT K, 2013. Are land deals unethical [J]. Journal of Agricultural and Environmental Ethics, 40: 62.

# 附件一："农村土地融资担保状况"调查问卷

您好，我们是来自国家社会科学基金青年项目（13CFX076）课题组的师生！目前对"农村土地融资担保状况"的相关问题进行实地调研，以了解农民对农村土地融资担保的意向和参与度，掌握农村土地融资担保的改革现状与制度实效。通过对农村土地担保融资问题进行深入而全面的调查研究，以期提出解决农村土地担保融资难题的对策建议。

本问卷分为四个部分：第一部是对调查对象的基本情况进行记录；第二部分是对农村土地融资担保的意向和参与度进行调查；第三部分是对农村土地融资担保的改革现状与制度实效进行调查；第四部分是调查对象就农村土地融资担保问题的对策与建议。

本问卷不记录姓名，请根据实际情况如实填写，请将您的答案填入（　　），或在________填写相关内容，衷心感谢您对学术研究的支持与配合。

## 一、调查对象的基本情况

1. 您的土地所在位置是：

________省（区、市），________县（区），________乡（镇）________村

2. 您的政治面貌是（　　）

A. 中共党员　　B. 共青团员　　C. 民主党派　　D. 其他

3. 您的教育程度是（　　）

A. 未上过学　　B. 小学

C. 中学（初中或高中）　　D. 中专、大专及以上

4. 您主要的职业身份是（　　）

A. 农民

B. 在外务工人员

C. 规模经营的种粮大户或家庭农场主

D. 合作社成员

E. 个体户

F. 经营农业公司或企业

5. 您的年均收入是（　　）

A. 3 万元以下　B. 3 万～5 万元　C. 5 万～10 万元　D. 10 万～15 万元
E. 15 万～20 万元　F. 20 万元以上

6. 您的家庭所分配的土地面积为（　　），其中流转的土地面积为（　　）

A. 3 亩以下　B. 3～5 亩　C. 5～10 亩　D. 10～15 亩
E. 15～20 亩　F. 20 亩以上

**二、农村土地融资担保的意向和参与度**

7. 您认为在农村最有价值的财产是（　　）

A. 承包地　B. 宅基地　C. 农房　D. 其他

8. 您家庭的年均收入是（　　）

A. 3 万元以内　B. 3 万～6 万元　C. 6 万～10 万元　D. 10 万元以上

9. 您家的自有资产有哪些？（　　）

A. 存款　B. 住房　C. 厂房　D. 机器设备
E. 交通工具　F. 其他

10. 您认为制约农业生产发展的主要因素是（　　）

A. 缺少资金　B. 生产资料价格较高
C. 农产品价值较低　D. 农村金融发展滞后
E. 土地偏少

11. 您收入的主要来源是（　　）

A. 外出打工　B. 农业生产　C. 工商业经营
D. 政府补贴　E. 其他

12. 您在农业生产经营过程中是否存在资金需求（　　）

A. 是　B. 否

13. 如果您在农业生产经营中存在资金困难，需要多少金额才能解决？（　　）

A. 1 万～3 万元　B. 3 万～5 万元　C. 5 万～10 万元
D. 10 万～15 万元　E. 15 万元以上

14. 如果您存在资金需求，获取资金的主要渠道是（　　）

A. 银行贷款　B. 向亲戚朋友借款　C. 民间借贷
D. 政府救助　E. 外部投入资金　F. 农村土地担保

15. 您利用农村土地担保贷款的主要原因属于下列哪一种情形？（　　）

A. 农业生产经营　B. 宅基地上建造房屋
C. 偿还民间借贷　D. 医疗支出

E. 教育支出　　F. 日常生活开支

G. 工商业投资　　H. 其他

16. 您希望农村土地担保贷款期限是多长？（　　）

A. 3 年以下　　B. 3～5 年　　C. 5～10 年　　D. 10 年以上

17. 如果您不愿意申请农村土地融资担保贷款，主要原因在于（　　）

A. 缺乏地方政策支持　　B. 申请程序复杂

C. 成本较高　　D. 存在失地风险

E. 融资条件苛刻　　F. 融资用途限定严格

G. 融资担保物价值难以合理评估　　H. 其他

18. 您认为“农村土地融资担保贷款”与其他贷款相比，其优势在于（　　）

A. 贷款利率较低　　B. 贷款期限较长

C. 贷款额度较大　　D. 增加了贷款担保物

19. 您愿意申请“农村土地融资担保贷款”，是因为您具有（　　）

A. 农业创业愿望　B. 管理经验　　C. 一技之长

D. 社会关系　　E. 资金实力

20. 假设您欠缺农业发展资金，您是否同意将家里的农村土地权利设定担保以获得贷款（　　）

A. 同意　　B. 不同意　　C. 不清楚

21. 您是否知道农村土地经营权、宅基地使用权或集体建设用地使用权可以向金融机构设定担保以获取贷款（　　）

A. 知道　　B. 不知道

22. 您是否申请过“农村土地经营权担保贷款”（　　）

A. 是　　B. 否

23. 您是否申请过“农房担保贷款”（　　）

A. 是　　B. 否

24. 如果您存在多余的农村房屋，主要用于以下何种用途？（　　）

A. 自用　　B. 出租　　C. 转让

D. 闲置　　E. 其他

25. 假设您所在的农民集体欠缺资金，您是否同意将集体建设用地设定担保以获取贷款（　　）

A. 不同意　　B. 同意

26. 假设您在城里有稳定的工作或收入来源，您是否同意在农村土地权利

（土地经营权、宅基地使用权或集体建设用地使用权）上设定担保以融资获取贷款（　　）

A. 同意　　　　B. 不同意

27. 您认为目前农村土地权利的融资满足度是（　　）

A. 远未满足　　　B. 基本满足　　　C. 较难满足　　　D. 较好满足

**三、农村土地融资担保的改革现状与制度实效**

28. 您是否听说过农村土地权利担保贷款的相关信息？（　　）

A. 是　　　　B. 否

29. 如果您听说过农村土地权利担保贷款，主要的途径是（　　）

A. 他人介绍　　　B. 电视、网络等媒体

C. 政府部门　　　D. 银行等金融机构

E. 其他

30. 您所在的区域，存在给农户贷款的金融公司或金融机构吗？（　　）

A. 有　　　　B. 没有　　　　C. 不清楚

31. 请问给农户贷款的金融公司或金融机构，其最长贷款期限是多久？（　　）

A. 1 年　　　　B. 1～2 年　　　　C. 2～3 年　　　　D. 3 年以上

32. 请问给农户贷款的金融公司或金融机构，最高的贷款额度是多少？（　　）

A. 3 万元以下　　　　B. 3 万～10 万元

C. 10 万～20 万元　　　　D. 20 万元以上

33. 如果您需要贷款，您期望向金融公司或金融机构提供何种担保（　　）

A. 农村土地权利担保　　　　B. 房屋担保

C. 第三人保证　　　　D. 信用贷款

34. 假设您曾向金融公司或金融机构贷款，您对贷款手续的评价是（　　）

A. 便捷　　　　B. 烦琐　　　　C. 不合理

35. 您对政府开展农村土地权利担保贷款业务提供的相关服务，如政策宣传、手续办理等服务满意吗？（　　）

A. 不满意　　　　B. 满意　　　　C. 不清楚

36. 假设您曾向金融公司或金融机构贷款，您对贷款期限的评价是（　　）

A. 合理　　　　B. 不合理　　　　C. 一般

37. 假设您曾向金融公司或金融机构贷款，您对贷款利率的评价是（　　）

A. 合理　　B. 不合理　　C. 一般

38. 您认为农村土地权利担保贷款，对您家庭解决资金需求是否有所帮助（　　）

A. 帮助较大　　B. 一般　　C. 帮助较小

39. 你是否赞成本村作为农村土地权利融资担保的试点对象（　　）

A. 同意　　B. 不同意

40. 如果国家进一步开放农村土地权利担保贷款的市场，您是否同意将自己农村土地权利担保以获取贷款（　　）

A. 同意　　B. 不同意

41. 您认为农村土地权利担保的登记机构，应该是（　　）

A. 农村产权交易中心　　B. 自然资源和规划管理部门

C. 农业农村管理部门　　D. 无

42. 您所在的地区，对农村土地权利担保贷款是否存在配套的农业保险制度？（　　）

A. 有　　B. 没有　　C. 不清楚

43. 您所在的地区，是否存在政府部门对农村土地权利担保贷款的风险保障与补偿机制？（　　）

A. 存在　　B. 不存在　　C. 不清楚

44. 您所在的地区是否存在因农村土地权利担保贷款而发生的纠纷？（　　）

A. 存在　　B. 不存在　　C. 不清楚

45. 发生上述纠纷之后，您所在的地区主要是通过何种途径解决纷争？（　　）

A. 诉讼　　B. 仲裁　　C. 基层干部调解　D. 其他

46. 您所在的地区是否建立了第三方的社会调解组织解决农村土地权利担保贷款纠纷？（　　）

A. 有　　B. 无

47. 您认为在农村土地担保融资的过程中，所面临的最大阻力是（　　）

A. 农村土地尚未确权

B. 流转的土地零碎或面积偏小

C. 难以就担保的农村土地进行变价，以实现其土地价值

D. 担保成本较高

E. 欠缺担保融资的相关制度配套

F. 债权人利益难以得到保障

48. 您和家人参加了哪些保险？（　　）

A. 城镇企业职工基本养老保险　　B. 农村合作医疗保险

C. 商业保险　　D. 农业保险

E. 其他

49. 您认为农村土地权利担保贷款最需要解决哪些问题？（　　）

A. 设立专门的金融机构承接农村土地担保业务

B. 简化农村土地担保贷款手续

C. 提供更多农村土地担保融资的优惠政策

D. 建设农村土地权利流转平台和完善农村土地评估

E. 其他

50. 如果您无法偿还农村土地权利担保的贷款，金融公司或金融机构欲将您自己土地权利拍卖、变卖或折价出售时，您将如何处理？（填空题）

______________________________

**四、农村土地融资担保的对策与建议**

如果您对农村土地融资担保问题还有其他宝贵意见和建议，请在下方留言：

______________________________

______________________________

# 附件二：农村土地融资担保的立法建议

## 农村土地融资担保的立法建议

**一、制定《农村土地融资担保条例（草案）建议稿》**

土地经营权、宅基地使用权和经营性集体建设用地使用权可以设定担保。为规范农村土地权利担保行为，可由全国人大常委会制定农村土地权利担保法律规范，即制定《农村土地融资担保条例》，详尽而系统地规定农村土地经营权、宅基地使用权和集体建设用地使用权担保的原则、设定方式、权利与义务、担保权的设定和实现，以及法律责任等具体内容。以其为主干，辅之以《民法典》《土地承包法》和《土地管理法》等涉及“农村土地权利担保”的法律规范，共同构筑起农村土地权利担保法律规范体系。

**二、统一规定农村土地权利的取得与消灭制度**

**1. 土地承包经营权的取得**

农民集体成员基于其成员权，获得土地承包经营权。集体成员自己经营承包地，在期限届满后，无基于社会公共利益的特殊情况，则自动延续。农村土地所有权、承包权和经营权实行三权分立，经营权可以有偿使用，土地经营权的主体范围不受农民集体的限制。在承包权与经营权分离的情况下，承包主体可以向其他民事主体让渡其经营权，该经营权作为土地使用权自可以设定担保。非集体成员，期限届满后不当然享有承包权利。

**2. 宅基地使用权的取得**

宅基地使用权可以原始取得和继受取得。集体成员自出生始，即可自动获得宅基地指标，待其具备经济行为能力时可经申请而实际获批。宅基地使用权审批由县级下放至乡（镇）。受让人通过有偿使用与有期限使用制度，可以继受取得宅基地使用权。非农民集体成员可有偿获取宅基地，但需经过农村集体民主议定程序三分之二以上村民表决通过。地市一级的地方政府可以制定不同地区宅基地基准地价标准，供宅基地的权利主体参考。若受让者是非农民集体成员，须在基准地价以上合理确定宅基地使用费用；若受让者是农民集体成员，宅基地使用费用可以按照基准地价标准执行。

**3. 集体建设用地使用权的取得**

获取集体建设用地使用权必须经过农民集体的民主议定程序且按照重大事项表决。经过民主议定程序之后，获得集体建设用地使用权的民事主体必须向农民集体缴纳使用费用（出让金、租金等形式）。集体建设用地使用权人再次流转土地使用权，其转让的收益在缴纳使用费用（出让金、租金等形式）和相关税费后，剩下的全部归使用权人。

**三、规定农村土地权利的期限制度**

**1. 土地承包经营权期限**

集体成员自身经营承包地，期限届满则自动延续。耕地为5～30年、草地为30～50年、林地为30～70年，在上述期限内可由农民集体经过民主议定程序具体确定。

农村的土地经营权可设定担保。在担保期限内，以土地经营权收益优先受偿。土地经营权担保期限在承包期内由担保人与担保权人双方约定，担保期限不得超过承包期的剩余期限。

**2. 宅基地使用权期限**

依申请原始取得的使用权期限是70年，期满后非基于社会公共利益征收且地上房屋存续则自动续展；房屋灭失或权利人死亡后无人继承，收归农民集体。继受取得的期限为30年，自初始取得之日起算，后手期限为30年减去前手期限，期满之后收归农民集体。

**3. 集体建设用地使用权期限**

根据城乡两类建设用地的同质性，以用途为标准，集体建设用地使用权期限不得超过同类国有建设用地，在此最高期限范围内意思自治予以确定。

**四、规范农村土地权利担保的形式**

农村土地权利担保的方式为：担保人以农村土地权利向国家专门设立的农村土地银行或国家允许的其他金融机构担保贷款融资，故应建立专门的政策性金融机构——农村土地银行，农村土地银行的设置可以依托现有的中国农业发展银行的架构，在省和地市级以上设立，条件成熟的县（区）可以设置农村土地银行分支机构。

**五、出台农村土地权利担保合同示范文本**

一般应包括以下条款：①姓名、名称与住所；②债权的种类与数额；③债务期限；④农村土地权利的性质及其使用地点、数量、期限、使用目的、使用状况、价值评估、登记等事项；⑤担保期限；⑥担保的范围；⑦违约责任；⑧解决争议的方法；⑨当事人认为需要约定的其他事项。此外，赋予担保人优先回赎权、征收和征用而获得补偿的权利，以及基本社会保障的权利等。

**六、对农村土地权利担保的风险缓释机制**

基于社会公共福祉，其行使须从主体、方式、用途、部分担保、用途与规划等方面构筑农村土地融资担保的风险缓释机制。作为担保人的农户，必须具有非农职业或具备稳定的收入来源（农民担保其土地经营权应提供稳定的非农职业、稳定的收入来源或财力证明；农村房屋与宅基地一同担保。担保人须提供具有其他住所的书面证明），而担保权人限定为专门的金融机构；实行部分担保原则，对农村土地面积和担保物价值予以限制（不超出每亩 0.8 的耕地红线）；担保的贷款只能用于与农业发展相关的生产、投资和开发事业，并遵循农村土地利用规划和用途管制；公益性集体建设用地不得担保。

**七、土地担保与地上附着物的关系**

土地经营权担保的效力不及于地上农作物，仅以承包经营权担保而未担保地上农作物的，担保权实现时，可将担保的土地经营权和未担保的地上农作物一并变价，分割价金后清偿债务。增量宅基地（宗地、宅基地指标）的使用权具有完备的担保权能，不存在宅基地与地上附着物的关系处理问题。存量宅基地的使用权实行有限担保，其余而不用、有偿取得或者随地上建筑物担保的方可设定担保权；因担保权的实现，导致房地权利主体不一致时，视为存在租赁法律关系。农村房屋买受人是本集体成员的，宅基地可以同房屋一同转让，买受人成为新的宅基地使用权人。集体建设用地使用权设定担保，其地上建筑物随之一并担保；权利主体相异时，推定存在租赁合同法律关系。

**八、农村土地权利担保的价值评估**

土地经营权担保价值的评估应充分考虑经营权及租金实际支付剩余期限、流转价款、支付价款、地面作物的预期收入等因素，评估的一般原则为土地经营权评估价值＝年租地平均净收益×经营期限＋地上附着物价值。宅基地使用权和集体建设用地使用权担保评估可借鉴城市成熟的房地产评估方式。农村土地权利在折价、变卖和拍卖前，担保人经担保权人同意，可以聘请独立的第三方进行农村土地权利价值评估。充分考量土地所在区域、土地权利期限、土地开发程度与潜力、地上附着物价值、实现担保权的成本等影响因子所占权重后，科学评估农村土地权利的应有价值。

**九、农村土地权利担保的实现**

担保权的实现主要采取流转交易和协商收购两种方式。前者为所担保的土地权利可在土地收储与市场交易中心予以流转，拍卖、变卖所获收益由担保权人优先受偿。拍卖、变卖农村土地使用权时，在同等条件下集体成员或农民集体享有优先回赎的权利。后者乃在无人购买时，当地集体经济组织可以按基准价格收购担保的农村土地权利，所得价款用于偿还债权人本息。

作为辅助担保权实现的措施，担保人可以购买农村土地权利担保的强制保险，保险条款中应载明受益人为担保人。农村土地权利担保权实现时，应从担保物拍卖所得款项中提取融资担保风险基金，按 5％的比例以税收方式缴纳，解决失地农户的社会保障费用。为鼓励农村土地银行等金融机构开展土地融资担保业务，降低其运行风险，地市一级地方政府设置风险补偿金，该补偿控制在损失金额的 30％以内。在实现担保权后，未经法定程序不得改变土地的规划与用途。

# 附件三：农村土地融资担保条例（草案）建议稿

## 农村土地融资担保条例（草案）建议稿

**第一条** 为适应农业农村改革发展需要，规范农村土地融资担保业务，根据《中华人民共和国民法典》《中华人民共和国土地管理法》和《中华人民共和国农村土地承包法》等法律法规，制定本条例。

**第二条** 本法适用于承包土地的土地经营权、宅基地的使用权和集体建设用地使用权的融资担保行为。

**第三条** 本法所称农村土地担保是指债务人将本法第二条所列农村土地权利作为债权担保和促进农村土地融资的行为，债务人以本人或第三人合法享有的农村土地权利作为担保，向债权人融资的行为。

**第四条** 农村土地融资担保应当遵循平等自愿、公平诚信、土地资源有效利用、生态环保和风险可控的基本原则。

**第五条** 加强国家对农业农村扶持力度，发展多种融资形式和拓宽融资渠道，扩大农村综合产权交易中心与金融机构的覆盖范围，完善农村征信体系，简化农村土地权利担保凭证鉴证流程，加大对农村金融产品和服务方式的创新力度。

**第六条** 为惠农利民，农村土地担保融资可在国家贷款利率基础上实行适当优惠政策。综合考虑借款人的实际情况，合理确定农村土地担保贷款的利率，在同等条件下优惠5%～10%。办理担保融资业务的相关机构应适当降低担保贷款利息及担保、评估、担保登记等有关费用，切实降低融资成本。

**第七条** 贷款期限可以依据农村土地的使用期限、经营周期及预期收益等情况综合确定。流动资金贷款原则上最长不超过3年，消费贷款最长不超过3年，项目投资贷款最长不超过5年。

**第八条** 本法所称担保人是指从事农业生产经营或者其他与农业经济发展相关的生产经营活动的农民、农户、个体经营户、家庭农场、合作社、农业企业以及农民集体等。

**第九条** 本法所称担保权人是指依法设立，经国家批准成立的金融机构，须由专门性金融机构承接农村土地担保融资贷款业务，其他自然人、法人、或非法人组织不得成为农村土地融资担保中的担保权人。

**第十条** 农村综合产权交易中心是农村土地权利收储与流转的市场平台。借款人不能按期偿还贷款时，农村土地权利可以委托农村综合产权交易中心处置或按照规定程序收储。

**第十一条** 农村土地权利可为以下用途的贷款提供担保：

（一）农业生产、加工、经销、流通等；

（二）购买农业机械设备、生产资料、人工等费用；

（三）失地农民、返乡农民工创业、就业；

（四）农民集中居住建房；

（五）农民一次性缴纳社保；

（六）购买耐用消费品、旅游、教育、临时生活资金周转等一般性消费和住房装修、购买汽车、房产等大宗消费；

（七）其他农业生产经营用途。

**第十二条** 具有下列情形之一的农村土地权利不得担保：

（一）权属不清、存在争议或未取得相关权证的；

（二）依法被查封、扣押、监管或者受其他形式限制的；

（三）被依法纳入拆迁征地范围的；

（四）擅自改变用途的；

（五）其他不得办理担保的情形。

**第十三条** 金融机构应当综合考虑借款人的资信状况、偿债能力、贷款期限以及担保土地权利的使用年限、地理位置、权利变现难易程度、规划和用途等因素，确定农村土地权利的担保率。

担保率＝贷款金额（授信金额）÷农村土地权利评估价值×100％。

**第十四条** 借款人应按照金融机构要求，提供用于农村土地权利担保融资的相关材料。

**第十五条** 担保人应对担保物的权属状况、担保状况、同意依法处置担保物等作出书面承诺。

用于担保的农村土地权利有多个共有人的，共有人应共同出具同意担保、处置的书面证明。

以农村土地权利担保，依法应履行集体经济组织内部决策程序的，担保人应当提供书面决议。

**第十六条** 农村土地权利担保，必须订立书面担保合同。一般应包括以下条款：

（一）姓名、名称与住所；

（二）债权的种类与数额；

（三）债务期限；

（四）农村土地权利的性质及其使用地点、数量、期限、使用目的、使用状况、价值评估、登记等事项；

（五）担保期限；

（六）担保的范围；

（七）违约责任；

（八）解决争议的方法；

（九）当事人认为需要约定的其他事项。

**第十七条** 农村土地权利的担保人享有以下权利：

（一）设定担保权；

（二）获得贷款权；

（三）对担保地使用的监督权；

（四）参与担保地生产经营的优先权；

（五）优先回赎权；

（六）征收和征用而获得补偿的权利；

（七）享有基本社会保障的权利。

**第十八条** 农村土地权利的担保人须履行以下义务：

（一）按照约定偿还贷款；

（二）依法保护和合理利用承包地、宅基地和集体建设用地，节约土地资源和高效利用土地；

（三）维持农村土地集体所有，不得改变农村土地的性质；

（四）贷款用途为涉农的生产、投资、开发项目，不能用于游乐性支出。

**第十九条** 农村土地权利担保权人享有以下权利：

（一）贷款到期请求权；

（二）收回贷款权；

（三）对担保地的经营权；

（四）获得政府贴息权；

（五）就担保的土地权利变价后优先受偿的权利。

**第二十条** 农村土地权利担保权人履行以下义务：

（一）尊重承包方的生产经营自主权；

（二）不得改变土地的性质与农业用途；

（三）担保权实现时，对优先回赎权利人的告知义务；

（四）担保权不得转让；

（五）担保权实现时，所得变价款项以税收形式被提取5%比例缴纳风险基金的义务；

（六）执行国家、省和县土地利用总体规划及村庄规划。

**第二十一条** 办理担保融资时，必须到当地有权登记机关对设置担保的农村土地权利进行担保登记。担保合同自登记之日生效。未办理担保物登记的，不得对抗第三人。

**第二十二条** 登记机关应当为担保双方提供信息查询、担保登记等相关服务，协助做好农村土地权利担保融资工作。

**第二十三条** 担保当事人申请办理担保登记，应当向登记机关提交下列材料：

（一）担保登记申请书；

（二）担保人与担保权人签订的担保合同；

（三）双方当事人的身份证明；

（四）资产评估报告；

（五）担保登记部门要求的其他材料等。

**第二十四条** 担保权人与担保人经订立书面担保合同后，由登记机关向担保权人核发《他项权证》，并报农村综合产权交易中心备案。

**第二十五条** 规范农村土地权利担保登记档案信息管理，各地方应逐步建立统一的农村土地权利担保登记管理网络信息系统。

**第二十六条** 农村土地权利的价值可以通过借贷双方协商确定，亦可采取专业性评估机构评估或采取法律规定的其他途径予以确定。借贷双方对于评估结果有异议的，可以提请调解和仲裁，由仲裁机构独立另行选取第三方专业评估机构予以确定其价值，评估费用由异议方承担。

**第二十七条** 评估土地经营权的价值，应综合衡量支付的对价、土地使用期限、地上附着物的预期收入等因素，按土地经营权担保价值=年租地平均收益×经营期限+地上附着物价值的公式测算，同时辅之以成本法和市场法的估值方式，借鉴相近地区历史交易价格和类似资产的市场交易价格。

**第二十八条** 宅基地使用权的价值评估，应考虑宅基地所在位置、权利期限、地上附着物的价值、行使担保权的成本以及其开发程度和潜力等因素后综合判断，并参照城市房地产评估制度和操作规范。

**第二十九条** 集体建设用地使用权的价值评估实行基准地价和最低限价制度。以县或区为单位公布基准地价并实时更新，同时建立本区域最低限价制度，以保护集体建设用地使用权人的合法土地权益。

**第三十条** 已担保的农村土地权利价值贬损，不足以覆盖所担保的债权剩余本息时，担保权人可以要求借款人提供其他合法、足值的担保，或要求借款人提前归还部分或全部贷款。

**第三十一条** 鼓励各地方成立政府性融资担保公司，为农村土地权利担保融资提供增信服务。

**第三十二条** 担保人购买农村土地担保的强制保险，保险条款中应载明受益人为担保人。担保人可以购买商业保险作为共同担保，险种的选择可采取人身意外伤害保险、农林牧渔等农业生产的预期收益保险、从事工商业的财产保险、各类农民专业合作社的主要产品价格波动保险、农民工从事工业生产中的人身保险和失业保险等多种形式。

**第三十三条** 从担保物变价价款中以税收形式提取5%的农村土地权利担保融资风险基金，保障丧失土地权利的集体成员各项社会保障基金的建立和缴纳。

**第三十四条** 由省级财政设立政府风险补偿资金，对风险基金给予补助。对金融机构不能实现的担保权予以补偿，补偿比例最高不超过贷款损失额的30%。

**第三十五条** 担保权存续期间，未经担保权人同意，担保人不得擅自转让或处分已担保的农村土地权利，但受让人愿意代为清偿债务以消灭担保权的除外。

**第三十六条** 担保人违反规定，采取重复担保、提供虚假证明等欺诈手段骗取担保贷款的，或者未按借款合同、担保合同规定使用贷款的，担保权人有权提前收回贷款本息。

**第三十七条** 发生以下情形时，金融机构应当按规定及时预警、采取相应的风险控制和化解措施，并向所在地区银行业监督管理机构和国土资源行政主管部门报告：

（一）国家法律法规、城乡建设规划及土地市场供求等因素发生重大变化，对担保财产价值稳定性产生不利影响或导致其流转权能受限的；

（二）担保财产对应的农村集体土地权益被列入土地征收征用或拆迁范围的；

（三）担保人未经有权机关批准，擅自改变土地用途的；

（四）借款人涉及诉讼或担保财产被司法机关查封，可能影响借款安全的；

（五）发生其他重大风险变化的情形。

**第三十八条** 借款人以土地经营权作为担保，在贷款到期后，确实无力偿还的，也可以采取以下措施处置已担保的土地经营权：

（一）在当地农村综合产权交易中心挂牌交易，将担保的土地经营权转让给他人；

（二）与村委会、中介组织协商，由当地村集体经济组织或其他具有资质的合法中介组织按基准价格收购担保的土地经营权；

（三）由农村土地权利担保融资风险基金按基准价格收购。

**第三十九条** 借款人以宅基地“使用权”作为担保，在贷款到期后，确实无力偿还的，也可以采取以下措施处置已担保的宅基地“使用权”：

（一）在当地农村综合产权交易中心挂牌交易，将担保的宅基地“使用权”在县域范围内转让他人，所得价款由债权人优先受偿。拍卖、变卖宅基地“使用权”时，在同等条件下本集体成员或本集体经济组织享有优先回赎的权利；

（二）由宅基地所有权人按照基准价格收购担保的宅基地“使用权”。

**第四十条** 借款人以集体经营性建设用地使用权作为担保，在贷款到期后，确实无力偿还的，可以采取以下措施处置担保物：

（一）由担保权人所在地市、县（区）农村综合产权交易中心按集体经营性建设用地最低保护价收购；

（二）由集体经营性建设用地所有权人收购。

**第四十一条** 设置省-市-县三级的农村综合产权交易中心。农村综合产权交易中心为独立的非营利性机构，拥有独立的财务权和人事权，其资金来源由地方政府直接拨款，同时可对农村土地产权交易项目按照一定比例收取费用。

**第四十二条** 担保的农村土地权利处置时，其地上定作物一并处置。

**第四十三条** 宅基地与地上房屋权利主体不一致而推定设定法定租赁权，法律推定租赁期限为20年，期满后依据租赁合同相关条款进行续租，租金应在不低于租赁基准价格的前提下由双方协商确定。

**第四十四条** 租赁基准价格应考虑宅基地的开发潜力、位置、期限、地上建筑物、成本等方面综合判断。各地的租赁基准价格应上报政府部门进行审核和平衡，并适时根据市场行情定期修订。

**第四十五条** 宅基地法定租赁权的成立须同时具备以下两个条件：

（一）因转让、抵押、继承等方式转移农房所有权，农房所有权与宅基地使用权的权利主体发生分离；

（二）宅基地之上的农房需具备一定经济价值，有通过法定租赁权制度来实现农房经济价值之必要。

**第四十六条** 以农村土地权利作担保，在担保物折价或者以依法拍卖、变卖担保物实现担保权时，担保物的受让对象不限于担保人所在集体经济组织成员。

**第四十七条** 土地所有权人在同等条件下享有使用权优先回赎权。担保权人以折价、拍卖、变卖、流转等方式实现担保权的，在同等条件下，本集体经济组织成员享有优先权。

**第四十八条** 以农村土地权利担保的，实现担保权后，未经法定程序不得改变土地所有权性质与土地用途。

**第四十九条** 担保物灭失，担保权人可在担保物所担保债权范围内，就保险金、赔偿金、补偿金等行使优先受偿权。

**第五十条** 本条例自发布之日起试行。

# 后　记

本人主持的国家社会科学基金青年项目《农村土地融资担保法律问题研究》(13CFX076) 之最终研究成果，付梓出版。

首先，感谢全国哲学社会科学工作办公室对该项目的评审，该项目已经顺利结项，本书的出版为研究工作画上完美的句号。

其次，感谢我所在的学校浙江理工大学——本书受浙江理工大学基本科研业务费专项资金项目（22256221－Y）和浙江理工大学法政学院法学一流学科（B）建设科研启动基金资助出版，使之在国内农村土地担保试点如火如荼展开之际，能吸收结项之后最近的改革实践经验与最新的学界理论成果。

再次，感谢我所在的法政学院王健院长，在个人工作调动到浙江理工大学之后，在科研、教学和生活等诸多方面皆得到王健院长的关心，作为法政学院的一名新兵，唯有尽心竭力做好科研和教学工作，以回馈领导和同事们的厚爱与无私帮助。

最后，在本书出版之际，本人已经从少年郎变成中年大叔，在个人的人生际遇中，发自内心地感谢我的至亲——二爹胡春万，借用本书的“后记”，详述二爹与我的故事。

按照老家的乡俗，我们管“伯父”也喊“爹”，二爹就是我的二伯——胡春万。就公序良俗而言，伯父与父亲属同辈，且一奶同胞，这种习俗的称谓凸显血脉与亲情紧密的关联，是极为贴切的称呼。从个人角度观之，父母予我身体与生理上的成长；二伯无私资助和帮助我完成大学和硕士研究生的学业，并塑造了影响我一生的世界观、人生观和价值观，“二爹”的称呼再合适不过。孩童时期，我对二爹的初印象，懵懂的记忆中是一次问路的经历。成人之后，对于孩童时代的回忆是零碎且极少的，但在这些为数不多的记忆中就有我与二爹相见的场面。唐代贺知章的一篇诗作是当时最为形象的表达：“少小离家老大回，乡音无改鬓毛衰。儿童相见不相识，笑问客从何处来。”童年时的几个小伙伴与我在家门口不远处的路上玩耍，有一个大人过来问路，所询问的正是我家，懵懂中我把二爹带到家里，这是我最早的对二爹的记忆。长大后得知，二爹当时在昆明云南省汽车配件公司工作（负责生产工作），当时是回家探望家人，彼时爷爷已经去世，老家就只有我爸爸和三爹。在儿时的记忆里，二爹每次回老家总能给我们这些小孩带来各种新奇的玩具和各种好吃的食品。懵懂的记忆里，有一次随同父母去二爹二妈在昆明拓东路的家（后来搬到护国路），二妈从腌咸菜的酸菜缸里变魔法似的拿出各类好玩的玩具……

青少年时期，我小学到中学成绩一直较好，小学在村子里李家庄小学，五年级时被陈官学区选拔到红庙小学尖子班，小学五六年级就开始离家住校，周末再回家；小学考初中是以陈官学区第一名的成绩被县城第一中学初中部录取。进入初中后，成绩一直较好，基本维持在年级前五名（每届共六七个班级），但到初二的时候，学业压力较重，加之班级和年级时常的竞争性排名对个人产生无形重压，一时产生厌学的情绪，有一个学期甚至有逃学的情况发生。其间从县城第一中学转学到离家更近的乡镇中学（杨家庄中学），第一次承受如此巨大的心理落差，也是在人生的这个低谷时期遇到教数学的向立功老师，向老师坚信我是可塑之才，把自己在学校的教师宿舍无偿给我居住，让我离开十多人的集体宿舍以便有个安静的环境全心投入学习，2023 年回家探亲时联系上二十多年未见的向老师，去拜访了他和师母，师母饭间的一句话让我泪目：老向一辈子教了几千个学生，印象最深和最挂怀的还是你。少年时农家孩子的勤奋与踏实至今难忘……在二爹、向老师和家人的鼓励下，经过努力，以所在陈官学区第一名成绩再次考入县城第一中学高中部。二爹每逢暑假总会接我到昆明，见识小县城之外的大千世界，拓宽了我的眼界。昆明的滇池、世博园、金殿、民族村、大观楼、各个大小公园等，二爹还带我去祭拜西山聂耳墓不远处的建民中学校长刘宝暄，二爹的中学时代在这所革命学校度过，刘校长的精神激励着一代一代的建民人。二爹还是建民中学昆明校友会的热心校友，积极参加校友会各种大小事务，为广大建民校友服务。

大学与研究生时期，我从家乡县城的第一中学高中毕业后，并没有考取理想中的北京学府，当时法学是显学，非常热门，竞争异常激烈，不像近来各高校法学就业率皆垫底，我以三分之差落选中国政法大学，当时已经超过家乡省份重点录取线五十多分，抱着遗憾义无反顾选择去北方求学，一来就读的河北大学离北京近，想着以后还可以读研去北京，二来想出省见见世面、长长见识，历练下年轻的心性。二爹因出差到过全国绝大部分省份，更常去北京开会，其见识和人生经验自然与人不同，他全力支持我去远方逐梦，并在整个求学阶段无私资助我以免去后顾之忧，可以全心投入专业的学习与能力的锻炼中。本科阶段，在北方的保定求学四年，在河北大学入党、主持学生团体法学社工作并出版院刊《金剑之光》，大三的时候还兼任河北大学城市学院法学专业的辅导员工作。在毕业时考本校（河北大学）的研究生，专业总分达到第一名，但是英语却没过单科国家线，遗憾没有被录取，人生再次面临挫折。二战考研，也是二爹鼓励我，不要放弃，经过一年的复习考取了西南政法大学的研究生。在重庆的求学是最为难忘的，在这里不仅结识了受益终身的师友，在开始报到的阶段二爹还带我去拜访了他昔日的同事陈孃孃，第一次接触了学校之外重庆的市民生活与烟火气息；研二的时候，在二爹的安排下，二爹与我爸及我，三人一起乘船从重庆出发，沿长江而下，游历三峡，直达宜宾。这是我人生中最为难忘的时光……

总结整个求学求知的阶段，无疑是充满挫折与坎坷的，少年时代的叛逆与厌学、青年时代高考失利与第一次考研失败，自高中之后求学农村家庭所面临的沉重经济负担……每一步都可以击垮弱小的我，使得自身学业中断，并像村子里的同龄人一样选择去打工谋生而走向另外的人生道路。多年后我能成长为一名高校教授和兼职律师，其中的关键是二爹在精神和物质上的双重帮助和个人的坚持。换言之，我的人生是二爹所改变的，就像一束光引导我走向正确的人生目标。

二爹对家族中的亲朋好友一直积极给予帮助和照顾。哪家有家族长辈需要帮助、哪家有了一时的困难、哪家有婚丧嫁娶，二爹都考虑周全并照顾得妥妥帖帖。而在同辈的青年中，仅就我所知，在北京、重庆、昆明等上学的家族中的年轻人都受过二爹的帮助与关心，而我在其中更被二爹视若己出，在整个求学阶段都受到二爹的无私关心与资助。大学时代，堂哥生命戛然而止，二爹白发人送黑发人，堂哥的离去成为家族不愿触碰的伤口。经年中，我时常想念哥哥，假想哥哥还在，偶时疲于生活的日常，但对哥哥始终惦念……有的人生命长，有的人全命很短，瞬间可能远离我们的生活与视野，可就像我的堂哥，永远活在思念他的人心中。

我硕士毕业后，首先面临三个工作选择：云南省农行下的一个地级市支行、保山学院和安徽财经大学。权衡三个单位的优劣，二爹支持我去了最远的地方——安徽，原因是这个单位是本科院校且具有硕士点，从个人发展来看，平台相对较好。结果我在淮河边的珠城一待就是十五年，远离二爹二妈，并不能适时在他们身边照料尽孝，其间娶妻生子，买车买房，又忙着挣钱养自己的小家。虽然每逢过年或暑假能回家探亲看望他们，但相处时间有限，仅算偶尔陪伴，加之自 2019 年底疫情爆发，近三年时间不能回乡，陪伴时间更少。从某种意义上而言，二爹二妈没享过我一天照顾……2021 年从安徽调动至浙江杭州，我离二爹还是如此的远。到了杭州，从原来躺平的生活转到新的赛道，面临新的挑战，个人事业迎来进步与发展，可每一步都是以二爹等亲人的付出作为代价。就这一点，我是感到深深内疚与自责的。

二爹对于我工作后的影响也是巨大的，无论是与朋友、同事、领导等周边人的相处，还是后来学术研究方向的选择。近十六年以来，个人的学术研究聚焦于农村的土地法律问题，前后发表近 50 篇学术论文，出版专著 3 部，主持国家社科基金、教育部、民政部、国家发改委、中国法学会、安徽省社科规划办、浙江省教育厅、浙江省社科规划办等 10 多项国家级、省部级课题，无一例外都是研究农村和农民问题。这样的研究方向缘于二爹和我爸一直教导。自己是农民的儿子，不能忘了初心和本分。同时，作为一名兼职律师和仲裁员，对于案件中遇到的农民兄弟和社会中的弱势群体，天然地具有一种倾斜性保护的主观意识。

在人生的不惑之年，在杭州这座年轻人喜欢的城市定居和工作，抚育孩子、蓄养家庭，我依然离二爹很远……现今，二爹二妈和堂姐一家都仍生活在昆明，虽堂姐和姐夫时常过来照料，但二爹二妈两位老人还是愿意独居在护国路的老房子里。除去白天的喧嚣，夜深人静时，我躺在床上会时常惦念远方的二爹，历经人生的起起伏伏，二爹早已是“八零后”的老人，正逐渐向“九零后”迈进，身体大小毛病也很多了，唯愿二爹二妈身体康健，平安顺遂。作为您视若己出的孩子，真希望能时常在您膝前聊天、吃饭和照顾您。成长、求学、工作……被时光推着往前走，无论走多远，走向哪里，我知道，在遥远的故乡，总有二爹家一盏温暖的灯为我而留……

人到中年，回望前半生，就科学研究而言，我希冀本书是对自己前半生科研工作的收尾，自此之后，只做自己喜欢的研究，科研随心而发。时逢内卷的时代，除了学术大咖，目前的科研环境对大多数人未必友好，国家级课题难中、论文发表时间漫长、获奖亦是僧多粥少……而这些指标事关每位科研人的去留与待遇，在承受上述工作重压的同时，还须承担抚育子女和养活家人的责任，科研人亦苦。提笔写下上述文字的时刻，正经历连续两次申请基金不中、论文发表遇阻、带孩子一天疲惫不堪……即使科研上遇到很多挫折与失败，也只能打掉牙往肚里咽，孩子得带、论文得写、家庭得支撑……常人难以想象每年的本子是花多少心血和时间凝结而成，可是在专家评委面前只有两个结果：入围或淘汰。本青年项目结项之后，曾连续两届认真申请了国家社科基金，皆折戟沉沙，有负学校和领导的信任，这个时代各行各业都内卷化，不得不换个路径做科研。杭州灵隐寺有一副对联："人生哪能多如意，万事只求半称心。"抛弃曾经的执念与欲望，轻装上阵，做我喜好之科研，将学术研究与社会实践紧密结合起来，把科学论文写在祖国的田野上……

行文至此，人生已然过半，除了父母、二爹二妈和亲人，还要特别感谢以下老师与友人，是他们的信任、提携与帮助，让我的人生旅途从容得多：向立功老师、吴春燕教授、孙鹏教授、王健教授、徐坤书记、李云政董事长、胡尊亮书记、姚少伟律师、孙学冬律师、周自明律师、孟献忠律师、韩学兵律师等。

科研好比是柏拉图式的爱，每个人心中都有一匹尊贵的柏拉图飞马，在痛楚与愉悦之间才能找到挚爱的伴侣。

胡　建

2023年9月15日

杭州钱塘江畔